福建省"2011计划"区域农村教师发展协同创新中心项目资助

中国乡村教师
职前培养研究

主编: 李进金　　副主编: 黄　清

厦门大学出版社
XIAMEN UNIVERSITY PRESS
国家一级出版社
全国百佳图书出版单位

内容简介

本书在厘清中国乡村教师职前培养历史脉络的基础上,着眼于我国乡村教师专业素养的现状与时代诉求,分析与探讨了我国现有的教师职前培养多元模式。以闽南师范大学乡村教师职前培养改革为例,系统阐述了闽南师范大学"乡村教师职前培养新探索"的培养思路及改革方案,旨在为中国乡村教师职前培养改革提供实践样态与行动计划。

图书在版编目(CIP)数据

中国乡村教师职前培养研究/李进金主编. —厦门:厦门大学出版社,2017.5
ISBN 978-7-5615-6526-1

Ⅰ. ①中… Ⅱ. ①李… Ⅲ. ①农村学校－师资培养－研究－中国 Ⅳ. ①G451.2

中国版本图书馆 CIP 数据核字(2017)第 104746 号

出版发行 **厦门大学出版社**

社 址	厦门市软件园二期望海路 39 号
邮政编码	361008
总 编 办	0592-2182177 0592-2181406(传真)
营销中心	0592-2184458 0592-2181365
网 址	http://www.xmupress.com
邮 箱	xmup@xmupress.com
印 刷	厦门市金凯龙印刷有限公司

开本	787mm×1092mm 1/16
印张	11.75
插页	1
字数	230 千字
版次	2017 年 5 月第 1 版
印次	2017 年 5 月第 1 次印刷
定价	45.00 元

本书如有印装质量问题请直接寄承印厂调换

厦门大学出版社
微信二维码

厦门大学出版社
微博二维码

前　言

　　中国是一个教育大国,中国的乡村教育占据了整个基础教育的绝大部分,其普及程度和教育水平,直接决定了我国人口整体素质及人均文化水平。大力发展乡村教育是我国教育发展的长远大计,而乡村教师则是其中最重要、最根本的力量,乡村教师队伍的素质直接影响了人才培养成效和教育品质。

　　国务院于2015年颁发的《乡村教师支持计划(2015—2020年)》中指出:"发展乡村教育,教师是关键,必须把乡村教师队伍建设摆在优先发展的战略地位。"从历史上看,从1986年《义务教育法》颁布到2000年基本实现"普九",乡村教师队伍建设的重点是从数量上确保师资充足,以适应人口高峰期不断扩张的教育需求。进入新世纪后,伴随着我国基础教育从"有学上"到"上好学"的转移,优化结构、提升素质成为国家教师政策新的重点、难点。在新的历史时期,面对农村城镇化、现代化发展对人才培养的迫切需求,提升乡村教师素质成为一项需要全社会齐心协力推进的重大工程,这是一场破解教育难题,构建乡村教育发展良好生态的攻坚战。站在时代发展的高度考虑,提升乡村教师素质需要有新思路、新举措。

　　近年来,全国许多师范院校审时度势,积极开展教师教育制度改革,面向城乡基础教育探索多样化的人才培养模式,取得了可喜的成绩。闽南师范大学作为省属地方高校,秉承师范教育传统,始终坚持"面向基础教育,服务基础教育"的教师教育理念,长期致力于为基础教育尤其是乡村基础教育培养优秀教师,经多年努力,逐步探索出了一条独具特色的乡村教师职前培养之路。本书在梳理中国乡村教师职前培养历史脉络的基础上,着眼于我国乡村教师专业素养的现状与时代诉求,分析与探讨了我国各高校现阶段乡村教师职前培养的多元模式,最后,以闽南师范大学乡村教师职前培养模式改革为例,系统阐述了闽南师范大学"'四有'乡村教师职前培养新探索"的基本思路及改革方案,旨在为中国乡村教师职前培养改革提供可资借鉴的实践样态与行动计划。

本书系福建省"2011计划"区域农村教师发展协同创新中心(闽教科〔2015〕75号)及福建省本科高校重大教育教学改革攻关项目"基于'协同支教+留守儿童关爱教育'的乡村教师培养模式"(闽教高〔2016〕28号)的成果之一。

本书编写分工如下:

全书大纲和统稿工作:李进金、黄清

第一章:郑礼炬、梁越

第二章:蔡勇强、曹珊

第三章:黄清、熊艾莉、梅宇洁、谷爽姿、陈水生

第四章:李进金、佘益兵

作　者

2017年5月

目 录

中国乡村教师
职前培养的历史考察

一、明清政府教育管理功能和中国现代师范教育的发端

中国历史上,大概在隋唐时期建立了科举制,这是一种与察举制、征辟制等选拔人才相较更加有效、更加公平的方法,在隋唐至清末的绝大部分时间里,为历代所沿用,并和征辟、荐举等原有的制度互为补充,逐渐形成相当成熟的考选制度,这就是在四大发明之外的文官制度之发明。但这仅仅是中国历朝中央朝廷选官、任官的制度,从隋唐至元代[元代在元仁宗延祐二年(1315)恢复科举取士制度,共取士 16 科],凡被地方州郡推举,赴京师应科举考试者都可以称"举人",为应举者的通称,取中与未中者均可称"进士"。朝廷开科试士,类似于"摘桃子"的最后环节,朝廷并不关心桃树的培植、嫁接、施肥、除虫、开花、结果等其他环节,就像《西游记》神话中天庭的王母娘娘从不关注蟠桃园里的管理事务,但她一定惦记着每年要开的蟠桃盛宴。

(一)明代政府对教育的重视

明朝立国把学校纳入政府行政管理的范畴,这是明太祖朱元璋及其大臣在制度上很重要的创建,对于明清乃至当代中国的教育体制都有着深远的影响。《明史·选举志一》:"选举之法,大略有四:曰学校,曰科目,曰荐举,曰铨选。学校以教育之,科目以登进之,荐举以旁招之,铨选以布列之,天下人才尽于是矣。明制,科目为盛,卿相皆由此出,学校则储才以应科目者也。其径由学校通籍者,亦科目之亚也,外此则杂流矣。然进士、举贡、杂流三途并用,虽有畸重,无偏废也。荐举盛于国初,后因专用科目而罢。铨选则入官之始,舍此蔑由焉。是四者厘然具载其本末,而二百七十年间取士得失之故可睹已。科举必由

学校,而学校起家可不由科举。学校有二:曰国学,曰府、州、县学。府、州、县学诸生入国学者,乃可得官,不入者不能得也。入国学者,通谓之监生。举人曰举监,生员曰贡监,品官子弟曰荫监,捐赀曰例监。同一贡监也,有岁贡,有选贡,有恩贡,有纳贡。同一荫监也,有官生,有恩生。"①这一段文字是清人大学士张廷玉为总裁所修《明史·选举志》的总论。明朝(清朝沿用明制)的选举制度包括学校、科目、荐举、铨选四大块内容,由于选举制度的完善,荐举制度在明朝中后期有名无实,名存实亡,所以明朝选举制实际上由学校、科目和铨选构成:学校负责培养人才,科目以登进、选拔人才,通过朝廷内阁和吏部铨选以任官。"国子学之设自明初乙巳[按:乙巳指元顺帝至正二十五年(1365),明朝未成立前朱元璋称王之时]始。洪武元年,令品官子弟及民俊秀通文义者,并充学生。……初,改应天府学为国子学,后改建于鸡鸣山下。既而改学为监,设祭酒、司业及监丞、博士、助教、学正、学录、典籍、掌馔、典簿等官。……永乐元年始设北京国子监。十八年迁都,乃以京师国子监为南京国子监,而太学生有南北监之分矣。"②这一段讲的是明代朝廷仿历代中央设太学——国家最高学府国子监,是一种合教学与行政为一的政府部门,清末京师大学堂的功能与之类似,国子监祭酒(正职)、司业(副职)等为朝廷命官,必选耆老宿儒及翰林院官员充任。

明代是中国历史上政府功能首次覆盖到国民教育的朝代,其制度影响深远,贯穿明清两代,直接影响到当今中国政府对学校管理的制度建设。《明史》云:"郡县之学,与太学相维,创立自唐始。宋置诸路州学官,元颇因之,其法皆未具。迄明,天下府、州、县、卫所,皆建儒学,教官四千二百余员,弟子无算,教养之法备矣。洪武二年,太祖初建国学,谕中书省臣曰:'学校之教,至元其弊极矣。上下之间,波颓风靡,学校虽设,名存实亡。兵变以来,人习战争,惟知干戈,莫识俎豆。朕惟治国以教化为先,教化以学校为本。京师虽有太学,而天下学校未兴。宜令郡县皆立学校,延师儒,授生徒,讲论圣道,使人日渐月化,以复先王之旧。'于是大建学校,府设教授,州设学正,县设教谕,各一。俱设训导,府四,州三,县二。生员之数,府学四十人,州、县以次减十。……十五年,颁学规于国子监,又颁禁例十二条于天下,镌立卧碑,置明伦堂之左。其不遵者,以违制论。盖无地而不设之学,无人而不纳之教。庠声序音,重规叠矩,无间于下邑荒徼,山陬海涯。此明代学校之盛,唐、宋以来所不及也。……士子未入学者,通谓之童生。当大比之年,间收一二异敏,三场并通者,俾与诸生一体入场,谓之充场儒士。中式即为举人,不中式仍候提学官岁试,合格乃准入学。提学官在任,三岁两试诸生。……正统元年始特置提学官,专使提督学政,南、北直

---

① 张廷玉,等.明史卷六十九[M].北京:中华书局,1974:1675-1676.
② 张廷玉,等.明史卷六十九[M].北京:中华书局,1974:1676,1678.

隶俱御史,各省参用副使、佥事。景泰元年罢提学官。天顺六年复设,各赐敕谕十八条,俾奉行之。……提学之职,专督学校,不理刑名。所受词讼,重者送按察司,轻者发有司,直隶则转送巡按御史。督、抚、巡按及布、按二司,亦不许侵提学职事也。"①清代总结历代学校制度,以为从唐至元数百年间,郡县之学"其法皆未具",到了明代,朱元璋认识到教育的重要性,把教育提升到"治国"诸方略最优先的地位,在县、府、国子监均设立学校,所设教官有祭酒、教授、学政、教谕、训导等不同名目,制度完备严密,学校遍及率土之滨,天下入学者数百万人,教官数千员,史称"明代学校之盛,唐、宋以来所不及也"。明朝廷确实重视教育,检诸史料,我们在明代官修的原始档案资料汇编《明实录》中观察到明朝对于提学(又称"提调学校",清称"学政")的重视度:朝廷在明代历朝皇帝实录中记载了皇家事务、朝廷六部、通政司、都察院、大理寺等中央政府机构的决策和人员变化,此外特别记载两类官员的任命和事迹,一是翰林院的官员,文章"经国之大业"②,明代朝廷高度重视这类官员,《实录》对翰林院官员的记载是对进士中最优秀人才的重视;一是提学官,不管是各省按察司提学副使,还是级别较低的各省按察司提学佥事,《明实录》一概予以记录,身为明朝的提学官确实责任重大,荣耀备至。

明朝开始,朝廷分级培养人才,分级选拔,形成制度。《明史·选举志二》:"科目者,沿唐、宋之旧,而稍变其试士之法,专取四子书及《易》《书》《诗》《春秋》《礼记》五经命题试士。盖太祖与刘基所定。其文略仿宋经义,然代古人语气为之,体用排偶,谓之八股,通谓之制义。三年大比,以诸生试之直省,曰乡试。中式者为举人。次年,以举人试之京师,曰会试。中式者,天子亲策于廷,曰廷试,亦曰殿试。分一、二、三甲以为名第之次。……子、午、卯、酉年乡试,辰、戌、丑、未年会试。乡试以八月,会试以二月,皆初九日为第一场,又三日为第二场,又三日为第三场。初设科举时,初场试经义二道,四书义一道;二场论一道;三场策一道。中式后十日,复以骑、射、书、算、律五事试之。后颁科举定式,初场试四书义三道,经义四道。四书主朱子《集注》,《易》主程《传》、朱子《本义》,《书》主蔡氏传及古注疏,《诗》主朱子《集传》,《春秋》主左氏、公羊、谷梁三传及胡安国、张洽传,《礼记》主古注疏。永乐间,颁《四书五经大全》,废注疏不用。其后,《春秋》亦不用张洽传,礼记止用陈澔《集说》。二场试论一道,判五道,诏、诰、表、内科一道。三场试经史时务策五道。"③明清士子皓首穷经而不得一第者有之,如清代山东蒲松龄终其身只得秀才,七十二岁时才以年限出贡;有能高中清代光绪间福建举人第一名解元者郑孝胥,却屡试不第,才高而不售;也

①　张廷玉,等.明史卷六十九[M].北京:中华书局,1974:1686-1688.
②　语出曹丕《典论·论文》。
③　张廷玉,等.明史卷七十[M].北京:中华书局,1974:1693-1694.

有如明代嘉靖间归有光者,三十五岁高中应天府第二名,八次应试落第,至六十岁时方得一第,其一生精神均在科举中消磨殆尽,应了唐太宗的一句话"天下英雄尽入我彀中矣"①。

我们考察了中国科举史、《明史》中的《学校志》以及当今中国的教育现状,观察到当代中国各级政府对教育的管理及其制度设计的意图均借鉴自明朝制度,包括分省高考、分省录取等,均带有明清制度的痕迹。

(二)清代学制的变化

明代的选举制到了清末发生了巨大的改变,以适应国家走向世界、走向现代的时代变革需求。

福建郑孝胥(1860—1938)在晚清至民国之间都算得上一个重量级的政治人物,其人才高而善谋,颇受李鸿章、张之洞等晚清重臣的赏识。郑孝胥是清代光绪八年壬午(1882)福建乡试解元,却屡试不第,对清末科举制度的弊端有着深刻的体会。郑孝胥曾经在日记中摘抄清廷对科举的批评:"奉慈禧端佑康颐昭豫庄诚寿恭钦献崇熙皇太后懿旨:国家以四书文取士,原本儒先传注,阐发圣贤精蕴,二百年来,得人为盛。近日文风日陋,各省士子往往剿袭雷同,毫无根柢,此非时文之弊,乃典试诸臣不能厘正文体之弊也。论者不揣其本,以所学非所用归咎于立法之未善。……嗣后,典试诸臣及应试士子务当屏斥浮华,力崇正学,毋负朝廷作育人才之至意。"②1898年10月,发动政变,扼杀百日维新,控制住戊戌变法君臣之后的慈禧发出这条懿旨的目的是严厉打击戊戌变法新政,但郑氏所摘录这一条与他自身在科场上的遭遇密切相关,即便如此,郑孝胥已经对科举绝望,不再参加会试,另辟入幕为官的人生新路,在李鸿章、张之洞幕府中日渐受重用。

戊戌变法失败之后,慈禧懿旨要停罢经济特科选人的办法,只用科举一途来选拔人才,但是科举出身者有名无实,与国家讲求富强之术之间存在不可弥合的矛盾。在政局稳定之后,清廷逐渐弛禁,戊戌变法中某些主张又被重新拾起施用。《郑孝胥日记·辛丑日记》:"(四月)十七日,内阁奉懿旨:为政之道,首在得人,况值时局阽危,尤应破格求才,以资治理。允宜敬遵成宪,照博学鸿词科例,开经济特科,于本届会试前举行。""五月廿三日,风内阁上谕:朕钦奉皇太后懿旨,为政之道,首在人才。闻出洋华商子弟就近游学者,颇多可造之才,著各出使大臣留心察访,如有在外洋大书院肄业,精通专门之学,领有凭照

---

① 《唐摭言》卷一。
② 《郑孝胥日记》光绪二十四年戊戌八月廿四日(1898年10月9日)条。见:郑孝胥.郑孝胥日记[M].北京:中华书局 1993:689.

或著有成书者,准由各使臣认真考试,分别等第,咨送回华,由政务处奏请简放大臣,按其所学分门考试,拟取后带领引见,听候录用,赐以进士、举人、贡生各科目。……该使臣等务当切实考送,不得以并无实学者滥竽充数,致使徒劳往返,用副朝廷搜罗俊乂、实事求是之至意。"①这是光绪二十七年(1901)四月十九日(6月5日)、五月廿六日(7月11日)郑孝胥抄录的两条朝廷政令。清廷在光绪二十六年庚子(1900)遭受八国联军攻陷京师,帝后仓皇逃亡西安,劫掠焚烧圆明园,签订《辛丑条约》之后思求变革,颁布《变法诏书》,又称"慈禧新政",开启晚清最后十年的政治改革。

在"庚子国变"中,郑孝胥为张之洞(籍贯南皮县)谋划"东南互保"之策②,稳定了大清的东南半壁江山,因此其人更受张之洞倚重。当年末,郑孝胥"请查从前出洋学习之得有凭照者,举二三十人,奏请赐以进士、举人出身,则天下必竟以出洋为劝。南皮然之"③。郑孝胥非常利落地落实朝廷考察游学士人、赐予功名、给予录用的谕令,通过湖广总督、太子太保张之洞上奏给朝廷,逐渐推动晚清学制的改革。光绪二十九年(1903)六月朝廷通过经济特科复试,取中一等袁嘉谷、俞陛云等九人,二等冯善征、陈曾寿等十八人④,予以录用。根据厦门人李禧《紫燕金鱼室笔记》的记载,经济特科与考者193人,张之洞为阅卷大臣。⑤旧式科举和新式特科取用人才之间存在两条不同的途径,所培养的人才面目迥然不同,促使清政府在教育管理和人才录用体制方面做出改革。光绪二十九年癸卯(1903),清政府命张之洞等大臣以日本学制为蓝本,重新拟定学制等一揽子改革措施,颁布《奏定学堂章程》等,即癸卯学制。到了光绪三十一年(1905)八月,"阅粤报:初四日(9月2日),上谕,自丙午(1906)科起停止乡会试,饬各省速办学堂"⑥。至此,沿用1300余年的科举制度正式谢幕,张之洞在1901年主张的"新政三等办法"中第一等五条之"罢科举"⑦被朝廷采纳实施。"癸卯学制"被称为中国现代教育的奠基起点,新式学堂和新的选拔人才机制在随后的100年中逐渐形成。

"癸卯学制"包括《初等小学堂章程》、《高等小学堂章程》、《中学堂章程》、《高等学堂章

---

①　郑孝胥.郑孝胥日记[M].北京:中华书局1993:802.

②　请参看郑孝胥《郑孝胥日记》光绪二十六年庚子闰八月十一日(1900年10月4日)条。

③　《郑孝胥日记》光绪二十七年十二月初三日(1901年1月12日)条。见:郑孝胥.郑孝胥日记[M].北京:中华书局1993:819.

④　《郑孝胥日记》光绪二十九年六月初六日(1903年7月29日)条。见:郑孝胥.郑孝胥日记[M].北京:中华书局1993:894.

⑤　李禧.紫燕金鱼室笔记[M].北京:中国广播学院出版社,1995:73.

⑥　《郑孝胥日记》光绪三十一年八月十五日(1905年9月13日)条。见:郑孝胥.郑孝胥日记[M].北京:中华书局1993:1010.

⑦　《郑孝胥日记》光绪二十七年四月十六日(1901年6月2日)条。见:郑孝胥.郑孝胥日记[M].北京:中华书局1993:798.

程》、《大学堂章程》(附《通儒院章程》)、《蒙养院及家庭教育法》、《初级师范学堂章程》、《优级师范学堂章程》、《初等农工商实业学堂章程》(附《实业补习普通学堂章程》及《艺徒学堂章程》)、《中等农工商实业学堂章程》、《高等农工商实业学堂章程》、《实业教员讲习所章程》、《译学馆章程》、《进士馆章程》、《学务纲要》、《各学堂管理通则》、《各学堂奖励章程》、《各学堂考试章程》等二十余种制度,自成体系。

在以上章程的基础上,“癸卯学制”仿照日本学制,建立了师范教育体系,颁布若干措施确立师范教育的结构。师范学堂分为初级和优级:(1)初级师范学堂。培养高等小学和初等小学堂教员,相当于普通中学程度。设完全科和简易科。完全科招收 18 岁以上,25 岁以下的高小毕业生和同等学力者,5 年毕业;简易科招收年在 25 岁以上,30 岁以下者,1 年毕业。另设有预科和小学师范讲习所。预科招收普通学力未达高小毕业者,小学师范讲习所招收学力不足的在职小学教员。(2)优级师范学堂。培养初级师范学堂及普通中学堂教员和管理员,相当于高等学堂(大学预科)程度。招收初级师范学堂和中学堂毕业生及同等学力者,4 年毕业(1 年公共科目和 3 年分类科目)。另有 1 年的加习科,本科毕业后,学生自感管理法、教授法不足的自愿加习。师范教育中有属于中学堂的师范学堂,相当于升格为大学本科或专科之前的中等师范教育,还有优级师范学堂,独立于分科大学堂之外,属于高等教育性质,类似于大学专科、本科师范教育。

(三)清末师范教育的先驱——福建陈宝琛对师范教育的认识

根据陈宝琛女婿张允侨所撰《闽县陈公宝琛年谱》,光绪二十六年庚子(1900),53 岁的陈宝琛辞去鳌峰书院讲席,“公辞去鳌峰书院事,在福州城内乌石山刱办东文学堂,为派遣学生留学日本作准备,是为全闽新型学校之嚆矢”[①]。嚆矢即开始、开端、肇端之义。随后,清廷于光绪二十七年辛丑(1901)八月,命各省立学堂。光绪二十九年癸卯(1903),陈宝琛在福建创办全国师范学堂。《闽县陈公宝琛年谱》:“公以教育根本在于小学,而关键实在师资。乃将东文学堂改为全闽师范学堂,亲任第一任监督。更设简易科,使得速成,资遣游学日本,为小学教师储备人才。继因清廷谕令各省兴办学校,省城书院均改为大学堂。正谊书院改为闽省大学堂,后又改为福建高等学堂。公亦受聘,兼任监督。为整齐合并各科,务求实效,且赢其费以办中学、小学,遣法政、商、工、农等科学生留学日本。自沪归后,复拓法政学堂,设商业学堂,倡议全省各地通设中小学,请大府规定留学欧美官费名额。数十年间,闽省各界人士之稍有业绩者,大都出上述各校,闽人至今犹称道弗衰

① 陈宝琛.沧趣楼诗文集[M].上海:上海古籍出版社,2013:879.

焉。"①宣统元年己酉(1909)六月,闽浙总督松寿以陈宝琛曾充福建师范学堂监督,奏请奖叙。

陈宝琛对于设立新式学堂的思考确实看到了问题的实质,那就是解决师资,而且是从解决真正意义上的小学师资着手。清末"小学"不再是清代学术范畴内、研究文字训诂音韵之"小学",而是国民教育序列中的最低级者,为基础教育的最初组成部分,学生经过考核,依次递升到中学、大学堂,或者游学,游学有成归国之后,朝廷授予各科举人、进士功名。而解决师资问题,陈宝琛提出的解决措施是设立简易科和派遣留学生,前者可以在短时间内"速成",后者可以借此培养优质师资,也就是当代所说的教育普及和师资素质提高两方面为"小学教师储备人才"。从书院到新式学堂的改革,不仅仅是换个门面,更重要的是新式学堂全面代替了私塾、族学、义学、书院等各种旧式教育机构,它开始全面覆盖从小学到中学再到大学堂的教育体系。

(四)中国师范教育的正式起步与发展

1795 年,世界上第一所公立师范学校在法国巴黎诞生。师范教育发展至今,在全世界范围内,对于普及各国义务教育起到重要的作用。②

19 世纪 90 年代以前,中国历朝历代均无培养师资的专门机构。清光绪二十三年丁酉(1897),大理寺少卿盛宣怀(1844—1916)在上海创办了南洋公学师范院,中国才诞生了第一所培训师资的专门机构,揭开了中国近代师范教育的序幕。由于认识到培养师资的重要性,1898 年清朝总理各国事务衙门在《筹议京师大学堂章程》中提出在京师大学堂另立师范斋,以培养"教习之才"。1902 年,京师大学堂师范斋更名为"师范馆",并正式招生,这是中国近代最早实施高等师范教育的一个机构。与此同时,清朝末代状元、教育家、实业家、南通人张謇(1853—1926)于 1902 年独自创办了通州师范学校,设 4 年本科、2 年简易科和 1 年讲习科,开中国私立师范学校之先河。

1904 年 1 月颁布的《奏定学堂章程》规定师范学堂分"初级"和"优级"两类。初级师范学堂以培养小学师资为目的,招收高等小学堂毕业生。优级师范学堂主要培养初级师范学堂、中学堂的教员和管理人员,招收初级师范、中学堂毕业生。《奏定学堂章程》规定了各级师范学堂与各级普通学堂分类,确立了独立的师范教育体系,为早期师范教育的发展提供了完备的法律依据,从而涌现出一批办学水平较高的初级、优级师范学堂。1908年,京师大学堂师范馆改名京师优级师范学堂,脱离大学堂而独立设置。这是我国高等师

---

①　陈宝琛.沧趣楼诗文集[M].上海:上海古籍出版社,2013:884-885.
②　欧小松,方成智.中等师范教育的困境及适应性思考[J].衡阳师范学院学报,2001(2):111.

范学堂单独设置的肇始。到 1910 年,清政府设立的师范学校(包括各类师资训练机构)共有 415 所,学生达 28572 人。辛亥革命前,各省几乎都办起了师范学堂,部分省份办了优级师范学堂,有的则办有两级师范学堂。

民国年间(1912—1949),全国独立设置的高等师范院校 12 所,在校师范生 1.2 万人;中等师范学校 610 所,在校师范生 15.2 万人。[①] 在大江南北诸省兴办的师范教育中,以 1927 年陶行知先生在江苏南京创办的试验乡村师范——晓庄师范学校为典型,该校面向农村,服务乡村教育,通过"生活教育"来培养具有"农夫的身手""科学的头脑""改造社会的精神"的乡村教师。在陶先生的影响下,江苏 5 所省立师范学校在全国率先掀起"师范教育下乡村"的运动,涌现吴江乡村师范学校、运河简易乡村师范学校、洛社乡村师范学校、界首乡村师范学校、高邮简易乡村师范学校等办学特色鲜明、办学成果显著的新型师范学校,培养了一大批热衷于乡村教育改造的新型乡村教师。[②]

二、新中国乡村教师培养的师范教育体系

2015 年 4 月,中央全面深化改革领导小组第十一次会议审议通过的《乡村教师支持计划(2015—2020 年)》提出:"发展乡村教育,教师是关键,必须把乡村教师队伍建设摆在优先发展的战略地位。"

"我国 80%的教师在农村"[③],这是一个巨大的挑战。新中国成立以来,我国教师教育体系培养了千百万中小学教师[④],支撑了世界上最大的基础教育事业,为我国教育发展做出了历史性贡献。[⑤] 而改革开放尤其是党的十三届四中全会以来,党和政府高度重视教师教育,目前已为普及义务教育打造出了一支数量充足、质量合格、相对稳定的中小学教师队伍,在教师教育方面取得了喜人的成就。但是中国在实现工业化、现代化的国家发展转型之前,仍然是一个传统的农业国家,农村的贫困和农村的教育问题等诸多社会问题连接在一起,构成一个形势复杂、各种矛盾胶固的结合体,有待系统性地予以破解,取得全局

---

① 洪宇平.对中等师范教育的再认识[J].福建论坛(人文社会科学版),2006(S1):108.

② 方建华.嬗越与创新:中国百年师范教育传统及其现代意蕴——基于江苏百年示范发展史[J].教育发展研究,2014(6):20.

③ 《立教之本 兴教之源——教师节设立 30 年来我国教师队伍建设成就综述》(2014 年 9 月 3 日),http://www.moe.gov.cn/s78/A10/moe_601/201409/t20140903_174513.html.

④ 洪宇平《对中等师范教育的再认识》:"仅 1980 年至今,已为中小学培养教师近 700 万,接受学历培训教师 500 余万。"(《福建论坛(人文社会科学版)》2006 年专刊,第 108 页)

⑤ 欧小松,方成智.中等师范教育的困境及适应性思考[J].衡阳师范学院学报,2001(2):111.

性的攻坚胜利。

我国乡村教师①培养的改革步伐至今仍未停止。教师教育体系走向开放,办学层次逐步提高。我国传统的封闭性、定向型的师范教育体系正被打破。2003年,兴办教师教育的非师范院校共有298所,师范类专业在校生53.4万人,约占师范生总数的28.2%。以师范院校为主体、其他高校共同参与的教师教育体系也正在逐步形成。师范院校在不断拓展办学功能。2003年,师范院校中非师范类学生占学生总数的27.6%。近年来,我国教师教育积极调整布局结构,提高办学层次。与1997年相比,截至2004年,高师本科院校有较大发展,由74所发展到103所;师范专科学校逐步减少,由151所减少到80所;中等师范学校合理收缩,由892所(1987年1059所②)减少到317所(2016年减少到125所③)。教师培养培训资源进一步整合,教育学院由229所减少到103所;教师进修学校由2142所减少到1703所。教师培养已经基本完成了从三级师范向二级师范的过渡,并有加快向一级师范过渡的发展趋势。

教师教育规模扩大,质量提高。各级各类师范院校已经形成相对稳定的办学规模,满足基础教育对新师资的需求。1997年至2003年,全国高等师范院校共计培养本专科毕业生159万人,培养教育硕士近5万人,中等师范学校共计培养中师毕业生183万人。校均规模显著扩大,高师本科院校在校生由2806人提高到12695人,高师专科学校在校生由2310人提高到4113人。到2001年,"通过院校调整,高等师范学校由2000年的221所减少到210所,在校生数由2000年的1099741人增加到1350383人,校均规模增长29.2%,其中招生数为508161人,毕业生数为208767人,分别比2000年增长22.8%、8.1%;中等师范学校由2000年的683所减少到570所,在校生数达662353人,其中招生数为195267人,毕业生数为278275人,分别比2000年都有所减少,办学层次逐步提高"。④

高等师范院校加强学科建设和师资队伍建设,提高科研水平和学术水平,加强综合办

---

① 2015年6月,国务院办公厅印发《乡村教师支持计划(2015—2020年)》,乡村教师指的是"全国乡中心区、村庄学校教师",本书采用"乡村教师"这个术语,其内涵包括以往文献中出现的农村教师等不同概念。

② 《国家教委1987年工作要点》,http://www.moe.gov.cn/jyb_xwfb/moe_164/tnull_3450.html.

③ 《全国教师队伍基本情况》(2016年8月31日),http://www.moe.gov.cn/jyb_xwfb/xw_fbh/moe_2069/xwfbh_2016n/xwfb_160831/160831_sfcl/201608/t20160831_277168.html.《中国教育报》2014年发表《立教之本,兴教之源——教师节设立30年来我国教师队伍建设成就综述》,该文称从1999年到2013年,"中等师范学校由815所减少到110所"。此数据与2016年发布的《全国教师队伍基本情况》数据有一定的矛盾。

④ 《我国教师教育取得长足进展》(2002年9月10日),http://www.moe.gov.cn/jyb_xwfb/xw_zllssj/moe_183/tnull_1988.html.

学实力,办学质量得到显著提高,中小学教师队伍整体素质也不断提高。近几年来,各级各类师范院校培养培训了大批中小学教师,中小学教师实施素质教育的能力显著增强,水平明显提高。小学、初中、高中专任教师的学历达标率分别由1997年的93.1%、80.5%、60.7%提高到2003年的97.8%、92.0%、75.7%,其中小学和初中阶段高一学历层次教师占总数的比例分别为40.5%和23.8%。[①]

虽然如此,我国承担着教育扶贫的历史重任,需要确立"分类推进教师队伍建设的思路"[②]。乡村教育是决定教育整体水平的重要标志,加强乡村教师队伍建设则是发展乡村教育的关键。《乡村教师支持计划(2015—2020年)》明确指出:"必须把乡村教师队伍建设摆在优先发展的战略地位。"加强乡村教师队伍建设,切实提高乡村教育水平,不仅有利于把沉重的人口压力转化为人力资源优势,让每个孩子都平等享有接受良好教育的机会,还可以帮助贫困家庭"拔掉穷根",努力增进千万乡村家庭的福祉。

考察我国乡村教师培养的源头必须追溯到清末肇端的师范教育。从清末第一所师范学校(1902年成立的南通师范学校)算起,现代意义的师范教育在我国已有百年历史。新中国成立后,特别是党的十一届三中全会以后,我国的师范教育获得了空前的发展,形成了中师、师专、师院三级层次完整的师范教育体系,为我国教育事业的发展做出了重要贡献。中师作为独立师范教育的一个重要组成部分,在提高国民整体素质方面功不可没。[③]师范教育问题一直是社会各界尤其是教育人士关注的热门话题。本章下面各节对近几十年来,我国师范教育的研究成果进行综述,对中国乡村教师职前培养的历史做一次全面的考察。

(一)新中国的中等师范学校培养师资体系

教师教育是社会发展到一定阶段的产物,教师教育质量高低的核心标志是教育特色课程设置的合目的性与合规律性,教育特色课程的设置应考虑教师教育自身类型上的差异,课程设置的规范必须借助行政力量的推动才能实现。

师范学校、高级中学师范科、乡村师范学校的建立,基本确定了近代中国中等师范教育的框架。1932年,国民政府教育部公布《师范学校法》,将师范学校从高中脱离,独立办

---

① 《我国教师教育成就喜人:教育体系走向开放 教师素质提高》(2004年9月11日),http://www.moe.gov.cn/jyb_xwfb/gzdt_gzdt/moe_1485/tnull_3785.html.又见《55年,中国教育走向辉煌》(2004年10月1日),http://www.moe.gov.cn/jyb_xwfb/gzdt_gzdt/moe_1485/tnull_4055.html.

② 《立教之本 兴教之源——教师节设立30年来我国教师队伍建设成就综述》(2014年9月3日),http://www.moe.gov.cn/s78/A10/moe_601/201409/t20140903_174513.html.

③ 欧小松,方成智.中等师范教育的困境及适应性思考[J].衡阳师范学院学报,2001(2):111.

校,还规定师范学校需设特别师范科、幼稚师范科和简易师范科,将中等师范教育引向规范化的方向,对于今日中等师范学校体系的形成有着决定性影响。中等师范教育在中国教育发展史上有着极其重要的地位,它以教学严谨,学风淳厚,学生基本功扎实,思想品德教育细致,知识技能过硬在中国教育史上写下了浓墨重彩的一笔。在 1902—1949 年间,旧中国通过实施师范教育培养了一批又一批小学教师和幼儿园教师,涌现了以陶行知、陈鹤琴等为代表的一代宗师,和晓庄师范学校等一批名校。

新中国建立后,中央人民政府颁布了大量法令和规章制度,中等师范学校获得前所未有的大发展,至今已形成门类齐全、数量庞大、质量上乘的中等师范学校教育体系。随着改革开放事业的推进,师范教育的发展也日新月异。走过百年历程的我国中等师范教育课程经历了模仿、激进、自创、改造、摧残、恢复与稳定发展等多个阶段。

中等师范学校正逐渐被高等师范专科学校所取代。我国东部经济发达省份许多中师升格为高等师范专科学校,由于其生源仍然是初中毕业生,年龄相对较小,适合培养舞蹈、音乐等技能;毕业生所从事的小学和幼儿园教学也决定了他们必须在亲和力、教法等方面下更多的功夫,这与中等师范学校的教学目标、培养目的基本一致,需要保留,并有所调适。[①] 经历了百年风雨的中等师范教育,又到了发展的十字路口。

1. 曲折发展期:1949—1978 年[②]

新中国成立后,政府开始着手对中等师范教育进行接管与改造,使其得到初步恢复。然而在"大跃进"与"文化大革命"中,整个中等师范教育发展呈现先"冒进"后"倒退"大起大落的发展态势。

(1)新中国初建时的改造期

新中国成立初期,各种师范学校类型复杂,教育的统一性难以体现,只能开设部分师范课程。我国加紧对旧中国遗留下来的师范学校进行全面的改造和整顿,开始有计划地建设符合我国当时形势的新型师范学校。

1951 年 8 月,教育部召开了第一次全国师范教育会议,指出当前师范教育的工作方针是:"正规师范教育与大量短期训练相结合,短期训练的方式应多种多样,以应急需。"在全国范围内开设了许多速成班,以解决中小学师资极度匮乏的问题,输送了一小部分中师

---

① 严明扬.试论中等师范教育的起源与演变[J].江苏社会科学,2011(S1):227.

② 本书分期采用严启英《中等师范教育课程文化的百年进程及其启示》(《贺州学院学报》2014 年第 3 期,第 114-116 页)的观点。齐平《我国中等师范教育的历史与未来》(载《河北师范大学学报(教育科学版)》1998 年第 2 期,第 82-87 页)把新中国成立以来中等师范教育分为恢复发展阶段(1949—1957)、大起大落及倒退阶段(1958—1975)、蓬勃发展的中兴阶段(1976—1995)、进入"九五"后的中等师范教育,本节中的中等师范学校相关数据主要源自此文。

毕业生到初中任教,提升教学能力,多方解决师资匮乏的问题。

1952 年,教育部颁发了以苏联师范学校为参照的,新中国制定的第一个师范学校教学计划——《师范学校教育计划(草案)》。该"草案"规定三年制师范学校的学习必修科目为 15 门:语文及教学法、数学及教学法、物理、化学、政治、教育学、心理学,注重体育、卫生、音乐及其他文娱活动的开展等。不难看出,整个课程设置明显表现出"高中课程+教育理论课程"的模式特征。其中,虽然教育专业课程包括教育学、心理学、小学各科教学法及参观实习等多种科目,但所占总学时只达到 17.16%,这是我国自中师课程设置以来"教育性"特色最晦涩昏暗的时期。此计划经 1953 年、1956 年两次修订,修订后的教学计划调整了普通教育课程,加大了教育专业课程与教育实习的比重(占教学总时数的30%)。课程结构历经几次改造,师范的"教育性"特色愈发显著。教育部还颁布了幼儿师范学校教学计划,以苏联教材为蓝本,以苏联教学大纲为方针,开展师范生教学活动。经过三年时间的改革和发展,我国教育事业,尤其是中等师范教育得到了长足的发展。

到 1952 年,全国设立的中等师范学校已达 916 所,在校生 34.5 万人。其中中级师范学校 334 所,在校生 9.3 万人;初级师范学校 582 所,在校生 25.2 万人。由此可见,这一阶段中等师范学校的发展水平是以初级师范为主。根据"整顿巩固,重点发展,提高质量,稳步前进"的文教总方针,1954 年 6 月教育部指示:"根据各地具体情况,将现有初级师范学校逐渐转变为师范学校或改变为轮训小学教师的场所,以逐步达到提高小学教育质量的目的。"对中等师范学校进行了调整,调整的重点是让初级师范学校升格为中级师范学校。到 1957 年,全国中等师范学校调整为 592 所,其中中级师范学校为 492 所,在校生24.4 万人,初级师范学校为 100 所,在校生 5.1 万人,中等师范教育由原来以初级师范为主转变为以中级师范为主,师范教育的发展水平、教育质量均有所提高。这是新中国中等师范教育恢复发展的阶段(1949—1957 年)。[①]

(2)"大跃进"前后的动荡期

由于新中国教育界经验薄弱,在政治路线的错误指导下,我国中等师范教育遭遇了倒退。正当中等师范教育沿着特色鲜明的轨道发展时,不幸遇上了 1958 年的"大跃进",教育战线也不能幸免。1958 年至 1960 年,在"大跃进"形势影响下,中等师范学校急剧发展,学校数和学生人数成倍增长,1957 年师范学校为 592 所,在校生 29.6 万人,到 1960年短短 3 年时间学校增至 1964 所,在校生数至 83.9 万人。中等师范教育的发展进入了"快速"、盲目的虚空阶段,这种超越初等教育发展速度和规模,人为冒进的做法,导致了一大批不具备办学条件的学校出现,致使师范学校质量明显下降。为了满足教育部 1960 年

---

① 齐平.我国中等师范教育的历史与未来[J].河北师范大学学报(教育科学版),1998(2):85-87.

召开的师范教育改革座谈会提出的"彻底改变课程庞杂、大大减少教育课程,适当增加生产劳动"等具体改革要求,中师的教育理论课时只占8%,并取消了教育实习。此时,中等师范的"教育性"地位骤低,整个师范教育发展的稳定秩序受到了极大的干扰与破坏。教育部为此召开第二次全国师范教育会议,于1961年10月拟定并通过了《关于中等师范学校教育计划调整方案》,强调师范学校应以教学为中心,并对课程设置进行了调整,规定为13门:政治、语文、数学、物理、化学、生物、历史、地理、体育、音乐、美术、教育学、教学法;同时明确各门课程所占学时的比例,其中教育课程(包括教育实习)所占比例跃升到13%左右。与1960年相比,教育专业科目的比例已有所提高,中等师范的"教育性"再次回升,开始进入相对上升的特色发展阶段。但是经过调整,到1965年,中等师范学校又由1960年的1964所减到394所,学生由83.8万人减到15.5万人,甚至低于1957年的水平,仍与小学发展的规模和速度严重不符,由一度的超前发展一举变为滞后发展。

1966年,中等师范教育在大起大落中还未站稳脚跟,"文化大革命"就开始了。十年"文化大革命"给中等师范教育带来的是极大的灾难和毁灭性的破坏。1966年至1971年,全国各地中等师范学校停止招生,大部分学校被迫停办、合并、搬迁,校舍被占,教学仪器、图书失散,损失惨重,中等师范教育的教师也受到不同程度的冲击。对中等师范教育的破坏导致了小学的教育质量急剧下降,整个教育的发展呈现出大倒退的局面。

(3)"文化大革命"的摧残期

"文化大革命"十年,教育是重灾区,而师范教育则是重灾区中的重灾户,中等师范教育受到了极为严重的破坏。当时,"学制要缩短,课程设置要精简,教材要彻底改革"成为学校教学改革的主要任务。

中等师范教育开设的课程被精简、替换为5门基础课程:政治语文课、工业基础课、农业基础课、军事课与教育学,而教育学和各科学法课程则是有名无实,甚至遭受批判。各大报刊上都刊登批判凯洛夫"教育学"的文章,中等师范学校中的教育类课程也跟着被打倒。更致命的是,1966—1969年期间,我国中等师范学校彻底停止招生,这种灭门性的断代摧残,使我国中等范教育出现了历史性的大倒退,更遑论师范的"教育性"了。

2. 复兴创新期:1976年以后

1976年10月粉碎"四人帮"后,我国进入了新的历史发展时期。为解决十年"文化大革命"造成师资短缺的困难,与新中国成立初期相似,曾一度又出现了小学毕业生教小学、初中毕业生教初中的应急状态。为迅速扭转这一不利局面,必须加速发展师范教育。

1985 年 11 月,原国家教委[①]召开全国中小学师资工作会议,强调大力改革,加强各级师范教育,普遍推行提前招生、定向招生和培养制度。进入 21 世纪以来,又陆续出台农村教师硕士师资培养计划(2004 年)、农村义务教育阶段学校教师特设岗位计划(2006 年)、免费师范生计划(2007 年)、卓越教师培养计划(2014 年)等师资培养、提升政策和措施。[②]

我国制定了相应的政策,施行了大量的恢复措施、应急手段等,缓解和扭转十年"文化大革命"给中等师范教育遗留下的大量问题(如学校设施遭到破坏、师资资源严重缺乏等方面的问题),暂时遏止"小学毕业教小学,中学毕业教中学"的教育颓势,学校数量和学生数量明显增多,教育质量和教学水平显著提高。

从 1976 年至 1979 年,经过 3 年的努力,中等师范教育重新焕发了生机。到 1979 年,全国中等师范学校 1053 所,在校学生 48.5 万人,比 1965 年增长了两倍多,教学质量逐步提高。十一届三中全会后,随着国家工作重点的转移,1980 年 6 月教育部召开了第三次全国师范教育工作会议,会议确定了"调整、改革、整顿、提高"的师范教育工作方针,指示各省、市、自治区要重点办好两三所中等师范学校和一所幼儿师范学校,要在提高质量的基础上稳步发展。中等师范教育进入前所未有的稳定发展与学历层次不断提高的时期,课程设置也逐渐规范,师资快速进入大专、本科学历水平的提升期。

经过 1976 年至 1995 年 20 年的改革与建设,中等师范教育的职前培养、职后培训机构已形成规模。据统计,截至 1995 年,我国共有中等师范学校 897 所,其中幼师 65 所,特师 3 所,在校生共 85.27 万人,教师进修学校 2031 所,分布格局基本合理,质量稳步提高。[③] 这 20 年来我国中等师范教育没有在人为因素的干扰下大起大落,而是在稳定中发展。这一阶段是近百年以来中等师范教育前所未有的蓬勃发展时期。

---

① 1985.6.18—1998.3.10 约 14 年间,国家教育委员会作为中华人民共和国国家教育管理行政机构的名称,简称国家教委。

② 截至 2014 年 9 月,2004 年实施的农村教育硕士师资培养计划吸引了 8881 名优秀应届本科大学毕业生到贫困地区农村学校任教;2006 年教育部、财政部、人力资源和社会保障部、中央编办四部委联合实施"农村义务教育阶段学校教师特设岗位计划",累计招聘特岗教师 43.2 万人,覆盖中西部 1000 多个县、3 万多所农村学校;2007—2013 年,6 所教育部直属师范大学共招收 7.2 万名免费师范生,其中 4.5 万名毕业生中有 90.8%到中西部中小学任教;全国 22 个省份开展地方师范生免费教育试点,每年约有 3 万名师范生和高校毕业生到农村中小学任教;2010 年启动实施"国培计划",重点对中西部农村中小学和幼儿园教师进行培训。截至 2013 年,累计培训教师 493 万人,其中农村教师占 95.9%。2012 年,财政部、教育部启动实施"中西部农村偏远地区学前教育巡回支教试点工作"的试点省份已达 14 个,共在 63 个县设置支教点 3521 个,累计招募志愿者 7081 人次。(数据源自中国教育报《立教之本 兴教之源——教师节设立 30 年来我国教师队伍建设成就综述》,教育部官网 2014 年 9 月 3 日转载。网址:http://www.moe.gov.cn/s78/A10/moe_601/201409/t20140903_174513.html.)

③ 齐平.我国中等师范教育的历史与未来[J].河北师范大学学报(教育科学版),1998(2):84.

（1）中专学历层次的恢复与稳定发展期[①]

"文化大革命"结束后，正常的教育秩序得到了恢复。1980 年，教育部颁布了《中等师范学校教学计划试行草案》等文件，规定中师开设的课程（以三年制为例）为政治、语文、数学、物理、化学、生物学、生理卫生、历史、地理、外语、心理学和教育学等，要求加强小学各科教学法的教学，其中教育专业课程所占比例为 20.49%，教育实习的时间规定为 8 周。可见，中等师范传统的课程文化得以恢复，师范的"教育性"特色重新得到凸显，但课程设置在整体层面则显得规范性过强，灵活性有所欠缺。伴随改革开放不断深入，1989 年国家教委重新制定、颁布了《三年制中等师范学校教学方案（试行）》，规定中师课程结构由必修课、选修课、活动课与教育实践课四部分组成，其中必修课为 14 门：思想政治、语文（含教学法）、数学（含教学法）、物理学、化学、生物学、历史、地理、小学心理学教程、小学教育学教程、体育、音乐、美术、劳动技术，总学时为 2720 学时，教育理论课时占 13.7%，选修课为 250~450 课时，教育实践的时间为 10 周。此课程设置体现了"合格加特长"的中等师范教育办学思想。此方案是中国 20 世纪最后一个培养中等师范水平小学师资的课程方案，以后的中等师范课程设置基本遵循此方案的指导思想，体现办学的统一性与灵活性，确保中等水平小学教师的培养质量得以稳定有效地提高。从此，中等师范教育进入了前所未有的稳定发展期。2005 年，时任教育部副部长袁贵仁同志提出："在师范院校基础上合并改制的地方综合性本科院校，要明确学校定位和办学方向，发挥优势，更好地承担起为当地培养培训中小学教师的责任和义务。师范高等专科学校主要培养小学和幼儿教师，视需要与条件，有计划地纳入本科院校系统；要整合中等师范学校（包括幼儿师范学校）优质资源，根据需要与可能，有计划地将具备条件的中师并入高等学校，部分中师可升格为培养小学和幼儿园教师的师范高等专科学校。"[②]

（2）专科学历层次的试验期

1996 年 9 月，原国家教委在第四次全国师范教育工作会议上提出"必须把师范教育作为发展教育事业的战略措施，优先发展，适度超前"。事实上，早在 1984 年、1985 年，我国就在江苏、北京、上海、广州等经济发达地区开始尝试培养大专学历的小学教师试验工作。在十年试验的基础上，为了保证专科程度小学教育专业人才培养的质量，1995 年教育部制定了供各地参考的"指导性"方案——《大学专科程度小学教师培养课程方案》。方

[①] 从"中专学历层次的复兴与稳定发展期"到"小学职前教师教育特色课程文化的规范期"的分期和内容大部分采用严启英《中等师范教育课程文化的百年进程及其启示》（载《贺州学院学报》2014 年第 3 期，第 115-116 页）的成果。

[②] 《全面落实以人为本的科学发展观　努力建设高素质的教师队伍——在 2005 年度教师教育工作会议上的讲话》（2005 年 4 月 5 日），http://www.moe.gov.cn/s78/A10/moe_882/tnull_8380.html.

案中所建议的课程设置已完全与高等教育接轨,即分通识教育、学科专业教育、教育专业与教育实践四大模块。建议开设心理学、教育学、小学生心理指导、中外教育简史、班主任工作概论、小学教育科研方法、小学语文教材教法、小学数学教材教法等科目的教育专业课程。这一方案中虽没有提出明确的学时比例,却比传统时期的中等师范教育课程设置内容更丰富,目标设置也更高。

进入"九五"后,原国家教委于1996年9月召开全国第四次师范教育工作会议。会议确定了"九五"期间师范教育的主要任务是:以教学改革为核心,全面推进师范教育的各项改革,使师范教育整体水平明显提高。制定了"九五"期间中小学师资队伍建设的目标:到2000年全国小学、初中、高中教师学历合格率分别达到95%、80%、70%以上,提出了"适度发展本科、按需发展专科、调整加强中师,中等师范教育学制由三、四年并存逐步过渡到四年"的战略方针,并指出已经实现"普九"、教师学历合格率已基本达标的经济发达地区,根据需要由省级教育行政部门申报并经国家教委审批后,可适度扩大培养专科学历小学教师的试验规模。目前,专科程度小学教师的培养培训已成为我国师范教育的一个热点问题,存在着"职前培养"过热,"职后培训"失控的倾向。有的边远地区不顾条件,盲目攀比,一些省市不切实际地将所有中等师范学校升格为5年制师专。1995年全国职前培养的专科程度在校生仅1.3万人,而职后培训的规模已近29万人。这种培养与培训比例的失调,严重违背了教育规律。[①]

至1999年,我国大部分省、市通过合并、升格、改造等多种方式已先后完成"师范教育由三级体系向二级体系"过渡的任务。但总结多年办学经验,发现"我们国家初等教育专业教育类课程所占的比重则不足10%",一定程度上影响了大专程度小学教师的培养质量。2003年教育部印发了《三年制小学教育专业课程方案(试行)》,要求专业必修课程模块增加教育专业类科目,其比例应占到总学时的22.4%,教育实践时间为10周,再次继承并凸显了中等师范的"教育性"特色。三年制小学教育专科层次的课程设置与学时数基本以本方案为蓝本,沿着稳妥的方向发展。

(3)本科层次学历的探索期

紧跟着世界各国小学教师学历本科化的步伐,教育部于1999年正式批准杭州师范学院、南京师范大学、上海师范大学、东北师范大学4所本科高师院校作为全国首批正式设置"小学教育"本科专业的高校,我国的中等师范教育迅速跃升、转型为小学教育本科专业的高等师范教育。经比较研究发现,最早试点与后来发展的本科小学教育专业在设置课程时均沿用大专程度的四大模块,实施学分制,总学分控制在158~180等分不等,各组成

部分所占总学分的比例也不一样。其中,教育专业课程所占学分比例在 17.20% ~ 31.44%,平均比例为 26.34%,所开列的具体课程,以杭州师范学院为例,主要有以下 8 门科目:心理学基础、小学心理学、教育学基础、教学论、小学教育科研方法、儿童教育概论、小学语文和数学教学方法与研究、教育统计学,所占学分比例为 24.1%;教育实践则占总学分的 6.77%。与西方发达国家师范教育的教育类课程所占总学时不低于 25% 相比,无明显差距。这表明,我国本科小学教育专业特色课程文化建设已与国际接轨,体现了专业办学的合规律性。

3. 小学职前教师教育特色课程文化的规范期

回顾我国中等师范教育发展的百年历程,为使专业发展更加科学、规范有序,避免办学机构对师范"教育性"理性理解与感性操作的偏颇,教育部于 2011 年制定了《教师教育课程标准(试行)》,对小学职前教师教育的课程目标、课程设置与学分要求提出了具体的要求。其中课程设置涉及六大学习领域:儿童发展与学习、小学教育基础、小学学科教育与活动指导、心理健康与道德教育、职业道德与专业发展、教育实践;课程性质分必修与选修两种类型,必修学分三年制、四年制、五年制分别为 20 学分、24 学分、26 学分,选修学分均为 8 学分,教育实践的时间均为 18 周。教育专业理论课程所占学分或课时已基本达到国际水准,教育实践时间近乎成倍增加,这不仅突出了师范的"教育性"特色,更反映了"实践取向"的师范教育理念,确立了小学教育的实践性特征,并与知识经济条件下小学教师应具备足够的教育机智与实践智慧的设想不谋而合。这一纲领性文件的颁布和推行,昭示着我国百年中等师范教育时浓时淡、时明时暗的历史进程正式终结,也标志着我国小学职前教师培养朝着正规化、科学化与特色化的轨道稳定、健康地发展。[①]

(二)20 世纪 90 年代以来的中等师范教育改革

20 世纪 90 年代,随着我国教育改革步伐的明显加快,处在基础教育阶段的小学教育要求师范学校为其提供合格教师的呼声日趋强烈,这就要求中等师范教育在现有改革的基础上,除少数经济欠发达地区在近期还要重点继续办好一批中等师范学校外,其他地区要加大改革力度,有条件的中等师范可以自行升格,不具备条件的中等师范学校要与师范专科学校进行实质性合并,还有一部分则进行转型或撤销。到 2010 年,全国基本实现三级师范向两级师范的过渡。[②]

---

① 严启英.中等师范教育课程文化的百年进程及其启示[J].贺州学院学报,2014(3):116.
② 吴金昌,李成贵,李运海.中等师范教育改革与发展现状的思考[J].河北师范大学学报.2000(2):121.

1. 中等师范改革模式的分析与展望

就全国而言,目前改革的模式有以下五种[①]:

第一,中等师范设置五年制大专班。这种模式的基本特征是:由条件较好的中等师范学校与当地师范专科学校联合招生,指标占当地高校专科指标,招收应届初中毕业生,在中等师范授课。学制五年,前三年基本是原中等师范课程,后两年综合文理分科或在综合课程中,选修其中一科,基本达到专科水平。毕业时,颁发师专毕业证书,培养目标为小学教师。这种办学模式有利于发挥中等师范特有的重视学生基本功的培养,与小学联系紧密,专业思想比较稳定的优势。此类模式以国家教委确认的 65 所试点校为主体,还有部分省效仿设置的类似大专班。

第二,"3+2"办学模式。这种模式的基本特征是:前 3 年在各中等师范学校按中等师范课程方案授课,3 年后按计划择优推荐,后 2 年集中到少数条件较好的中等师范学校授课。如升格为南通大学之前的南通师专成功培养了大批此类师范生,使师范生的命运发生分流,在农村从事基础教育的占绝大部分,而少部分则继续攻读,完成本科,甚至研究生教育,转而成为学者和其他行业的从业人员。

第三,实质性合并。这种模式是部分条件较好的中等师范学校逐步与师专或教育学院实质性合并,或采取"3+2"模式,或招收高中毕业生,学制两年,培养具有专科学历层次的小学教师。逐步完善小教大专班的课程体系,实现职前教育和职后继续教育一体化。还有部分中等师范学校同本科师范院校实质性合并,建立本科师院。

第四,继续重点办好一批中等师范学校。这种办学模式目前主要在经济较发达地区或欠发达地区实行。一般情况下,这些中等师范学校不能普遍办小教大专班,更无法升格为师专,而许多城镇小学或农村中心小学也要求师范学校为其提供中专层次的教师或一专多能的教师。这些地区除继续加大中等师范定向招生、定向分配的力度外,还需采取定期轮换或对代课教师通过函授、脱职进修的办法,搞好学历补偿教育,以保证边远学校有足够的合格教师。所在地市政府和教育主管部门有选择性地挑选优秀师资,组建一批重点中等师范学校,同时允许辖区内所有师范学校的师资队伍自由流动,流向高中、职业中学、职高或其他部门就业。

第五,转制为高级中学。把原来中等师范学校的整个编制在地方政府的统筹下,转型为高级中学,如福建南平市的南平师范学校,转型为高中,也形成其独特的发展道路。

上述五种办学模式,基本勾勒出目前我国中等师范改革与发展的大致轮廓。但是有

---

① 五种模式的前四种及其表述采用吴金昌、李成贵、李运海《中等师范教育改革与发展现状的思考》(载《河北师范大学学报》2000 年第 2 期,第 121-122 页)成果。

的模式只是作为过渡或应急而出现或存在的,对照国家的发展目标要求还有一些距离,仍需进一步改革和完善。

2. 两个迫切需要依然并存[①]

国家教委提出,就全国而言,在相当一段时间内,小学教师合格学历基本保持在中等师范这个层次。但是,随着社会进步和经济的发展,有条件的地方需要尽快提升小学教师的学历层次。这个问题的提出符合目前全国小学教育整体发展实际,也就是说,从全国现状看,两个迫切需要依然并存:一是广大边远地区和经济欠发达地区迫切需要受过正规师范教育的中等师范生,二是那些经济发达地区或经济较发达地区的城镇小学或农村中心小学迫切需要师范学校为其输送具有专科学历层次的教师。

(三)大学专科师范教育

教育部"十一五"规划的发展思路第一条即提出"以素质教育为主题",第四条提出"以加强教师队伍建设为关键,加强和改进教师教育,强化教师培训,提高师资特别是农村师资水平"。教育是一个生态系统,家庭、学校、社会、个体一起形成教育的生态链,其中最主要的环节是学校。学校是教育的主阵地,教师又是学校教育的主力军,主力军素质的高低决定着学校素质教育的成败。因此,"以素质教育为主题",势必要"加强教师队伍建设",同时"加强和改进教师教育",建设好教师的后备队伍。

恢复高考以来,师范高等专科学校曾是我国师范教育的重要基地,为各级中小学培养和输送了一批又一批优秀、合格的教师和教育管理工作者。然而,最近二十年来,师专师范生源质量逐年下降,人才培养质量亦出现了滑坡现象。我们认为主要原因有三方面:(1)随着高等教育的发展,本科院校一再扩大招生规模,影响到了师专的生源质量。(2)近年国家的"升本"政策惠及一大批师专学校搭乘上了"升本快车",少数因各种原因未能及时升格的师专,在政府资金投入很少甚至没有投入的情况下,迫于生存压力,纷纷增设高职专业,以提高经济效益,缓解学校的生存危机。传统的师范教育在新增专业面前一度"失宠",教育质量自然下降。(3)师专师范教育在新形势下未能找好自身定位,某些教学改革急于向高职专业靠拢而丧失了自身的专业特点与传统优势。

陆艳清、严翠英认为近年来学界对教师教育的关注一直热度不减,不乏见仁见智的研究著述,探讨的论题多集中在师范生实践性知识的形成与教师职业技能的训练上,而对影响师范生职业生涯的深层文化结构尚缺乏深入研究和成熟的论述。以实践探索为研究基

---

① 吴金昌,李成贵,李运海.中等师范教育改革与发展现状的思考[J].河北师范大学学报.2000(2):120.

点,开展相关的研究工作,将师专师范生的素质教育实证研究作为解决师专师范生人才培养质量问题的切入点,构建科学合理的课程体系并予以实施,是师专素质教育的核心工程。

学校实施教育,一般有两个途径:一是以环境育人,二是以教育教学活动传输相关知识并促使知识内化,后者是教育工作的重心所在。因此,要想贯彻素质教育,提高人才培养质量,构建科学合理的课程体系并予以施行便是首要的任务。

打破师专传统的课程架构,组建教育专业的通识课程。传统的师范教育专业课程架构主要由学科专业知识和教育教学实践知识组成。这种课程架构培养出来的师范生具有一定的学科专业知识和基本的教师职业技能,但在素质教育的背景下,这种课程架构在实现培养高素质人才的目标上已经日益显现出其局限性。"人文使命淡化会制约人才培养的境界。"未来的人民教师在以后的工作中能否拥有高尚的师德、健全的人格,在很大程度上取决于其在师范院校学习时是否受到优秀的文化"同构"与深刻的文化影响。因此,我们力求构建具有宽途径、厚基础、重人文的知识结构,让学生超越狭隘的专业性与工具性的约束,学会思考,学会欣赏真、善、美,把自己培养成职业思想端正、心理健康、专业扎实、技能突出的合格师范生。[①]

(四)大学本科师范教育

高等师范院校本科生的培养目标是培养为社会主义建设服务的、高素质的现代师范人才,即具有坚定的政治立场和高尚的道德,扎实的专业功底和丰富的实践能力,较强的外语、计算机水平,较强的创造精神和创新能力的新型人才。找准这一培养目标,是教育改革的前提。

新中国成立后,曾为发展、改革师范教育采取了一系列积极措施。1951年8月召开第一次全国师范教育会议,明确师范教育方针——必须是正规师范教育与大量短期训练结合,确定每一大行政区至少建立一所健全的师范学院,以培养高级中等学校师资为主要任务;各省和大城市原则上设立健全的师范专科学校一所,以培养初级中等学校师资为任务;大学中的师范学院或教育学院,以逐渐独立设置为原则;规定师范学院教育系的主要任务是培养师范学校教育学、心理学等科目的教师。这次会议大体上奠定了我国高等师范教育的基本格局。1952年,全国高等师范院校由1949年的12所发展到33所,在校学生由1949年的1.2万人增加到3.23万人。到1957年,除西藏以外,每个省、区、市都至少建成1所高等师范院校,改变了区域分布极不平衡的状态。

---

① 陆艳清,林翠英.师专师范教育专业课程体系的研究[J].中国成人教育,2010(16):65-66.

"十年动乱"结束后,全国上下进一步认识到师范教育的重要性。1980 年 6 月召开了一次规模较大的全国师范教育会议,初步总结了 30 年来我国师范教育的经验,讨论了师范教育的方针任务,明确了各级师范院校和各级教师进修学院的具体任务,师范教育迅速走上健康发展的轨道,形成了一个较为健全的师范教育体系。

(五)民办教师与代课教师问题

民办教师、中小学代课教师[①]替代制度的历史性终结。原国家教委于 1987 年提出"加强教师队伍的建设","继续贯彻全国中小学师资工作会议精神,抓好高等师范院校和综合大学培养师资的规划工作,抓紧中小学教师培训,继续做好从部分骨干民办教师中选招公办教师的工作"[②]。此后十余年,各级政府陆续拨出相当多的劳动指标用来解决民师转正问题。据国家教委 1997 年统计,不少经济发达的省份,在岗民办教师数为零或接近零,说明民师转公问题已经解决,其他省市在 2000 年前也宣布完成"民转公"这个历史任务。原国家教委提出,2000 年在全国范围内基本解决民办教师问题,即除部分可办退休手续或辞退外,其余民办教师将全部转为公办教师。2001 年 7 月 26 日,《教育部关于印发〈全国教育事业第十个五年计划〉的通知》(教发〔2001〕33 号)概括"改革开放以来教育改革与发展取得了历史性的伟大成就",其中之一就是"教师队伍建设进一步加强",具体表现在"通过各种形式,改进和加强了教师的培养、培训工作,教师队伍的整体素质不断提高。教师学历合格率大幅度上升。民办教师问题基本解决。教师生活待遇和社会地位有所提高,住房条件明显改善。教师正在逐步成为受人羡慕的职业"[③]。至此,新中国教师队伍中民办、公办两系教师队伍终于归并为单一的事业单位公办教师编制。但是民师数量的减少,是以形成庞大的代课教师队伍为代价的。

长期以来,在国民经济相对不发达的部分中西部省、市、自治区和部分东部省份的广大农村,庞大的代课教师队伍成为公办教师、民办教师队伍之外的替代力量,是不发达地区和农村普及基础教育,实现教育公平的补充力量。但是代课教师相对于公办教师来说

---

① 吴金昌、李成贵、李运海《中等师范教育改革与发展现状的思考》:"国家教委提出:到 2000 年,在全国范围内基本解决民办教师问题,即除部分可办退休手续或辞退外,其余民办教师将全部转为公办教师。""但是我们注意到,这里所称民办教师一般是专指 1986 年前参加教育工作,并在地市级教育行政部门人事科备案的民办教师。(注:1986 年 12 月,当时国家教委下发过一个文件,文件中提出了解决民办教师问题的几个办法,其中有一个"关"字,即关门,不再聘任民办教师。)此后参加小学教育工作的非公办教师,一律称代课教师。"(《河北师范大学学报》2000 年第 2 期,第 119-120 页)

② 《国家教委 1987 年工作要点》,http://www.moe.gov.cn/jyb_xwfb/moe_164/tnull_3450.html.

③ 《教育部关于印发〈全国教育事业第十个五年计划〉的通知》(教发〔2001〕33 号),http://www.moe.gov.cn/srcsite/A03/s7050/200107/t20010726_171641.html.

是非常不稳定的存在,反思则可看到我们的教师队伍存在着潜在的真正缺编,应引起教育界的足够重视。国家对代课教师的政策在逐渐调整,总体上呈现压缩规模、严禁新聘的政策走向,以期最终禁绝代课教师这一教育现象。采取代课教师公开招考入编等措施,同时严禁增加新的代课教师,避免形成新的社会和教育问题,切实从加强补充乡村师资工作力度来有效地解决乡村教师真正缺编与实际使用代课教师的矛盾。2014年11月13日,《中央编办、教育部、财政部关于统一城乡中小学教职工编制标准的通知》(中央编办发〔2014〕72号):"为贯彻落实党的十八大和十八届三中全会精神,大力促进教育公平,统筹城乡教育资源均衡配置,按照《国家中长期教育改革和发展规划纲要(2010—2020年)》要求","加强督查监管,严格规范中小学教职工编制管理。各地要严禁挤占、挪用和截留中小学教职工编制,严禁在有合格教师来源的情况下'有编不补',长期聘用代课教师,严禁以各种形式'吃空饷',严禁管理部门与中小学校混编混岗占用教职工编制。"[①]2017年年初,《国家教育督导检查组对河南省12个县义务教育均衡发展督导检查反馈意见》要求"进一步加强教师队伍建设","要按照《国务院关于统筹推进县域内城乡义务教育一体化改革发展的若干意见》要求,进一步完善教师编制动态管理机制,落实'缺编即补'的要求,不断加大新教师补充力度,严格禁止使用代课教师"。[②]2017年,江西省严禁在有合格教师来源的情况下"有编不补",严禁新聘代课人员,[③]这是全国省级以上教育主管部门的基本态度。

(六)研究生层次师范教育

与此同时,国家着力实施教师队伍学历提升计划,在专科、本科层次的教师队伍学历层次上再予以提升到研究生学历。在从中师、大专和本科的"旧三级"向专科、本科和研究生"新三级"转变的过程中,从1999年到2013年,我国本科师范院校由87所增加到113所,专科师范院校由140所减少到55所,中等师范学校由815所减少到110所,高师毕业生和中师毕业生之比从1999年的38.4∶61.6提高到2013年的89.7∶10.3,师范毕业

---

① 《中央编办、教育部、财政部关于统一城乡中小学教职工编制标准的通知》(中央编办发〔2014〕72号),http://www.moe.gov.cn/s78/A10/A10_gggs/s8471/201412/t20141209_181014.html.

② 《国家教育督导检查组对河南省12个县义务教育均衡发展督导检查反馈意见》(2017年1月20日),http://www.moe.gov.cn/jyb_xwfb/moe_2082/zl_2017n/2017_zl02/201701/t20170120_295377.html.

③ 《江西:今年招聘中小学教师1.6万人》(2017年4月14日)。教育部官网转《中国教育报》4月13日报道,http://www.moe.gov.cn/jyb_xwfb/s5147/201704/t20170414_302535.html.

生学历层次显著提高,以师范院校为主体、综合性院校积极参与的现代教师教育体系初步形成。[①] 再与 2002 年的数据做一比较,2011 年高师本科院校有所发展,由 96 所增加到 108 所;师范专科学校和中等师范学校大幅度减少,师专由 140 所减少到 36 所,中师由 815 所减少到 132 所;独立设置的教育学院合理收缩,由 166 所减少到 60 所。大批师专、中师和教育学院合并升格为本科师范院校或综合性学院。培养教育专业硕士的高等学校由 1997 年的 16 所增加到 2011 年的 83 所。2011 年,15 所高水平师范大学和综合大学开展教育博士培养试点工作。师范毕业生学历层次明显提高,本专科毕业师范生和中师毕业生之比从 2002 年 52.5:47.5 提升到 2011 年的 90.1:9.9。2011 年,全日制教育硕士毕业生为 4565 人,在职教师攻读教育硕士毕业生为 7963 人。教师教育办学层次基本实现了从中师、大专和本科的"旧三级"向专科、本科和研究生"新三级"的转变。[②]

师范教育硕士生培养体制的萌芽与缓慢发展。1912 年,清末的优级师范学堂改名为高等师范学校,设女子高等师范学校。1913 年 6 月,教育总长范源滚(1877—1928)拟划分全国为六大师范区,每区设国立高师一所。六所高等师范学校于 1912—1918 年间先后设立,在全国形成了六大师范教育区域,为谋求全国范围内师资的均衡发展做出了贡献。1919 年 4 月,北京女子师范学校改名为北京女子高等师范学校,这是我国最早的女子高等师范学校。1922 年,教育部颁布《学制系统改革案》,规定:"师范大学修业年限四年。"附注云:"旧制设立之高等师范学校,应于相当时期内提高程度,收受高级中学毕业生,修业年限四年,称为师范大学校。"中国近代高师在学制上仍保持其独立设置的地位,但学历层次有所提高,相当于大学本科二年级程度,统一收归国立,由教育总长根据全国情况,规定地点及校数,分别设立。高等师范学校以培养中等学校、师范学校教员为目的,经费由国库支给,内设预科 1 年、本科 3 年和研究科 1~2 年。研究科从本科各部择二三科目进一步深入研究,并且设 2~3 年的专修科和供学生实习的各类学校。研究科的设置,标志着我国师范教育研究生培养的开始。

新中国成立以后,大力发展师范教育,积极培养硕士研究生学历层次的教师队伍,大部分成为高师院校的教师补充力量,少部分在东部部分省市、超大型城市的乡村就业,开启乡村教师队伍师资研究生化的强化、提升改革之路。

1980 年 2 月,在五届人大常务委员会第十三次会议上通过了《中华人民共和国学位条例》,我国的学位制度获得了法律保障,建立了由初级、中级到高级的学位体系,完善和

---

① 《立教之本,兴教之源——教师节设立 30 年来我国教师队伍建设成就综述》(2014 年 9 月 3 日),http://www.moe.gov.cn/s78/A10/moe_601/201409/t20140903_174513.html.

② 《转型中谱写新篇——教师教育改革发展十年巡礼》(2012 年 11 月 1 日),http://www.moe.gov.cn/s78/A10/moe_601/201211/t20121101_143956.html.

健全了学位制度。与此相应,1980 年 11 月 3 日,经国务院批准,颁发了《高等师范院校首批硕士学位授予单位及其学科、专业名单》,北京师范大学、南京师范学院等 30 所高等师范院校的 42 个专业可授予硕士学位,尔后又陆续进行了 3 次审批和增补。1981 年,高等师范院校的数量、研究生的培养与 1949 年的发展状况相比,取得了巨大的进展。

1984 年 1 月 13 日,获准的高等师范院校第二批硕士学位授予单位及其学科、专业名单有 27 个大专院校若干个专业,新增了 3 个院校(包括南充师范学院、新乡师范学院、沈阳师范学院)和 19 个师范专业。1987 年年底,《国家教育委员会有关高等师范院校要求增设专业问题的批复》〔(87)教师字(013)〕文件中批准在全国 27 所高等师范院校新增设 50 个硕士学位专业。第六个五年计划完成的 1985 年,在全国 253 所高等师范院校设置的 67 个专业中攻读研究生的学生人数达 611 人(含在校博士生)。1995 年,全国共有全日制师范院校 1133 所,在校学生 143.09 万人。其中高等师范院校有 236 所,在校学生 58 万余人,38 所高等师范院校设有硕士点,具备硕士学位授予权的专业点 698 个。可以看出,我国师范教育经过 40 多年的发展,出现了喜人的形势。

中国师范教育硕士生的招生计划,由国家教育部会同有关部门根据国家的需要、培养单位的指导力量和科学研究工作的基数确定,由国家统一实施。硕士生从应届本科毕业生或从具有实际经验的在职人员中选拔。

中国师范教育硕士生的培养方式主要表现在以下四个方面:(1)采取“课程学习+科学训练社会实践”的培养模式。以自学、研究为主,讨论、辅导、讲授诸形式为辅,着力培养研究生的创造性思维能力。学完一门课,撰写一篇论文,锻炼思维能力和写作能力。(2)硕士生实行导师组制,以导师为主,坚持学位点专家集体负责和导师个别指导相结合,同时充分发挥学位点及其研究中心的作用。由导师负责安排课程、教学实习、指导论文;硕士生要在导师指导下,充分发挥学习和研究的主动性,认真读书,写好读书笔记,勤于思考,刻苦训练,搞好课堂讨论,完成课程论文和学位论文,全面培养自己的创造性思维和创造性劳动能力。硕士生导师组支持并且协助导师工作,承担一定的教学任务,审查学位论文选题,检查培养计划执行情况。(3)加强思想政治教育。思想政治教育由硕士生所在党、团支部负责,导师和任课教师都要关心硕士生的成长,搞好教书育人。同时,导师和任课教师应该起到榜样示范作用,在学术和科研上,做到严谨、认真,有刻苦钻研精神;在思想品德上,具有全心全意为人民服务的思想和献身社会主义建设事业的远大理想,在潜移默化中促使硕士生树立正确的世界观、人生观和价值观。(4)淘汰制。硕士生的培养是一项较复杂的系统工程,涉及学科建设、导师队伍、科研实力及教、学、管等多个环节,每个环节都离不开严格的管理,而管理的核心问题是建立淘汰机制,这对硕士生的质量调控和把关起着重要作用。中期考核是硕士生淘汰机制之一,一般在课程学习行将结束时进行,包括思想品德考核、考试成绩考核、科研能力考核、综合基本技能(计算机、外语)考核。考核成绩合格者,可继续完成学业;考核不合格者,按有关规定处理。

自20世纪90年代开始,中国根据学科分类实行研究生教育,1990年国务院学位委员会批准的教育硕士专业局限于教育管理,2012年发展到包括数学、物理、化学等学科教学在内的近20个专业。2012年,6所部属师范大学开始在2009年首届免费师范本科毕业生中招收教育硕士。2008年,国务院学位委员会通过《教育博士专业学位设置方案》。随着三级教师教育向二级教师教育转变及教师教育专业研究生教育的发展、教师职后教育的加强,本科以上高学历化、职前教育与职后培训一体化也成为当代教师教育的重要特征。

三、少数民族聚居区乡村教师师资发展情况

发展少数民族聚居区(自治区、自治州县)的教育对于国家统一、少数民族群众素质的提高,促进少数民族聚居区国民经济和社会发展,实现民族平等的政治权利具有重要的政治和现实意义。新中国成立以后,党和政府重视少数民族聚居区的教育工作,在少数民族聚居区域建立了体系完善的师范教育体制,形成中国特色的民族师范教育特色。

(一)尝试探索阶段("文化大革命"以前)[①]

新中国成立后,党和国家对民族高等师范教育开始重视,为了帮助少数民族建立和发展民族高等师范教育,制定了一系列政策,采取了许多切实可行的具体措施。

1951年,政务院颁行了第一次全国民族教育工作会议上提出的《培养少数民族师资试行草案》,该草案对改善少数民族地区教师教育的办学条件、加强师资培养等方面起到了积极作用,民族高等师范教育事业有了起色。1952年,首先在内蒙古自治区建立了一所民族高等师范学校——内蒙古师范学院。该校主要招收少数民族学生,同时用蒙汉双语授课。同年,广西壮族自治区通过院校调整,重建了广西师范学院。原广东海南黎族自治州海南师范专科学校招收相当数量的少数民族学生,填补了这些地方民族高等师范教育的空白。

1957年,教育部颁发《关于解决各地民族学院师资问题的意见》,提出了以自培为主、外援为辅"两条腿走路"的方针,各地认真贯彻该意见精神,民族高等师范院校陆续建立。

---

① 本节内容采用罗利群、吴洪亮《新中国民族高等师范教育发展历程审思》(载《曲靖师范学院学报》2012年第4期,第6-7页)的成果。

如新疆于 1957 年和 1962 年先后建立了新疆师范学院、喀什师专;1958 年内蒙古自治区成立乌达盟师专、通辽师专;贵州黔南布依族苗族自治州建立了都匀师专(黔南民族师专);宁夏回族自治区建立了宁夏师范学院;湖南湘西土家族苗族自治州创办了吉首大学;西藏创办了西藏师范学院等。这些民族师范院校为少数民族地区培养了大批民族中学师资,成为发展少数民族教育的重要基地。"文化大革命"期间,民族高等师范教育受到破坏,很多院校停办或被撤销。

(二)民族师范教育全面发展阶段(1978—1988 年)

党的十一届三中全会后,民族高等师范教育得到很快恢复。为了适应民族地区教育的发展,在 10 年间,民族高等师范教育调整了内部结构,加强了师资培养,加快了发展速度,进入了全面发展时期。

(1)增设一批新的民族高等师范院校,民族高等师范教育初具规模。新疆在 1978 年创办新疆师范学院、和田师专、喀什师范学院、伊犁师范学院;西藏办起了西藏师范学院(今西藏大学);宁夏回族自治区建立了固原师专、银川师专,宁夏大学也办成了以师范为主的综合性大学;广西壮族自治区先后建立了右江民族师专、南宁师范学院(今广西师范学院)、南宁师专、河池师专;贵州在 3 个自治州都设置了民族师专;四川分别在凉山、阿坝、甘孜 3 个州建立西昌师专、阿坝师专、康定民族师专;云南建立了德宏师专、思茅师专、大理师专,等等。至此,少数民族高等师范教育已初具规模,为培养急需的少数民族基础教育师资打下了坚实的基础。

(2)少数民族高等师范院校教师和少数民族学生数量大幅增加。1988 年,广西壮族自治区全区高等师范院校招生 4182 人,在校生 12788 人;高等师范院校教职工 4037 人,其中专职 2002 人,为全区培养了大批基础教育师资。西藏自治区在解放初期设立师范院校,西藏大学成立时与西藏师范学院合并,1984 年到 1986 年间招收少数民族学生 385人,已培养出中学民族教师近 400 人。

(3)民族高等师范教育的师资质量显著提高。各院校通过多渠道、多形式对教师进行培养,已初步形成一支素质较好、专业齐全、基本能适应当前民族地区高等教育事业发展需要的教师队伍。

(三)繁荣发展阶段(1988 年至今)

从中国实际出发,经过前两个阶段的积累,我国民族高等师范教育终于建构出民族性与师范性相结合、具有中国特色的少数民族高等师范教育体系。

(1)根据不同民族地区的实际需要,建立了包括不同规模、不同层次、专业齐全、网络面广的民族高等师范教育体系。民族地区坚持普及和提高并进的原则,形成专科、本科、硕士研究生、博士研究生四级培养层次,办学规模上既有综合研究型师范类大学,也有各类民族师范学院和成人教育学院,形成了多层次、全覆盖的民族高等师范教育体系。

(2)随着经济社会的不断发展,民族高等师范教育为适应民族地区经济社会的发展,一批民族高等师范院校相继转型升格。如2012年云南省昭通师范高等专科学校与思茅师范高等专科学校更名昭通学院和普洱学院,均相继升格为本科院校。

(3)近年来随着教师教育一体化进程的加快,民族高等师范教育出现了多种教育形式,如"顶岗实习支教"就是民族高等师范院校师范生实习制度的创新,既有利于为民族高师学生实习创造条件,又有利于缓解西部师资紧缺的问题。另外,《免费师范生计划》《特岗教师计划》《三支一扶计划》《内地民族班》等政策的出台,对民族高等师范教育提出了新的要求。[①]

四、21世纪乡村教师培养的思考和对策

(一)百年师范教育的反思

中国师范教育在其百年的发展史上也曾多次受到国家宏观教育政策调控的影响。比如五四运动以后到1949年新中国成立前,中国社会处于急剧变动时期,加上中国师范教育制度由学习日本转向学习美国,大搞师范与中学合并运动,削弱了师范教育在整个教育中的地位。尽管以陶行知为代表的一些有识之士进行了有益的探索,开展诸如"师范教育独立运动"等实践,但由于旧中国经济、社会的极不稳定,直接影响了师范教育发展,这一时期中国的师范教育发展总体趋于迟缓甚至倒退。

新中国成立后,随着中国师范教育政策的几次大变革,师范教育的规模和教育质量也曾有很大的起落,经历了一个"发展—调整—再发展—再调整—再发展"的历史过程。事实证明:必须坚持"政府举办为主、社会各界支持办师范"的传统。政府什么时候把师范教育放在优先发展的地位,什么时候师范教育就昌盛,整个社会的基础教育也就兴旺和发达。[②]

回顾中国师范教育发展的百年历史,可见其在适应各时期生产力发展的需要,在政府推进教育变革的背景下应运而生并顽强发展起来的轨迹。师范教育坎坷的经历、地位的

①　罗利群,吴洪亮.新中国民族高等师范教育发展历程审思[J].曲靖师范学院学报,2012(4):7.
②　方建华.嬗越与创新:中国百年师范教育传统及其现代意蕴——基于江苏百年示范发展史[J].教育发展研究,2014(6):19.

变迁在很大程度上受制于社会政治经济状况,而且师范教育的前景与整个教育事业的发展及受政府重视的程度息息相关。以江苏省师范教育发展为例,其百年历史清楚地告诉我们:师范教育是经济发展与政治改革的产物,应该具有适当的超前性,应摆在优先发展的地位。当年张謇办师范时,就以实际行动告诫人们:"欲教育普及国民而不求师,则无导。故立学校,须从小学始,尤须从师范始。"秉承先贤的师范理念与传统,在师范发展的百年历程中,人们对师范教育地位和作用的认识逐渐深化——由为解决紧缺师资而加快发展师范,到把师范看成是"教育事业的工作母机",看作是发展教育事业的战略性措施,认为师范必须适度超前和优先发展。学界对师范学校存在的必要性与合理性认识逐渐明确。

必须进一步明确和坚持师范教育"为基础教育服务,为提高全民族素质服务"的方向不变,这是办好师范教育的关键;必须进一步明确师范学校"培养小学教师"的培养目标和任务不能任意改变,否则就会直接影响基础教育的健康发展和质量;必须切实抓好师范教育改革,提高师范教育质量,突出师范性特点,加强师范生专业思想教育和师德教育,培养学生具有"为人师表"的优良品德,重视师范生职业基本功的训练和职业素养养成教育。今天,在社会主义市场经济条件下,计划经济的毕业生分配模式[1]已被彻底打破,师资市场已经形成:教师培养不再由师范院校独自承担,综合类院校和非师院校也开始承担起培养中小学教师的责任。[2] 因而,师范教育的办学模式面临着市场的挑战,要求师范教育的发展与改革必须适应市场需要并受其制约。但是,我们必须清醒地认识到,无论时代和社会如何发展、教育如何进步,师范教育在整个教育事业中的重要地位是不可动摇的。[3]政府应该积极引导和探索部分发达地区调整师范教育体系,适当缩小师范教育的规模,走内涵式发展的改革之路,促使发达地区的师范教育由"三级师范向二级、一级师范"的教育体系过渡,实现小学教师大专化、本科化的师资培养目标。同时,也要考虑到我国幅员辽阔,地区经济、文化和教育发展极不平衡,东西和南北的发展水平差距很大的现状。因此,

---

[1]　这种模式在改革开放初期甚至被强化,江苏省产生了引以为豪的江苏师范教育办学经验:实行五个"定向"办学:定向招生(90％的生源来自农村)、定向培养(为生源所在地培养)、定向实习(回生源所在地实习)、定向分配(全部回本县小学任教,原则上是"哪里来哪里去")、定向跟踪(信息反馈)。详情请参看方建华《嬗越与创新:中国百年师范教育传统及其现代意蕴——基于江苏百年师范发展史》(载《教育发展研究》2014 年第 6 期,第 20-21 页)。

[2]　周芬芬,卫建国.高等师范教育改革:理论与实践的对话[J].高等教育研究,2011(10):85. 另请参看闫书广《把握新特点　迎接新挑战——教师教育改革中中师教育的走向及对策》"教师来源多元化"的论述(载《教育理论与实践》2004 年第 1 期,第 24 页)。

[3]　方建华.嬗越与创新:中国百年师范教育传统及其现代意蕴——基于江苏百年师范发展史[J].教育发展研究,2014(6):19-20.

师范教育改革方针与政策决不可搞"一刀切",更不可弱化甚至消灭师范教育。中国的师范教育必须由政府统一规划,中央与地方相结合,多层次办学;而且师范教育的改革必须基于中国国情实行以独立设置师范教育体制培养师资为主与以其他院校适当补充为辅相结合的方针。简而言之,从更深层次、以更长远的眼光认识师范教育的基础性,正确处理师范教育与基础教育之间的关系,在全社会范围内达成"师范教育是教育之本"的共识,坚持"优先发展师范"的教育政策是非常必要的。[①]

1. 面对师范大学生,更新观念,以新理念作为改革的指导

21世纪,是以知识、智力和能力为基础的知识经济时代,是一个充满竞争的时代,及时更新观念、顺应时代潮流,努力培养知识、智力和能力并重的人才,是教育工作者的当务之急。因此,只有转变教育思想、更新教育观念,以新理念作为教育改革的指导思想,才能保证改革的航向始终正确。为此,要做到"三要"[②]:

首先,要树立"以学生为主体,教师为主导"的教育教学理念。就是在教育、教学的全过程中,都必须始终坚持学生是处于主体地位,教师是处于主导作用的理念。"主体""主导"二者是相辅相成的,不能分割,更不能颠倒,强调的是作为主体的学生"自主学习"的重要作用,否则无论如何也难以取得教改的硕果。

其次,要努力培养知识、能力和素质并重的人才。就是在人才培养的全过程中,要正确处理好知识、能力和素质的关系,促进三者协调发展,要把传授知识、培养能力和提高素质融为一体。即在传授知识、培养能力的同时,更要注重素质的提高,把素质教育渗透到专业教育之中,从而培养出知识、能力和素质高度和谐和完美统一的高质量人才。

最后,要努力培养能向相关领域拓展的应用型人才。传统教育观念培养出来的学生,往往因固守一门专业,弹性素质较差,已难以适应时代的发展和社会的需要。必须要在突出专业特色的同时,强调学生的技术应用,以专业知识、应用能力、综合素质的培养为主线,去设计和组织教学,使学生在掌握基本知识和基本技能的基础上,培养自己较强的实践能力和创新能力,从而使学生成为能较好地向相关领域拓展的应用型人才,更好地满足社会的需要。教师教育与基础教育应建立新型关系。基础教育师资目前仍然是我们教师教育培养人才的主体。为了适应并引领基础教育的改革发展,首先要建立教师教育与基础教育、师范院校与中小学幼儿园之间的新型密切关系。师范院校要主动贴近基础教育,填平鸿沟,融化隔墙,树立市场观念,使教师培养与基础教育相互结合,构成具有充分活

---

①　方建华.嬗越与创新:中国百年师范教育传统及其现代意蕴——基于江苏百年师范发展史[J].教育发展研究,2014(6):20.

②　张惠敏.对本科师范院校教育改革的几点思考[J].现代情报,2003(12):24-25.

力、和谐的生长发展链。[①]

2. 高师院校对职前教师培养的基本要求

高师院校对于职前教师的培养有以下方面的基本要求[②]：

(1)扎实的基础素质。是指思想政治素质和文化素质及其相互联系。正如江泽民同志指出的："要说素质,思想政治素质是最重要的素质。不断增强学生和群众的爱国主义、集体主义、社会主义思想,是素质教育的灵魂。""文化素质教育很重要,应当好好抓,理科的学生要加强学习人文方面的知识,文科的学生要加强学习自然科学方面的知识。"这里强调了思想政治素质的灵魂作用和文化素质的重要作用,也指明了文化素质对思想政治素质的形成和确立具有基础性作用。因此,这两方面的素质应该是基础素质,必须要强化。

(2)雄厚的专业素质。要求学生必须具备职业技能素质,具备宽厚的师范专业知识,要有涵盖专业的最新科技成就和发展趋势的知识,能熟练地运用知识分析解决问题。现代科技的发展使学科综合化、整体化的趋势日益显著,只有具备深厚的专业知识才能立于不败之地。

(3)过硬的能力素质。师范本科生毕业后绝大多数都将在教育部门从事工作,如果不具备组织管理和服务社会等多方面的能力,就难以胜任教育工作的需要,难以受到社会欢迎;同时未来社会分工细致,工作岗位多变,也必须具有较强的适应性和应变能力。因此,师范学生在注重专业素质培养的同时,必须培养过硬的能力素质。要使学生具备"七种能力"和"六会"的人格素养——"七种能力"即获取信息能力、讲演表达能力、文字写作能力、组织管理能力、社交和社会活动能力、科学研究能力、发明创造能力;"六会"指的是会做人、会办事、会求知、会健身、会创新、会生存。

3. 高师院校教师教育的内容创新

在新的历史时期,高师院校实施教师教育,势必要探索教师教育改革创新的路子,其中教师教育改革的创新性内容必须符合以下原则:[③]

(1)增强教学内容的学术性

我国的地方师范本专科教育经过数十年的积淀,具有十分鲜明的师范性,在教学内容中注重教师职业道德的培养,注重教学能力的培养,所培养的学生毕业后一般能够较快适应并胜任中小学的教学工作。但与其他院校培养的学生相比,一些师范生的潜力与后劲

---

① 华玉.新本科师范院校的教师教育创新[J].唐山师范学院学报,2004(1):73.
② 张惠敏.对本科师范院校教育改革的几点思考[J].现代情报,2003(12):24.
③ 华玉.新本科师范院校的教师教育创新[J].唐山师范学院学报,2004(1):72-73.

显得不足,原因在于教师教育中欠缺学术性和研究性,欠缺对学生自我发展能力的训练。因此,以本科教育为主的师范院校今后在保持师范性优势的同时,应积极吸收理工科大学、综合大学的经验,在专业教学内容中增强学术性、研究性,提高师范生的学术底蕴。

(2)开设新的教育类课程

教师教育的创新要通过课程来体现。为了提高师范生的从教素质,在不断改革原有教育类课程内容的同时,还应根据基础教育发展形势及时开发一批新的教育课程。近年,闽南师范大学陆续开设了学习学、研究性学习概论、创新学、中学教务教学管理等新校本课程,以提高师范生的学习能力、研究能力、创新能力和中学教学与管理的能力。学习学课程由教育系编写教材并讲授;研究性学习课程由校教育科学研究所结合教育部十五规划相关课题自编教材并开设;创新学课程由学院各学科优秀教师集体编写教材并讲授;中学教务教学管理课程聘请中等教育专家任课,向学生介绍现代中学的运行与管理。这些新课程作为学生的公共课或公选课,包括理论讲授、课堂讨论、课题研究等环节,旨在培养师范生新的教育理念,以及活跃的思维与创造力。

(3)面向社会开放教学,理论与实践相结合

以本科教育为主的地方师范院校长期以来都以教学为中心办学,形成了自身较为完善的专业系统和知识系统,同时也伴生了一些办学的思维定式。随着近年来高等教育的大众化进程不断加快,高校教育教学适应学生就业市场进行改革的重要性日益凸显。为此,师范院校必须与时俱进,进一步贴近基础教育,面向全社会开放教学,重视各种形式的实践教育教学环节,重视对教育市场的了解、沟通与交流,拓展校外实践教学基地,加强与周边中小学的全方位教学教研合作,在新的时代赋予"以教学为中心"这个办学宗旨更切实、更深刻和更广泛的意义。

4. 大力提高乡村教师师资队伍素质是改革成功的重要保证

教师在教学活动中处于主导地位,"学为人师,行为世范"。师资是决定学校教育质量的关键,是改革成功的重要保证。因此,必须建立一支学术水平高,教学质量好,重师德、讲奉献的教师队伍,全面提高教师的素质。为此,必须做到"三抓""一建立":①

(1)抓师德修养,树师表形象。一方面重视教师的理论学习,加强思想修养,弘扬"学高为师,身正为范"的优良传统,树立以献身教育为荣,具备高度的责任感,全心全意做好教育工作的师表形象。另一方面要以学生为本,建立新型的师生关系,教师对学生要"四严":严慈相济,严中有爱,严中有度,严中有方,成为学生的良师益友。

(2)抓教风、学风,立楷模风范。一个学校的教风,关系学生的成长,关系学校的形象,

---

① 张惠敏.对本科师范院校教育改革的几点思考[J].现代情报,2003(12):25.

关系社会对学校的评价,最终关系到学校的生存和发展;而学风不仅影响教育者自身,也影响学生,良好的学风是对教育者基本的要求。因此,"大学的教师要做传授知识的'经师',更要做善于育人的'人师',以自己良好的思想和道德风范去影响和培养学生"。我们要以德治教,用良好的教风去带动学生良好的学风,通过抓教风,带学风,促教学质量的提高。

(3)抓业务提高,提高教育质量。一要激励教师苦练基本功,加强普通话和"三字"训练;认真钻研业务知识,不断提高业务能力;开展教学法研讨,提升讲课的技艺水平。二要激励教师不断进取,开展"以老带新"活动,尽快提高青年教师的素质。三要多渠道提高教师的学历层次,鼓励教师考研或参加研究生同等学历培训。

(4)建立健全教学质量监控体系,促进素质和质量的提高。一是建立日常教学检查制度,进行全程检查,全学期检查。二是建立学校教学督导委员会,随机听课,对教师讲课进行督促指导。三是建立领导听课、评课和巡考制度,及时发现和纠正教学中出现的问题。四是组织学生回答问卷,开座谈会等,了解教师教学情况,并及时反馈给教师,以利改进,从而促进教育教学水平的提高。

5. 本土化培养乡村教师模式

乡村教师本土化培养,是指培养和培训基于相似的文化背景、血缘关系、生活习惯,具有共同的地域认同、身份认同、价值认同的本乡本土的乡村教师。目前我国乡村教师去本土化的原因在于:以财富为成功标准的物质主义价值观大行其道,学而优、教而优的向城性推拉牵引以及城镇化背景下的"去农村教育"论调的遮蔽。实现乡村教师本土化培养的策略是:定向培养与优化环境并举,确保乡村教师"下得去""留得住";观念包容与政策倾斜结合,保障乡村教师"融得进""有盼头";职前培养与在职培训共生,促进乡村教师"教得好""用得上"。①

近年来,闽南师范大学整体推进教师教育供给侧改革,初步探索出融合"协同支教"与"留守儿童关爱教育"两大目标的乡村教师培养创新模式,破解农村基础教育师资薄弱困局,改变城乡对立现状,坚守乡村教育信念,阻断贫困代际传递,真正培养出"下得去、留得住、教得好"的乡村教师。

(二)师范生职前教育的问题

纵观新中国成立以来的师范教育的发展,我国师范教育正在步入一个全新的时期,师范教育正在逐步适应基础教育的发展,主动推动基础教育的前进。师范教育作为教育工

① 张松祥.本土化:我国乡村教师队伍培养的必由之路[J].中国教育学刊,2016(12):62.

作的根基,其状况直接决定着教师队伍的整体质量。但与此同时,师范教育依旧面临着严峻的考验,如何合理设置与安排师范教育的课程、如何加强教师队伍的专业化、如何变"单一封闭式"为"多元开放式"的培养模式,等等,这些问题仍亟待解决。

联系我国师范教育的实际形势,以此为基础探讨师范教育政策的走向问题,要坚持"师范性",培养合格的人民教师。[①]

新中国成立以来,我国通过中等、大专、本科和研究生国民教育序列四个层次的培养,有效地为大中小学,尤其是为基础教育培养了大量的乡村师资,走出一条具有中国特色的教师师资培养道路,并形成若干模式,为提升我国国民素质,助力国民经济社会发展,做出了巨大的贡献。但是在改革开放和我国从传统农业国家向现代化工业国家转型的过程中,乡村教师队伍的供应和需求出现了矛盾,该问题亟须解决。这些问题反映在以下方面:在高等师范教育改革的过程中,师范院校内部专业人员和基础教育工作者对师范院校的办学层次与培养目标定位、教师教育课程体系调整、职后教师教育市场开辟前景等问题存在明显分歧,高师院校人才培养与基础教育需求之间存在相互脱节、相互错位现象。师范院校改革不仅仅是师范院校自身的转型和改革,更关系着基础教育的改革和发展,诸多问题需要双方改变过去相互隔绝的状态,开展积极对话和探讨。[②]

我国师范教育专业化[③]发展的必要性[④]。(1)这是我国师范教育改革发展的需要。当前,我国师范教育和中小学教师队伍建设都面临着严峻的挑战。基础教育改革从 1999 在全国部分省市试点开始,到 2005 年全面启动,标志着第八次基础教育课程改革的全面展开。本次课程改革是基于对基础教育阶段课程目标的设定、教学方式的转变、课程结构的构建、教学理念的更新、评价手段的多样化等方面提出的。在这种状况下,培养教师的各级师范院校就必须适应基础教育课程改革的要求,开展全方位、多层次的课程与教育教学改革。只有遵照事物发展的客观规律,对课程和教育教学各个方面进行全面改革,才能培养出满足社会需求、遵循教育教学规律、完全胜任教育教学任务的合格教师。在对基础教

---

①　夏侯珺.20 世纪 80 年代以来西方社会政治思潮与我国师范教育政策问题的思考[J].学理论,2012(13):227.

②　周芬芬,卫建国.高等师范教育改革:理论与实践的对话[J].高等教育研究,2011(10):86-87.

③　袁贵仁《全面落实以人为本的科学发展观　努力建设高素质的教师队伍——在 2005 年度教师教育工作会议上的讲话》(2005 年 4 月 5 日),http://www.moe.gov.cn/s78/A10/moe_882/tnull_8380.html.袁贵仁另有《高等师范教育发展趋向探讨》(载《中国高等教育》2000 年第 24 期)一文,即已提到"教师职业专业化""教师学习终身化,贯通职前教育和职后培训""教师教育多元化,由定向培养走向非定向培养过渡""师范教育层次化,全面落实综合大学试办师范学院的新理念"(第 8-10 页)。

④　本节中的"我国师范教育专业化发展的必要性""我国教师职业专业化发展的对策与建议"的内容源自贺杰《教师职业专业化与我国师范教育的发展》(《教育与职业》2014 年第 26 期,第 75-76 页)。

育课程和教育教学进行改革的同时,担任培养基础教育师资任务的师范院校的课程和教育教学改革也势在必行,而当前改革却显得滞后,不能与基础教育课程和教育教学改革同向而行,不利于教师教育的全面健康发展。因此,为使基础教育课程和教育教学改革与师范院校的教师教育课程和教学改革齐头并进,必须把师范院校的教师教育课程体系调整和修改提上议事日程。(2)这是创新教育教学理念和终身学习的需要。"职业倦怠"是所有社会职业领域都会出现的问题。研究表明,教师在从事教育教学工作五至六年后就会出现教学的模式化和程式化现象。应在此时引导教师接受继续教育,实现教育理念和思想的更新和转变,帮助其对教育教学价值、个性、理念、方法、手段等进行全方位的提升;同时,通过"回炉重塑"摆脱对旧教育思想、方法、手段、现实利害关系、心理习惯定式等方面的功能性固守。否则,就会表现出职业性格的固执己见、职业结构的墨守成规、思想的安于现状以及创造性的萎缩停滞。当今社会正处在经济、文化知识、科学技术飞速发展阶段,知识更新周期越来越短,教育终身化、全民化、个性化、大众化成为共识。师范教育也不仅仅局限于职前教育,更加注重职后培训和提升,尽可能延长继续教育的年限,不断拓展教师职后培训和提升的空间。(3)是革除现存课程体系弊端和消除教育教学不足的需要。现存的课程体系存在诸多弊端,如专业过于集中,近似雷同;课程结构过于单一,不够合理;课程类型程式化,缺乏前瞻性;课程内容陈旧,不能及时更新;教育教学实习、见习时间不足;教学效率低下等。这些越来越不能适应师范教育教学内容现代化发展的需要,这种课程体系最终导致学生知识体系不完善,社会适应性差,发展后劲不足;另外,高等师范院校的课程设置不能很好地体现"师范性"的特点,理论教学不到位,技能训练不扎实;人文社会科学知识掌握不全面,课程设置不能把专业知识和人文社会科学知识相结合,忽视学生综合能力的培养;不能很好地与基础教育课程衔接;不能将职前教育和职后培训和提升有机结合;基于教师教育体制的教师职业的专业化属性尚未得到广泛认可;师范教育专业化特色未得到充分凸显。

我国教师职业专业化发展的对策与建议:

1. 延长教师的受教育年限,提高教师的学历水平。20世纪八九十年代是我国教师教育快速发展的时期,这一时期我国对教师的学历水平提出了明确的要求,即小学、中学教师分别应有中师、大专学历和本科学历。随后,为了提高教师的专业化水平和适应时代发展的要求,我国开始大力发展教育硕士的教育工作。然而,由于当时受到国内外各种因素的影响,我国教师的专业化发展程度仍与西方国家有一定差距。20世纪90年代我国各级小学、初中、高中教师的学历合格率都有明显提高。但是,由于我国中小学教师学历水平起点低,要在短期内赶上发达国家还有很大困难。不管怎样,小学、初中教师具有大学学历,高中教师具有研究生学历已成为时代要求。当然,对广大中小学教师进行学历水平提升要依据不同地区的实际情况进行,不搞一刀切,逐渐形成专科、本科、教育硕士师范教育新的三级层次。

2. 完善培养体系,实行多种形式的师范教育培养模式。面对国内外师范教育发展的新形势,打破封闭的师范教育体系势在必行。应开展师范教育的定向和非定向专业化培养及定期和非定期技能化培训,建立多种形式的师范教育培养新体系,促进我国教师职业专业化与国际接轨。目前,我国基础教育的快速发展对教师的教育教学能力提出更加严格的要求,使广大教师压力倍增,这就要求今后仍要以师范教育为主,加大非师范教育的比例,促使中小学教师积极参与在职培养与培训。另外,要充分发挥综合类大学的办学优势,为其他中等专业学校培养合格师资。同时,鼓励非师范类毕业生和社会公民积极参加教师专业资格培训和认定,在通过教师资格认定和教学实践考核取得教师资格证后,加入到教育教学的竞争中来。

3. 优化课程结构,突出师范教育的师范性和学术性。要实现教师教育的专业化发展,就要凸显课程设置的重要性,吸收借鉴他国课程改革的经验。把强化通识教育、加强学科专业教学的学术性和注重教育理论学习、强化教育实践训练的师范性相结合。如美国师范教育模式的转变就带给我们诸多启示,即以综合性大学或大学中的文理学院为主体来培养基础教育阶段的师资,能很好地凸显师范教育的师范性和学术性特点。而且,可持续强化师范生的教育理论学习和教育见习。这样不仅加强了师范教育的师范性,而且还巩固了其学术性。从教师教育的本身来讲,要培养出合格的教师,就需要依托积淀深厚的课程和教学体系完善的学科,这也是高等师范教育教学总体水准的反映。

4. 树立终身教育思想,实现师资培养培训的融合。20世纪中后期,英国教育家波特就明确把师范教育整合为基础教育、专业教育、在职培训三个阶段。大学或教育学院两年的基础教育,学习社会科学和自然科学的基础理论知识;接着进行两年的教师职业和培训的专业教育:第一年学习教育等方面的通识知识,并进行教育教学实习,接着进行一年的在外教学实习,在实习期间接受所在学校教师与学院指导教师的共同指导。教师不仅要几年一进修,而且在整个教育职业生涯中都必须坚持在职培训,以扩大知识面、提高专业能力,加深对教育理论、技术的理解和领会。三个阶段有机结合,缺一不可。改革开放以来,我国逐步形成教育学院、教师进修学校、师范院校的培训部或函授部、广播电视大学等教育研究机构多层面、多途径在职培训的新模式。但如何加强在职培训与职前教育的衔接、交叉和整合,使它们相互联系、相互促进,而不是前后脱节、相互隔离、条块分割,是摆在我们面前的艰巨任务。可以预见,新时期的教师专业化发展将贯彻教师专业化发展的全过程。教师教育作为传统"师范教育"与"教师在职教育"的整合和延伸的专业教育,在经历了古代的"长者化、圣职化"、近代的"封闭化、定向化"和现代的"专业化、开放化"之后,必将越来越强,变得更加规范、科学和专业。①

(三)从师范教育走向教师教育

教师教育是我国教育的重要组成部分,是基础教育师资来源和质量的重要保证。构建现代教师教育制度,全面提高教师教育的质量,是我国全面建设小康社会的重要保障。我国倡导用"教师教育"替代原来的"师范教育",名称的变化具有深刻的意义。在中国的教育研究论文中出现"教师教育"一词是在 1990 年前后,而在国家文件中较早明确提出教师教育开放性和综合化思想的是 1999 年《中共中央国务院关于深化教育改革全面推进素质教育的决定》中"调整师范学校的层次和布局,鼓励综合性高等学校和非师范类高等学校参与培养、培训中小学教师的工作,探索在有条件的综合性高等学校中试办师范学院"。2001 年《国务院关于基础教育改革与发展的决定》中提出"完善以现有师范院校为主体、其他高等学校共同参与、培养培训相衔接的开放的教师教育体系"②。

"教师教育"的概念隐含了三个发展脉络:

1. 教师培养过程由职前培养走向终身发展③

长期以来,我国教师教育的职前培养与职后培训一直由两个互不关联的体系承担:传统的师范院校主要对在校师范生进行职前培养;教师的入职教育和职后培训则主要由地方教育学院、教师进修学校和部分师范院校承担,教师培养和培训缺乏过渡性与延续性;而且,由于缺乏职前、职后的整体设计,我国教师的职后培训远不如职前培养那样规范和系统,教师教育的"两条腿"总是存在一条粗一条细的现象。近年来,我国对教育学院进行改组,改组后的教师职后培训力量相对集中,但形式、内容基本上沿袭原来的一套,有的甚至照搬职前教育的形式和内容,教师的职前、职后教育没有实现真正的融通。事实上,对于教师个人的发展来说,职前培养与在职进修是不可分割的;而作为一种职业来说,教师是一种终身的、连续的职业,教师工作的过程同时也是不断学习和进修的过程。这就需要对教师的培养、培训进行一体化设计。教师教育一体化包含两个方面的含义:一是纵向意义上的一体化,即打破教师教育职前培养、入职教育、职后培训的割裂局面,将整个教师教育的过程——职前培养、入职教育和职后培训视为教师终身教育体系中互相联系、全面沟通、连续统一的整体,建立一个内部各阶段相互衔接、相互支撑和补充的教师教育体系;二是横向意义上的一体化,即充分利用各种教育资源,建立学历教育与非学历教育、正规学

---

① 贺杰.教师职业专业化与我国师范教育的发展[J].教育与职业,2014(26):75-76.
② 钟启泉,王艳玲.从"师范教育"走向"教师教育"[J].全球教育期刊,2012(6):22.
③ 本小节观点及表述采用钟启泉、王艳玲《从"师范教育"走向"教师教育"》(《全球教育期刊》2012年第 6 期,第 23-25 页)的成果。

校学习与教师自我导向学习等非正规学习相结合的教师教育体系。"一次性"的"师范教育"不能满足教师整个教学生涯的发展需要,必须强调教师的职前培养和职后培训的整合,以求教师在变化的教学实践中,能够持续性地提高素质,这是当今教师教育改革的重要趋势。就目前而言,职前与职后的一体化,首要就是推进教师教育机构内部一体化的教师教育课程体系的建设。

2. 教师培养的渠道由单一封闭走向多元开放

我国的高等师范教育体系是在 20 世纪 50 年代初构建起来的,与其他科类高等教育体系一样,具有较大的封闭性。在知识经济时代,与整个社会的变革同步,教师的培养培训必须打破原有的由师范院校培养教师的单一模式,引入市场竞争机制,吸收非师范教育资源,建立多样化的教师培养体系,确保"定向型"与"开放型"教师培养模式并存。当然,强调教师教育要从封闭走向开放、综合大学参与教师教育以及师范院校加强综合性等,并不意味着削弱师范院校培养教师的职能,更不是要淡化甚至取消教师教育,而是要在更大范围内动员和利用优质资源来培养教师,在开放的环境和多学科综合背景下,在更高水平的学术平台上培养高素质教师,在更大范围内选择教师。打破师范院校"专营"教师教育的格局,面向社会认定教师资格,也意味着要从整体上规范教师培养过程和资格认证过程。在多元开放的教师教育时代,要保证教师的培养、培训达到一定的水准,就必然要求各类教师教育机构都有章可循,有据可依。"教师教育课程标准"发挥的正是这一功能,此外,还要制定教师教育课程质量认证制度,不断完善教师资格认证制度。这样,有助于各类教师教育机构以教师教育课程标准等文件为基准,创造性地开展教师教育。在教师的培养模式上,过去的教师培养以本科四年制混合式培养为主。随着我国教育规模的发展和社会对教师需求的变化,教师教育的人才培养模式也在发生变化,出现了"2+2""3+1""4+1""4+2"等培养模式。当然,基于我国师范院校教师培养的传统,一步到位或"一刀切"都是不可能的,需要结合实际进行培养模式的创新。在这一方面,国际上已经有了成功的经验,而国内的一些重点师范院校和地方师范大学都进行了一些有意义的探索。

3. 教师形象由"忠实执行者"走向"反思性实践者"

以往人们把教师看成是学科知识的传授者,在教育实践过程中充当"忠实执行者"的角色。教师教育的首要任务是使未来教师掌握尽可能多的学科知识,教育类课程(教育学、心理学、教学法和一次教育实习)的目的是确保未来教师能准确高效地传授中小学教科书所呈现的知识。精深的学科知识以及传授的熟练程度代表了教师的专业程度。"反思性实践者"是美国马萨诸塞工科大学哲学教授唐纳德·舍恩(D.Schon)在《反思性实践家——专家如何思考实践过程》(1983)中提出的概念。他认为,专业工作者是通过"行动中反思"来解决真实情景中的问题,而非简单地借助于"原理和技术"。专业实践不是理论或技术的直接应用,而是借助于实践者长期积累而形成的认识框架。舍恩的"反思性实践者"概念为认识教师的专业形象提供了新的视角。如果回到教师的专业场景,从理解教师工作的"临床"和现场的特点来把握教师职业的内涵,就会发现,教师的实践具有不确定性、规范模糊、效果滞后等特点,是循序渐进、琐碎的。不存在对所有教室和所有老师都普遍有效的程序、技术与原理。因此,教师不是由外在的技术与原理武装的"忠实执行者",而是在实践中并通过实践不断建构和提升自身经验的"反思性实践者"。因此,我们需要从新的教师观、知识观的高度,重新诠释理想教师的标准。

推进教师教育课程与教学改革,提升教师教育质量。综观当前世界教育改革的趋势,提高教育质量已成为各国教育政策的核心。各国政府都已充分认识到,教育质量的提高在很大程度上取决于教师的质量,根本上说是取决于教师教育的质量。在教师教育的改革与发展中,教师教育课程与教学的改革尤其受到特别的关注。课程选择与构建是提高教师教育质量的关键,离开了课程,教师教育就成为无源之水、无本之木。国家和教师教育机构关于培养什么样教师的假设,都反映在教师教育的课程与教学当中。教师教育改革不仅要在制度上进行,更要在培养方案、课程教学上真正落实。在我国的高师院校,尽管 1997 年教育部实施了《高等师范教育面向 21 世纪教学内容和课程体系改革计划》,建立了一些冲破旧模式的课程规划和教材模块,但总的说来,整体格局没有根本变化,作为教师专业基础的教育类课程与教学仍然十分薄弱,难以保证教师教育质量的持续提高。教师教育课程存在的问题突出地表现在以下几方面:

(1)课程结构比例不合理。我国高师院校的课程分为普通文化课程、学科专业课程和教育专业课程,但在结构比例上一直是重学科专业课程,轻教育专业课程。课程设置主要以学科体系为基础,几乎所有高师院校的非教育院系都把教师教育课程(教育类课程)列到公共课的栏目中,教育类课程被置于整个课程结构中的"边缘",高师院校的课程设置并没有体现出与其他专业大学质的不同。

(2)课程内容陈旧。从教育类课程本身来看,以"教育学""心理学""教学法"三门课程(老三门)为主体的教师教育课程的内容,主要是"教育学、心理学的基本原理",以学科的体系性、逻辑性为特征,不能反映教育研究的最新理论成果,而且缺乏对中小学实践的研究,高师教育与基础教育的改革和实践相脱节。

(3)实践性课程薄弱。从课程的类型上看,我国教师教育课程的三个组成部分基本上分为两种类型:一是理论性课程,以教师的讲授为主;二是实践性课程,以教育见习、实习为主。当前的问题是理论性课程与实践性课程割裂,实习被安排在高师教育过程的结束阶段,是一次性的,且时间较短。这种传统的教育实习观与终结性的师范教育观是一致的。

（4）职前职后课程割裂。职前培养和职后培训的课程体系各自为政,总体上说,中小学教师在职培训课程既不针对教师在教育教学中的实际问题,又不反映教育理论的前沿动态,不能体现职前教育基础上的发展性、上升性、连续性和整合性。要适应教师教育一体化发展趋势的要求,就必须对课程加以整合,实现职前培养与职后培训课程的一体化。这种一体化发展的实质是教师成长的连续性、阶段性和发展性的统一,它要求对教师专业发展进行全程规划、全面设计、通盘考虑。

教师教育课程是教师专业化的重要保证,必须从教师教育课程的改革入手,把教师教育课程的改革作为教师教育改革的重中之重。要突破以往师范专业的"老三门"课程和教学内容上的局限,以现代教师教育的内容构建新的课程体系,从理论和实践的结合上培养教师具有先进教育理念和适应素质教育要求的综合能力。"教师教育"在名称上取代"师范教育"只是第一步,更重要的是教师教育课程体系的实质性变革。[①]

任何事物的数量与质量都不可分割,处理数量和质量关系的关键是在有了一定数量或在数量充足的基础上如何提高质量,在有了一定质量情况下如何协调和扩大数量。传统师范教育和当代教师教育对教师培养的数量和质量关系有明显区别。传统师范教育单列和封闭的目的是在教师需求量大和供给不足时,保证教师基本质量的情况下,保证和满足对教师数量的需求;当代教师教育开放、综合的目的是在教师需求量大和供给充足时,保证教师基本质量和数量的情况下,大力提高教师质量。教师培养由师范教育向教师教育转变的目的就是使教师培养由在保证基本质量的前提下,注重扩大数量的封闭性外延式发展,向数量充足的情况下,注重提高质量的开放性内涵式发展的转变。

德育为先、德才兼备是教育的目标,教书育人、为人师表是培养教师的教育应坚持的原则,无论师范教育还是教师教育都应如此。教师教育实施开放性和综合化模式,师范大学走向综合大学与综合大学创办教育学院的目的完全一致,都是试图通过师范大学和综合大学教师教育的相互影响、优势互补、合作和竞争,充分利用师范大学师范教育的传统优势和综合大学的学科和专业优势,努力提高教师教育及师生的道德、知识和能力水平。中西方的 Normal School、Normal Education 可能一开始就有区别,在现当代西方它们不仅基本被 School of Education、College of Education、Teachers College、Teacher Education 所替代,两者没有明显(甚至任何)区别,而且也是中国师范大学和教师培养发展的趋势。[②]

---

① 钟启泉,王艳玲.从"师范教育"走向"教师教育"[J].全球教育期刊,2012(6):24-25.
② 郝文武.师范教育向教师教育转变的必然性和科学性[J].教育研究,2014(3):129.

五、国家关于乡村教师培养的重要政策

（一）教师教育的调整与改革

从 1978 年起，我国师范教育在进行改革和探索中，已取得了很大发展，同时也面临着许多新的挑战，主要有以下几方面的举措[①]：

1. 进一步恢复、完善师范教育体系

1980 年，原国家教委召开了全国师范教育会议，重申"师范教育是整个教育的基本建设。师范教育在整个教育事业中有十分重要的地位，必须有计划按比例地发展"。随着国家改革和对外开放政策的实行，在一些高等师范院校中开始探索如何突破高师的旧有体制和模式，根据教育事业和经济发展的需要，适当地扩大培养目标等。将传统的仅仅为普通中学培养师资，适当放大为以普通中学为主，包括职业教育、专门教育、专科教育、成人教育，以及社会教育在内的整个中等教育。对旧的专业进行改造，同时增设一些实用的、通用的新专业。

从 1979 年开始，为适应中等技术学校、职业学校的发展，创设了一些独立的、专科性的、专门性的、技术性的师范学院，如艺术师范学校、民族师范学校、职业技术师范学院、幼儿师范高等专科学校等。各高等师范院校还开办了函授、夜大、电视、广播等多种形式的教师在职培养，形成多层次、多类别、多形式的高师教育网络。此外，颁布与实行了一些重要的新的法规、政策；探索、实践、研究、改革师范教育的新路子，改善师范教育办学条件，提高师范教育和教师地位及待遇等。

2. 提高师范教育的学术水平

随着科学技术的高速发展对未来新型教师全面素质的要求，高等师范院校注意到应提高学术水平，提高培养师资的质量。20 世纪 80 年代后，高师实行了学位制度，大力发展研究生教育，不但为高等师范院校培养师资，而且为教育科学研究部门输送研究人员。学校根据自己的基础、优势及需要设立研究所及研究中心，承担了联合国一些基金会、联合国教科文组织及国内重大科研项目，学术水平有了显著提高。此外，高师院校还与国外大学及研究机构建立学者互访、学术交流、科研合作、合作培养研究生、互派教师讲学、进修、考察以及各方面的协作关系，使高师进一步打开了学术眼界，活跃了学术思想。

[①] 采用曹麦玲《中美师范教育硕士研究生培养比较研究》（陕西师范大学 2002 年硕士学位论文）观点及其文字表述。

3. 转变师范教育的观念

目前,我国正处在建立社会主义市场经济体制的新的历史时期,而原有的师范教育体系、模式与基本制度存在着封闭性、单一性、呆滞性及不完整性等弊端,与发展市场经济对各级各类师资的需求不相适应,于是师范教育工作者呼吁改革师范教育,树立师范教育的新观念,打开培养师资的新渠道:将独立的高等师范院校定向培养师资与综合大学、高等专门学院非定向培养师资结合起来;将所谓正规师范教育的新师资培养,与各种层次、各种形式的非正规师范教育结合起来;将培养师资这一专门人才与培养相关的其他急需人才结合起来,为增加师范教育活力,发挥新的功能,做出更大的贡献。

(二)关于乡村师资培养的重要政策

1.1985 年 5 月 27 日发布《中共中央关于教育体制改革的决定》

一、教育体制改革的根本目的是提高民族素质,多出人才,出好人才

党的十二届三中全会关于经济体制改革的决定,为我国社会生产力的大发展、为我国社会主义物质文明和精神文明的大提高,开辟了广阔的道路。今后事情成败的一个重要关键在于人才,而要解决人才问题,就必须使教育事业在经济发展的基础上有一个大的发展。

教育必须为社会主义建设服务,社会主义建设必须依靠教育。社会主义现代化建设的宏伟任务,要求我们不但必须放手使用现有的人才,而且必须极大地提高全党对教育工作的认识,面向现代化、面向世界、面向未来,为 90 年代以至下世纪初叶我国经济和社会的发展,大规模地准备新的能够坚持社会主义方向的各级各类合格人才。

…… ……

新中国成立以来,我国教育事业的发展走过了曲折的道路。经过解放初期的接管改造和以高等学校院系调整为中心的教育改革,我们把旧中国的半殖民地半封建教育事业转变成为社会主义教育事业。三十几年来,依靠广大教育工作者的辛勤努力,教育事业取得了中国历史上从来没有过的巨大的发展,成绩是显著的。今天战斗在我国各条战线上的广大有文化的劳动者和各方面工作的骨干力量,绝大部分都是新中国成立后培养出来的。

…… ……

十一届三中全会以后,经过指导思想的拨乱反正,党中央对教育工作做出了一系列新的论断和决策,我国教育事业得到了恢复,开始走上了蓬勃发展的道路。但是,轻视教育、轻视知识、轻视人才的错误思想仍然存在,教育工作方面的"左"的思想影响还没有完全克服,教育工作不适应社会主义现代化建设需要的局面还没有根本扭转。特别是面对着我

国对外开放、对内搞活,经济体制改革全面展开的形势,面对着世界范围的新技术革命正在兴起的形势,我国教育事业的落后和教育体制的弊端就更加突出了。现在的主要问题是:

······ ······

(二)在教育结构上,基础教育薄弱,学校数量不足、质量不高,合格的师资和必要的设备严重缺乏,经济建设大量急需的职业和技术教育没有得到应有的发展,高等教育内部的科系、层次比例失调。

(三)在教育思想、教育内容、教育方法上,从小培养学生独立生活和思考的能力很不够,发扬立志为祖国富强而献身的精神很不够,生动活泼地用马克思主义思想教育学生很不够,不少课程内容陈旧,教学方法死板,实践环节不被重视,专业设置过于狭窄,不同程度地脱离了经济和社会发展的需要,落后于当代科学文化的发展。

中央认为,要从根本上改变这种状况,必须从教育体制入手,有系统地进行改革。改革管理体制,在加强宏观管理的同时,坚决实行简政放权,扩大学校的办学自主权;调整教育结构,相应地改革劳动人事制度。还要改革同社会主义现代化不相适应的教育思想、教育内容、教育方法。经过改革,要开创教育工作的新局面,使基础教育得到切实的加强,职业技术教育得到广泛的发展,高等学校的潜力和活力得到充分的发挥,学校教育和学校外、学校后的教育并举,各级各类教育能够主动适应经济和社会发展的多方面需要。

······ ······

二、把发展基础教育的责任交给地方,有步骤地实行九年制义务教育

实行九年制义务教育,实行基础教育由地方负责、分级管理的原则,是发展我国教育事业、改革我国教育体制的基础一环。······

国家还要帮助少数民族地区加速发展教育事业。

地方各级人民代表大会根据本地区的情况,制定本地区的义务教育条例,确定本地区推行九年制义务教育的步骤、办法和年限。

在实行九年制义务教育的同时,还要努力发展幼儿教育,发展盲、聋、哑、残人和弱智儿童的特殊教育。

建立一支有足够数量的、合格而稳定的师资队伍,是实行义务教育、提高基础教育水平的根本大计。为此,要采取特定的措施提高中小学教师和幼儿教师的社会地位和生活待遇,鼓励他们终身从事教育事业。与此同时,必须对现有的教师进行认真的培训和考核,把发展师范教育和培训在职教师作为发展教育事业的战略措施。要大力提倡和鼓励教师密切结合教学进行自学和互教;要为在职教师举办函授和广播电视讲座;要切实办好教师进修院校,并且利用现有设施,分期分批轮训教师;还要有计划地动员、挑选和组织高

等学校的一部分教员和高年级学生、研究机构的一部分研究人员和党政机关的一部分具备条件的干部,参加帮助培训中小学教师的工作。总之,要争取在 5 年或者更长一点的时间内使绝大多数教师能够胜任教学工作。在此之后,只有具备合格学历或有考核合格证书的,才能担任教师。从幼儿师范到高等师范的各级师范教育,都必须大力发展和加强。师范院校要坚持为初等和中等教育服务的办学思想,毕业生都要分配到学校任教,其他高等学校毕业生也应有一部分分配到学校任教。任何机关、单位不得抽调中小学合格教师改任其他工作。

······ ······

三、调整中等教育结构,大力发展职业技术教育

······ ······

要改革大学招生的计划制度和毕业生分配制度。改变高等学校全部按国家计划统一招生,毕业生全部由国家包下来分配的办法,实行以下三种办法:

(一)国家计划招生。要做好发展高等教育的总体规划和人才需求的中长期预测,切实改进招生计划工作,努力克服招生计划同国家远期和近期需要脱节的状况。这部分学生的毕业分配,实行在国家计划指导下,由本人选报志愿、学校推荐、用人单位择优录用的制度。为了保证边远地区及工作环境比较艰苦的行业能分配到一定数量的毕业生,应按国家招生计划的一定比例实行定向招生,到这些地方工作的毕业生待遇从优。为了保证国防的需要,要为人民解放军培养一定数量的毕业生。

(二)用人单位委托招生。为了鼓励学校挖掘潜力多招学生,为了更好满足社会对人才的需求,近年来行之有效的用人单位委托学校培养学生的制度,要继续推行和逐步扩大,使之成为国家招生计划的重要补充。委托单位要按议定的合同向学校交纳一定数量的培养费,毕业生应按合同规定到委托单位工作。

(三)还可以在国家计划外招收少数自费生。学生应交纳一定数量的培养费,毕业后可以由学校推荐就业,也可以自谋职业。

······ ······

高等教育的结构,要根据经济建设、社会发展和科技进步的需要进行调整和改革。改变高等教育科类比例不合理的状况,加快财经、政法、管理等类薄弱系科和专业的发展,扶持新兴、边缘学科的成长。改变专科、本科比例不合理的状况,着重加快高等专科教育的发展。大学本科主要通过改革、扩建和各种形式的联合,充分发挥潜力,近期内一般不建新校。

要根据中央关于科学技术体制改革的决定,发挥高等学校学科门类比较齐全,拥有众多教师、研究生和高年级学生的优势,使高等学校在发展科学技术方面做出更大贡献。为

了增强科学研究的能力,培养高质量的专门人才,要改进和完善研究生培养制度,并且根据同行评议、择优扶植的原则,有计划地建设一批重点学科。重点学科比较集中的学校,将自然形成既是教育中心,又是科学研究中心。

在高等教育体制改革的同时,按照理论联系实际的原则,在辩证唯物主义和历史唯物主义的思想指导下,改革教学内容、教学方法、教学制度,提高教学质量,是一项十分重要而迫切的任务。要针对现存的弊端,积极进行教学改革的各种试验,例如改变专业过于狭窄的状况,精简和更新教学内容,增加实践环节,减少必修课,增加选修课,实行学分制和双学位制,增加自学时间和课外学习活动,有指导地开展勤工助学活动等等。为了提高教师的教学和学术水平,有条件的学校,教学任务较重的副教授以上的教师今后每 5 年中应有 1 年时间供他们专门用来进修、从事科学研究和进行学术交流。要尽可能改善教学的物质条件,增添现代化的教学手段,更新和充实试验室、图书馆。

2.1989 年 11 月 16 日,国家教委发布《中等特殊教育师范学校教学计划(试行)》。

3.1993 年 10 月 31 日第八届全国人民代表大会常务委员会第四次会议通过,1993 年 10 月 31 日中华人民共和国主席令第 15 号公布,自 1994 年 1 月 1 日起施行《中华人民共和国教师法》:

第十一条　取得教师资格应当具备的相应学历是:

(一)取得幼儿园教师资格,应当具备幼儿师范学校毕业及其以上学历。

(二)取得小学教师资格,应当具备中等师范学校毕业及其以上学历。

(三)取得初级中学教师、初级职业学校文化、专业课教师资格,应当具备高等师范专科学校或者其他大学专科毕业及其以上学历。

(四)取得高级中学教师资格和中等专业学校、技工学校、职业高中文化课、专业课教师资格,应当具备高等师范院校本科或者其他大学本科毕业及其以上学历;取得中等专业学校、技工学校和职业高中学生实习指导教师资格应当具备的学历,由国务院教育行政部门规定。

(五)取得高等学校教师资格,应当具备研究生或者大学本科毕业学历。

(六)取得成人教育教师资格,应当按照成人教育的层次、类别,分别具备高等、中等学校毕业及其以上学历。不具备本法规定的教师资格学历的公民,申请获取教师资格,必须通过国家教师资格考试。国家教师资格考试制度由国务院规定。

…… ……

第十五条　各级师范学校毕业生,应当按照国家有关规定从事教育教学工作。国家鼓励非师范高等学校毕业生到中小学或者职业学校任教。

……　……

第十八条　各级人民政府和有关部门应当办好师范教育,并采取措施,鼓励优秀青年进入各级师范学校学习。各级教师进修学校承担培训中小学教师的任务。非师范学校应当承担培养和培训中小学教师的任务。各级师范学校学生享受专业奖学金。

……　……

第二十一条　各级人民政府应当采取措施,为少数民族地区和边远贫困地区培养、培训教师。

4.2001 年 5 月 14 日《教育部关于印发〈关于首次认定教师资格工作若干问题的意见〉的通知》(教人〔2001〕4 号)的指导思想是:"认真贯彻党的十五届五中全会和全教会精神,坚持依法治教、依法管理,促进教师管理走上法制化轨道;严格把住教师队伍入口关,形成高质量的教师队伍;形成多渠道的教师培养体系,拓展吸引优秀人才从事教育教学工作的途径;促进教师队伍整体素质的提高,为全面实施素质教育提供法律保障,创造师资条件。"

5.2001 年 11 月 7 日国务院办公厅转发《教育部、国家计委、民政部、财政部、人事部、劳动保障部、卫生部、税务总局、中国残联关于"十五"期间进一步推进特殊教育改革和发展的意见》:"改革开放以来,我国特殊教育事业的发展取得了显著成就,教育教学改革进一步深化,初步探索出一条具有中国特色的特殊教育发展途径,形成了特殊教育体系的基本框架,为今后的改革和发展奠定了基础。但目前我国特殊教育的发展还不能满足残疾人日益增长的教育需求。""三、进一步加强特殊教育师资队伍建设;不断提高教师素质",其中第 10、11、12 条款如下:

(10)大力加强特殊教育教师的培养、培训工作。"十五"期间,要对特殊教育学校非特殊教育专业毕业的专任教师进行一次比较系统的特殊教育专业培训;加大承担普通学校特殊教育班和随班就读教学工作教师培训的力度,使任课教师都能够接受一次比较正规的短期培训,掌握基本的特殊教育教学方法。教育部要编写承担随班就读教学工作教师培训教材,制定特殊教育教师资格条件有关规定;要尽快安排特殊教育专业高等教育自学考试。要加强特殊教育学校和招收残疾学生的普通学校校长的培训工作,不断提高校长对特殊教育的管理水平。"十五"期间,全国特殊教育学校的校长应当接受一次以上的培训,招收残疾儿童少年的普通学校校长也应接受相关培训。重视特殊教育专业技术人员队伍的建设,努力提高专业技术人员的素质。

高度重视特殊教育骨干教师的培养培训工作。"十五"期间,教育部要有计划地为各地培训一批特殊教育骨干教师;各省、自治区、直辖市有关部门也要采取相应措施,加强本地特殊教育骨干教师的培养与培训,要将特殊教育师资(包括社会福利机构特殊教育师资)的培训工作纳入本地区继续教育工作和骨干教师培训计划中。特别要重视中青年骨干教师的培养和培训,力争在"十五"期间形成一支政治业务素质优良、专业和年龄结构合理的骨干教师队伍。高等师范学校的特殊教育专业要为我国特殊教育高层次人才的培养与培训做出贡献。

(11)办好特殊教育师范学院(校),努力提高办学水平和教育质量。各地要加强领导,增加投入,并结合当地需要,因地制宜,合理制定特殊教育师范学院(校、专业)的招生规模,为特殊教育提供素质优良的师资;鼓励和支持有条件的普通高等师范学校开设特殊教育专业。具备条件的地区结合师范教育的布局结构调整工作,相应提高中等特殊教育师范学校(部)的办学层次。中西部地区继续办好一批中等特殊教育师范学校(部)。特殊教育师范学校要深化教育教学改革,加强对学生进行热爱特殊教育事业的教育和教师职业道德教育,加强教学的实践环节,全面提高学生的素质。普通师范学院(校)和幼儿师范学校(专业)要有计划地开设特殊教育课程或讲座,在学生中普及特殊教育知识。

(12)各地人民政府要保证特殊教育教职工的工资和特殊教育津贴按时足额发放,有条件的地方可根据本地实际,积极改善特殊教育学校教职工的生活水平。接受残疾儿童少年入学的普通学校,在搞活单位内部分配时,应对主要承担残疾儿童少年教育任务的教师给予倾斜。

6.2002年3月1日,《教育部关于"十五"期间教师教育改革与发展的意见》(教师〔2002〕1号)

教师教育是我国教育的重要组成部分,是基础教育师资来源和质量提高的重要保证。教师教育是在终身教育思想指导下,按照教师专业发展的不同阶段,对教师的职前培养、入职教育和在职培训的统称。加快教师教育的发展,提高教师教育水平,对建设一支高素质的教师队伍,扎实推进素质教育,具有重大的战略意义。现就"十五"期间,教师教育的改革与发展提出如下指导意见:

一、教师教育改革与发展面临的形势

1."九五"期间我国教师教育事业取得显著成绩。各地积极推进师范院校布局结构调整,教师教育的资源配置渐趋合理,体制改革不断深化。高等师范本科教育有较大发展,高等师范专科教育得到加强,过大的中等师范教育办学规模合理收缩,职前培养层次结构重心逐步上移,一批师范院校的办学条件得到改善,办学效益不断提高。各级师范院校积极参与教师培训,培养培训相互衔接,取得可喜进展。各级各类师范院校扩大了服务功能,为当地社会经济建设人才培养做出了积极贡献。其他高等学校开始参与教师培养和培训工作,教师来源逐步多样化。

各级各类师范院校的教育教学改革不断深化,"面向 21 世纪高师院校课程体系和教学内容改革"项目全面推进,培养专科学历小学教师的专业建设有所突破,全面实施"中小学教师继续教育工程",各级教师进修院校以多种形式开展了以信息技术和职业道德为主要内容的全员培训,大规模地开展了国家、省、地三级骨干教师培训,以《中小学教师继续教育规定》为依据,各地加强了继续教育制度建设。

"九五"期间,各级各类师范院校共培养教育硕士 5000 多人,专科以上毕业生 100 万人,中师毕业生 140 万人,培训了中学教师 28 万人,小学教师 78 万人,使小学、初中、高中教师学历达标率从 1995 年的 88.85%、69.13%、55.21%分别提高到 2000 年的 96.99%、87.09%、68.49%。基本满足了基础教育事业发展对教师的需求,中小学教师的整体素质得到明显提高。

2.……百年大计,教育为本,教育大计,教师为本,提高教师教育质量,是实施科教兴国战略的一项重要任务。我国基础教育的改革和发展面临着新的任务,九年义务教育在基本普及后需要进一步巩固成果和提高水平,要大力发展高中阶段教育,重视和发展学前教育,扎实推进素质教育,加快构建符合素质教育要求的新的基础教育课程体系等,对教师的数量和质量都提出了新的要求,教师教育必须深化改革,加快发展,为基础教育快速、持续、健康发展做出新贡献。

3. 在新形势下,我国教师教育还存在一些问题和困难。教师教育"优先发展、适度超前"的政策尚未很好落实。在国家财政性教育投入不断增长的情况下,教师教育依旧投入不足,师范院校办学条件相对较差,成为制约教师教育发展的瓶颈。教师教育体系的布局和层次结构还不尽合理,培养培训相互衔接一体化程度较低,教师教育体系的开放程度还不够高,教师教育制度建设有待进一步加强。师资培养模式比较单一,教师教育观念、课程体系、教学内容和教学方法手段不能适应教育现代化和实施素质教育的要求。中小学教师学科结构不够合理,特别是小学外语教师和中小学信息技术教育教师严重缺乏,中小学教师学历水平总体上偏低,专业化水平不高。对于这些问题和困难,我们要有清醒的认识,并在"十五"期间采取有力措施努力加以解决。

二、教师教育改革与发展的指导思想、基本原则、主要任务

1. 教师教育改革与发展的指导思想

高举邓小平理论的伟大旗帜,以江泽民同志"三个代表"的重要思想为指导,全面贯彻落实《中共中央国务院关于深化教育改革全面推进素质教育的决定》《国务院关于基础教育改革与发展的决定》和《全国教育事业第十个五年计划》,解放思想,实事求是,开拓创新,与时俱进,深化教师教育改革,大力提高教师教育质量,努力实现我国教师教育持续发

展,为建设一支高素质教师队伍奠定坚实的基础。

2. 教师教育改革与发展的基本原则

——坚持以提高教育质量为核心,以教师专业化为导向,深化教育教学改革,坚定不移地为基础教育服务。

——坚持以发展为主题,以结构调整为主线。强化师范院校的教师教育优势和特色,增强综合办学实力。对现有师范院校的布局、层次、类型、学科专业等方面进行战略性调整,满足当地基础教育和经济社会发展需要。

——积极推进教师教育信息化建设,以信息化带动教师教育现代化,实现教师教育跨越式发展。

——坚持分区规划、分类指导、分步实施。

——正确处理教师教育改革、发展、稳定的关系,实现教师教育规模、结构、质量、效益的协调发展。

3. 教师教育改革与发展的主要任务

——基本完成教师教育的结构调整,进一步完善教师教育制度。按照基础教育事业发展目标,依据国家有关规定,确定合理的师范院校培养规模、结构,初步形成以现有师范院校为主体,其他高等学校共同参与,培养培训相衔接,体现终身教育思想的开放的教师教育体系。制定和完善教师教育的法规、制度,依法保障教师教育的改革与发展。

——开创教师培养的新格局,提高新师资的学历层次。"十五"期间中小学新教师培养要有计划、有步骤、多渠道地纳入高等教育体系,逐步形成专科、本科、研究生三个层次的教师教育,满足《全国教育事业第十个五年计划》提出的关于基础教育改革发展对师资的各项要求。到 2005 年,大中城市和经济发达地区,新补充的小学教师中具有专科学历者、新补充的初中教师中具有本科学历者均力争达到 80% 以上;高中教师中研究生学历达到一定比例。已实现"两基"的农村地区,新补充的小学教师具有专科以上学历者、新补充的初中教师具有本科以上学历者均力争达到 50% 左右。未实现"两基"的贫困地区,要依据《教师法》培养合格学历的义务教育阶段教师。

——深化教学改革,提高教学质量。师范院校要更新教育观念,加大教师教育专业结构调整力度,继续推进培养模式和课程体系改革,提高培养质量,培养适应全面推进素质教育的新型教师。

——完成中小学教师继续教育工程,推进继续教育健康发展。2002 年基本完成中小学教师继续教育工程方案及其实施意见所确定的各项任务。按照新的基础教育课程要求,大力推动新课程师资培训工作。建立有效的教师继续教育机制,基本形成开放的在职教师培训体系。

——大力提高教师队伍的整体素质。中小学教师要热爱教育事业，以德育人，为人师表；要树立正确的教育观、质量观、人才观和师生观，提高实施素质教育的能力和水平；提高终身学习的自觉性，不断拓宽业务知识，提高业务水平；掌握必要的现代教育技术手段，积极参与教育教学科研，勇于探索创新，适应实施素质教育的需要。

三、教师教育改革与发展的主要政策措施

1. 继续推进教师教育结构的战略性调整，高效益重组教师教育资源

各地在省级人民政府的统筹规划、宏观指导下，积极稳妥、因地制宜地推进各级各类师范院校的布局、层次和类型等方面的结构调整，实现本省（自治区、直辖市）师范院校和其他承担教师教育机构的合理整合，使教师教育机构的办学层次由"三级"向"二级"适时过渡，明显提高教师教育一体化程度。在各地高等学校布局调整中，不得削弱教师教育；在教师教育结构调整中，不得削弱在职教师培训；在教师教育资源重组中，不得流失优质教师教育资源。

"十五"期间要办好一批不同层次的示范性师范院校。

国家和地方共同支持若干所师范大学建设，各省（自治区、直辖市）要重点建设好一所师范大学，大幅度提高学校的教学科研水平和创新服务能力，使其成为既有鲜明教师教育优势和特色，又有较强综合实力的师范大学，对我国教师教育发展起骨干示范作用。

各地要继续加强现有本科师范院校建设。积极创造条件拓展学校的教学、科研和服务功能，为地方培养培训以中小学师资为主的具有创新精神和实践能力的人才。

各地要继续办好一批师范高等专科学校，满足义务教育和幼儿教育对师资的需求。继续推进同处一地的师专和地（市）教育学院的合并。有条件的师范高等专科学校可以升格为本科师范院校或其他高等学校。

各地的中等师范学校（含幼儿师范学校）根据需要和可能或者升格为师范高等专科学校，培养专科学历小学和幼儿教师，或者并入高等师范学校建立初等教育学院（或学前教育学院），也可以改为教师培训机构或其他中等学校；西部和少数民族地区根据地方实际，继续办好一批中等师范学校（含幼儿师范学校）。

继续加强以各级教育学院和进修学校为主体的培训机构建设。各地必须建立为本省（自治区、直辖市）培训高中教师和中小学骨干教师的基地，并使其成为开展继续教育的业务指导和科研中心。重点建设好以县级教师进修学校为主体的县级教师培训机构。

国家鼓励其他高等学校特别是高水平的综合大学参与教师培养、培训，或与师范院校联合、合作办学，为中小学教师特别是高中教师来源的多元化做出积极贡献。

2. 深化教育教学改革，努力培养具有创新精神和实践能力的高素质教师

加强和改进各级各类师范院校德育工作，增强针对性和实效性，强化师德教育。

　　根据新世纪基础教育的发展和实施素质教育的需要，以及中小学教师专业化的国际趋向，制定我国新世纪中小学教师培养的规格与要求。实施新世纪高等师范教育教学改革工程，改革和调整专业设置，构建教师教育职前培养和职后培训一体化的课程体系，大力更新教学内容，改进教学方法和手段。创造有利于教师专业化的良好环境，推进教师专业化进程。

　　加强学科建设，特别要加强教育学科建设。高等师范学校要积极创造条件，重点建设一批学科和专业，提高学术水平。要加大使用现代教育技术改造教育类课程的力度，加强教育学科和其他学科交融渗透，加强和改革教育实践环节，提倡理论联系实际和案例教学，加强教育科学研究，实现学术水平和教育水平的同步提升。

　　高等师范学校要遵循教师培养规律，积极探索各种培养模式的改革。推进跨专业、跨院系选课制，建立健全第二学士学位、主辅修制，培养复合型中小学教师。本科师范院校要努力创造条件，逐步采用英语等外语进行公共课和部分专业课教学，培养双语型中小学教师。大胆探索与其他高等学校联合培养教师的新模式。

　　进一步扩大教育硕士的培养规模。适当增加从应届本科毕业生中招收教育硕士研究生的人数。

　　深化教师教育办学体制、管理体制和招生分配制度改革，确保师范院校的办学活力和健康发展，满足中小学师资供给的数量和质量需求。

　　3. 大力推进中小学教师继续教育工作

　　要采取切实有效措施，确保"中小学教师继续教育工程"主要目标、任务如期完成。2002年基本完成中小学教师职业道德教育和信息技术的全员培训。继续加强对各级骨干教师的培训，形成一支多层次、多类型的骨干教师队伍。不断更新教育观念，探索继续教育新模式。进一步加强继续教育课程教材建设。不断完善省、地、县三级教师继续教育机构建设，国家建立一批示范性县级教师培训机构。制定在职教师提高学历层次培训管理办法，建立继续教育评估体系，探索继续教育工作的有效机制，健全和完善继续教育制度。

　　…… ……

　　6. 加大对西部地区教师教育的支持力度，推进教师教育的协调发展

　　加强对西部地区教师教育的规划和指导，支持西部地区师范院校建设与发展，加大为西部地区培养本专科教师的力度，培养留得住、用得上的教师。按照东西部地区省际"对口支援"关系，组织开展东西部地区教师教育的交流，采取各种形式加强和扩大对西部地区教师培训工作。加大对西部地区现代远程继续教育网、资源库建设的支持力度，提高西部地区吸纳和共享发达地区和全国优质教育资源的能力。

7. 确保教师教育事业的经费需求,推进教师教育优先发展

要建立投资于教师教育就是投资于基础教育和投资于未来的观念。各地在国家和地方政府教育经费拨款中,要进一步加大对教师教育的拨款。中小学教师继续教育经费以政府财政拨款为主,多渠道筹措,任职学校和教师个人合理分担培训成本。改进现行师范专业奖学金使用办法,逐步将奖学金主要用于帮助教师教育专业的经济困难学生。明显改善师范院校及培训机构的办学条件。各级各类师范院校及独立设置的教师培训机构的校舍、图书资料、教学仪器设备、文化设施均应达到国家规定标准,有条件的地方应进一步提高办学条件的建设标准。

8. 建设一支高质量的教师教育队伍

师范院校教师应具有高尚师德、优良教风、敬业精神和高度的责任心,应具有现代教育观念、创新精神和指导中小学教育教学改革的能力。高等师范学校的主讲教师一般应有硕士学位或高级专业技术职务,并有一定比例教师取得博士学位。教师培训机构和中等师范学校的教师应具有本科及以上学历,并有一定比例的教师具有硕士学位。建立专业技术职务和年龄结构合理的专业教师梯队,把加强中青年教师队伍的建设放在重要位置,有计划、有目的地培训中青年教师。鼓励优秀骨干教师到国外进修学习。要吸收一部分中小学优秀教师担任教育类课程的教学和教育实践的指导工作。培训机构的教师队伍应做到专兼结合,以兼职为主。所有从事教师教育的教师应主动积极地深入到中小学,研究中小学教育。

9. 加强教师教育法规建设,使教师教育走上依法治教、依法办学的轨道

"十五"期间要研究制定《教师教育条例》,建立教师培养机构资格认定和教师教育质量评估等制度,制定鼓励优秀学生报考教师教育专业的有关政策。

请按照本意见精神,结合实际情况,研究制定本地区"十五"期间教师教育改革与发展的实施意见,并采取有效措施,切实落实。请将各地实施意见报我部备案。

7. 2002 年 9 月 10 日,《教育部关于加强专科以上学历小学教师培养工作的几点意见》(教师〔2002〕4 号)

为了适应基础教育改革与发展的需要,我国对培养专科学历小学教师工作进行了较长时间的积极探索,取得了较大成绩,并积累了许多宝贵经验。到 2001 年,小学教师中达到专科以上学历者已占小学教师队伍的 27.4%。但是,我国专科以上学历小学教师的培养尚处于初级阶段,在培养制度、办学渠道、办学模式、专业建设等方面还存在一些问题。为了贯彻落实《中共中央国务院关于深化教育改革全面推进素质教育的决定》精神,大力提高小学教师整体素质,加强专科以上学历小学教师培养工作,特提出以下意见:

一、坚持按需适度发展方针,科学规划专科以上学历小学教师的培养

各省级教育行政部门要根据当地社会发展、经济建设和基础教育改革发展的实际需要,统筹规划专科以上学历小学教师培养工作。依据《教育部关于"十五"期间教师教育改革与发展的意见》关于对新师资补充的学历要求,以及小学教师的数量需求,按照"分区规划、分类指导、分步实施"原则,科学、合理地确定专科以上学历小学教师的培养规模和实施步骤,通盘考虑和合理调整承担培养专科以上学历小学教师任务的高等师范(简称高师)院校及其他高等学校的布局结构。

二、专科以上学历小学教师的培养纳入高等教育体系,理顺管理体制

专科以上学历小学教师的培养要纳入高等教育体系。各省(自治区、直辖市)要根据实际需要,统筹规划,确定培养渠道。有条件的高师院校要积极建立和完善培养小学教师的院系或专业,加大培养力度,充分发挥现有高师院校培养专科以上学历小学教师主渠道的作用。在高师资源不足的地区,可以在优质的中等师范教育资源基础上,建立培养专科学历小学教师的高等师范专科学校。少数地区可以通过中师与高师实行联合办学,前三年放在中师,后两年放在高师培养的形式培养专科学历小学教师。要加强对各类培养专科以上学历小学教师院校的管理,理顺管理体制。培养小学教师的高等师范专科学校原则上实行省、市(地)两级共管,以市级为主或以省(自治区、直辖市)级为主的管理体制。这些学校都要创造条件,提高办学质量和效益,积极为全省(自治区、直辖市)服务。

三、实行多种办学形式,积极探索培养模式

积极探索专科以上学历小学教师的培养模式。根据《高等教育法》有关规定,招收高中阶段毕业生,实行三年专科教育,实行四年本科教育,是我国培养专科以上学历小学教师的主要形式。招收初中毕业生,实行前三年在中师培养,后两年在高师培养的"三二分段制"专科教育,是当前我国培养专科学历小学教师的过渡形式。前三年按照中等师范教育管理,后两年纳入高等教育招生计划和管理范畴,可在其学程中期,即三年级后由各省级教育行政部门组织统一考试,合格者升入专科阶段继续学习,进行专科学历教育。招收初中毕业生,实行"五年一贯制"专科教育,有利于小学教师职业道德、知识、能力和素质的综合培养,有利于提高教师专业化水平,是当前我国培养专科学历小学教师的重要补充。举办"五年一贯制"专科教育要由普通高等学校承担并经省级教育行政部门审核批准后方可组织实施,国家关于初中后起点的五年制高等职业教育的有关政策适用于五年制师范类专科教育。"五年一贯制"师范类专科教育主要适用于幼儿教育、特殊教育、外语、艺术、体育等类小学教师的培养。

四、加强小学教育专业建设,努力办出特色

专科以上学历小学教师培养工作是我国教师教育的新领域,需要在实践中不断探索

和完善。根据新世纪基础教育改革与发展及实施素质教育的需要,针对教师专业化的国际趋向和小学教师的培养特点,教育部将组织制定专科学历小学教师的培养目标、规格、完善和改革课程体系和教学内容,制定《师范高等专科三年制小学教育专业教学方案(试行)》,组织编写小学教育专业教材,加强小学教育专业建设。各地要参照《师范高等专科三年制小学教育专业教学方案(试行)》,结合本地实际,研究制定实行"三二分段"和"五年一贯制"师范专科教育的教学方案,探索培养规律,办出特色,努力培养适应基础教育需要的小学教师。

五、深化教育教学改革,努力提高培养质量

培养专科以上学历小学教师的院校要不断深化教学改革,强化质量意识,加强教学管理,加强教育学科的建设,积极推进现代信息技术的普及和应用,大力抓好教师队伍的建设。新组建的学校尤其要提高教师队伍的学术水平和科研水平,具有硕士和博士学位的教师比例要有较大提高。专任教师要深入小学,熟悉并研究小学教育。各地教育行政部门要对培养专科以上学历小学教师工作高度重视,加强业务指导。教育部将组织开展培养专科以上学历小学教师院校教学质量评估,确保培养质量,开创我国小学教师培养的新局面。

8.2005年3月14日,《教育部关于规范小学和幼儿园教师培养工作的通知》(教师〔2005〕4号)

近年来,各地根据教育改革发展的总体部署,积极调整教师教育结构和布局,逐步提高小学和幼儿园教师培养层次和质量,不断提升中小学教师队伍整体素质,取得了积极成效。但是,在推进三级师范向二级师范过渡过程中存在的问题也要引起高度重视。例如,有的地方在不具备条件的学校培养小学和幼儿园教师;有的地方小学和幼儿园教师资格认定和录用把关不严,使不具备教师资格者进入了教师队伍。这些不恰当的做法和不规范行为,使得小学和幼儿园教师供求关系失衡,培养质量下降,培养使用脱节,严重冲击教师入门把关,严重影响小学和幼儿园教师队伍建设。为了保证小学和幼儿园教师培养质量,提高教师专业化水平,特提出以下要求:

一、各省级教育行政部门要根据当地经济社会发展和基础教育改革发展的实际需要,以科学发展观为指导,遵循"开放、改革、规范、提高"的原则,研究制定教师教育发展规划,统筹规划本地区小学和幼儿园教师培养工作,科学合理地确定小学和幼儿园教师的培养层次、培养规模和实施途径,采取有力措施确保小学和幼儿园教师培养质量。

二、各省级教育行政部门要加强对小学和幼儿园教师培养的统筹管理。培养专科以上学历小学和幼儿园教师,要遵循《高等教育法》关于"高等教育由高等学校和其他高等教育机构实施"的规定,执行《普通高等学校高职高专教育专业设置管理办法(试行)》(教高〔2004〕4号)关于"教育类专业(分类代码6602)一般限于师范高等专科学校中设置"的要求,举办学校应达到《普通高等学校基本办学条件指标(试行)》中确定的师范类院校的合格标准。要逐步将小学和幼儿园教师的培养纳入高等教育层次。积极支持普通本科院校举办小学教育和学前教育专业。培养中师学历小学和幼儿园教师,要根据当地小学和幼儿教育发展的实际需求情况,合理确定规模,严格执行招生计划。

······ ······

省级教育行政部门要依据学校基本办学条件、教师教育基本条件、办学质量和办学效益等实际情况,研究制定本地区小学和幼儿园教师培养工作的监测体系和量化标准,组织力量对现行培养小学和幼儿园教师的机构进行专项评估,评估结果向社会公布,并于2005年11月底前报教育部备案。不具备条件的学校,从2006年开始停止招收师范类专业学生,2005年以前招收的学生,仍继续按照原招生时的有关文件规定办理。

四、各级培养小学和幼儿园教师的学校要不断深化教育教学改革,强化质量意识,加强教学管理,加强小学教育和学前教育专业建设,严格执行教学计划,突出教育实践环节,积极推进现代信息技术在课堂教学中的应用,积极吸收和借鉴传统中等师范教育的丰富经验,积极探索小学和幼儿园教师培养特点和规律,不断提高人才培养质量。

五、各级教育行政部门要高度重视小学和幼儿园教师培养在整个教育事业中的基础性作用,加强对小学和幼儿园教师培养工作的领导。理顺小学和幼儿园教师培养管理体制,加强对培养小学和幼儿园教师工作的业务指导和监督评估。严格掌握教师资格认定条件,严把教师入口关,坚决杜绝不具备教师资格者进入教师队伍,全面提高小学和幼儿园教师整体素质,促进基础教育的改革和发展。

9.2005年4月5日,袁贵仁《全面落实以人为本的科学发展观 努力建设高素质的教师队伍——在2005年度教师教育工作会议上的讲话》,针对教师队伍建设提出意见:"进一步认识建设高素质教师队伍的重要性和紧迫性","计划经济条件下精英教育中的教师教育,如何适应社会主义市场经济条件下高等教育大众化的特点,满足基础教育在数量和质量方面的师资要求,是教师教育面临的重大挑战。基础教育新课程改革是当前我国推进素质教育的重大举措,它呼唤教师教育培养出高素质、专业化的新型教师。我国中小学教师供求关系正在由总量不足转变为结构性失衡,教师教育也面临着从满足数量需求向质量提高的重大转变"。"教师教育职前职后一体化的任务仍然艰巨","教师职前培养的课程结构和教学内容不适应基础教育新课程改革的要求,教育实习缺乏有力的制度保证,教师培训的针对性和实效性还不强。""我们要根据教师专业发展不同阶段要求,改革传统师范教育体系中教师职前培养与职后培训分离的状况,把教师的职前培养、入职教育和职后培训作为一个连续的、统一的、终身化的发展过程来看待。职前培养重在基础,入职教育重在适应,职后培训重在提高。要在终身学习理念和资源共享原则的指导下,实现在不同阶段上不同教师教育机构之间的衔接、整合与重组,促进教师在整个职业生涯中不断提高专业化水平。""教师队伍整体素质有待提高,结构性矛盾有待改进。这些年,我国中小学教师学历水平提高幅度虽然很大,但与世界同等经济水平国家相比,学历层次还偏低,整体素质还不高。同时我国中小学教师队伍学段性、学科性、区域性等结构矛盾仍很突出。""由于社会经济因素和教育人口的变化,我国中小学教师数量矛盾趋于缓解,教师质量逐步成为矛盾的主要方面。""规范小学和幼儿园教师培养工作,全面提高小学和幼儿园教师培养质量。""实施农村教师素质提高计划,大力加强农村教师队伍建设。教师教育要努力为农村教师队伍建设提供支持和服务。继续实施'农村中学教育硕士师资培养计划',从支持农村教师队伍建设和推动教师教育人才培养模式改革的高度来认识此项创新性工作的重要意义,努力克服困难,采取有力措施保证招生计划、培养经费落实和工作岗位的落实,真正将此项计划打造成农村教师队伍建设的'精品工程'。研究探索师范院校学生到农村中小学实习支教办法,积极推动有条件的普通高等学校在师资力量薄弱的农村中小学校建立长期稳定的实习基地,选派师范类高年级学生或研究生到农村实习基地进行实习支教,真正达到加强师范生教育实习,吸引高学历人才从教和支持农村教师队伍建设的一举多得的效果。"

10. 2007 年 7 月 5 日,教育部发布《教育部关于大力推进师范生实习支教工作的意见》(教师〔2007〕4 号),就"高师院校(包括师范院校和其他举办教师教育的高校)大力推进师范生实习支教工作"提出七条意见:

一、师范生教育实习是中小学教师培养不可或缺的重要环节。开展师范生实习支教工作是推动教师教育改革,强化师范生实践教学,提高教师培养质量的有效措施;是加强教师养成教育,引导师范生深入基层,了解国情,增强社会责任感和使命感的必要途径;是密切高师院校与中小学的联系,促进理论与实践紧密结合,更好地服务基础教育的重要纽带。开展师范生实习支教工作,也有利于帮助农村中小学提高师资水平,促进素质教育的全面实施。地方各级教育行政部门和有关学校要高度重视,精心组织,密切配合,大力推进,将师范生实习支教工作落到实处。

二、完善师范生教育实习制度,强化教育教学实践。高师院校要因地制宜地组织高年级师范生到中小学进行不少于一学期的教育实习。要围绕培养高素质教师的目标,根据基础教育改革发展的要求,遵循教师教育规律,调整教师培养方案和教学计划,改革课程体系和教学内容,强化实践教学环节,全面提高师范生的综合素质和适应能力。各地要将师范生实习支教与加强农村教师队伍建设紧密结合,根据实际需要,创造有利条件,积极安排和接收高师院校师范生到农村学校进行实习支教。

三、精心组织实施师范生实习支教工作。高师院校要积极推进教学管理改革,建立健全师范生实习支教工作规章制度;加强教育见习,做好师范生实习支教前的专业思想教育和教学技能培训,使学生基本具备从教能力;采取导师带队、师生结合、合理配置、成组派遣的方式,组建实习支教小组;要选派骨干教师担任实习支教的指导教师,在教师考核、职务聘任和表彰奖励等方面体现积极的政策导向,鼓励和支持教师参加师范生实习支教工作,并深入中小学第一线开展教育教学研究;建立快捷的信息反馈机制,加强对实习支教师范生的全程指导和跟踪管理。

四、建立相对稳定的师范生实习基地。高师院校要在省级教育行政部门统筹指导下,会同市、县级教育行政部门,因地制宜地选择确定一批条件适中、集中连片的中小学作为实习基地。探索建立教师教育综合改革和高师院校服务基础教育试验区,促进师生积极参与教育改革实践,在教师培训、教育教学研究和咨询等方面提供多样化的教育服务。

实习基地学校要密切配合高师院校和当地教育行政部门,做好实习支教师范生的管理、指导和安全保障工作,提供必要的条件。选配骨干教师与高师院校教师组成联合实习指导小组,加强实习指导工作。

五、创造性地开展师范生实习支教工作。地方各级教育行政部门、高师院校和中小学要不断创新师范生实习支教的途径和方法,积极探索三方合作、协同开展师范生教育实习工作的有效机制。要及时研究和解决师范生实习支教工作中的新情况、新问题。合理安排实习支教师范生的教学工作量,切实保证实习效果。各地不得以实习支教代替新教师的正常补充。要采取多种方式,帮助实习基地学校培训教师,提高教育教学水平。

六、切实保障师范生实习支教经费。省级教育行政部门要积极争取当地政府相关部门的支持,加大对高师院校教师教育经费的投入力度,安排用于师范生实习支教的专项经费。高师院校要加大师范生实践教学经费投入,保证师范生实习支教经费。市、县级教育行政部门要对师范生实习支教给予必要的经费支持。

七、加强对师范生实习支教工作的组织领导和支持服务。省级教育行政部门要结合当地实际,统筹规划高师院校师范生实习支教,并做好组织、协调和指导工作。市、县级教育行政部门要积极支持师范生实习支教工作,为师范生提供必要的工作、学习、生活条件和安全保障。要把师范生实习支教工作作为高师院校本科教学工作水平评估和教师教育质量评价的重要内容。认真总结推广师范生实习支教工作典型经验,对做出突出成绩的先进个人和单位进行表彰奖励和宣传。制定相应的激励政策,充分调动各方面的积极性,确保师范生实习支教工作取得良好成效。

11.2010 年 3 月,颁布实施《国家中长期教育改革和发展规划纲要(2010—2020 年)》,把加强教师队伍建设作为教育事业发展最重要的基础性工作,提出"建设高素质专业化教师队伍"(第十七章)。其中,第 53 条:"以农村教师为重点,提高中小学教师队伍整体素质。创新和完善农村教师补充机制。积极推进师范生免费教育,进一步完善制度政策,吸引更多优秀人才从教。实施农村义务教育学校教师特设岗位计划。完善代偿机制,鼓励高校毕业生到艰苦边远地区农村学校当教师。"

12.2011 年 12 月 19 日,《教育部关于"十二五"期间高等学校设置工作的意见》(教发〔2011〕号)

为贯彻落实全国教育工作会议精神和《国家中长期教育改革和发展规划纲要(2010—2020 年)》(以下简称《教育规划纲要》),以提高高等教育质量为核心,以改革创新为动力,优化高等教育结构和布局,促进高等教育科学发展,向建设高等教育强国迈进,现就"十二五"期间高等学校设置工作提出如下意见。

一、全面认识和正确把握高等学校设置工作面临的新形势和新任务

"十一五"期间,高等学校设置工作以科学发展观为指导,以服从、服务于经济社会发展和满足人民群众的需求为宗旨,以优化布局与结构、改善办学条件、提高教育质量为重点,加强统筹规划和宏观调控,取得了显著的成绩。高等学校的数量稳中有进,增幅初步做到合理、适度,高等职业教育、民办高等教育和中外合作办学得到进一步发展,高等学校办学条件得到改善和提高,促进了高等教育与区域经济社会发展相结合,推动了高等教育的科学发展。

全国教育工作会议和《教育规划纲要》描绘了未来 10 年我国教育改革和发展宏伟蓝图,提出了总体战略、主要任务和工作方针,明确指出提高质量是高等教育发展的核心任务,是建设高等教育强国的基本要求。不断提高质量,是高等教育的生命线。各地、各高等学校应当树立科学质量观和办学观,把提高质量作为教育改革和发展最核心、最紧迫的任务,坚持走内涵式发展道路,坚持稳定办学规模,优化布局结构,强化办学特色,健全保障体系,不断提高内涵发展水平。

……　……

二、高等学校设置工作的指导思想和基本原则

(一)指导思想

"十二五"期间,高等学校设置工作要进一步坚持以科学发展观为指导,认真贯彻落实《教育规划纲要》《人才规划纲要》和《高技能人才队伍建设中长期规划》,以提高高等教育

质量为核心,以适应国家和区域经济社会发展需要为宗旨,围绕加快转变经济发展方式这条主线,以改革创新为动力,从严、从紧控制高等学校总量和增幅,优化高等教育布局与结构,引导高等学校合理定位,办出特色,进一步促进高等教育科学发展。

(二)基本原则

1. 统筹规划,合理布局

要按照转变经济发展方式、调整经济结构、区域发展战略的要求,科学规划"十二五"期间高等学校的设置,实现高等教育在区域、结构、层次上的合理布局。从严控制每年高等学校设置的数量,全国新增设的高等学校"十二五"时期明显低于"十一五"时期。

2. 服务国家,服务区域

高等教育要服务于经济结构战略性调整、现代产业体系建设和社会建设,服务于区域经济发展,积极构建现代职业教育体系,优化学科专业、类型、层次结构,重点培养应用型、复合型、技能型人才。

3. 支持特色,防止趋同

引导高等学校按照国家和区域经济社会发展需要进行合理定位,全面加强高等学校内涵建设,改革高等学校办学模式,创新人才培养模式,在不同层次、不同领域办出特色,克服同质化倾向。

4. 省级统筹,强化管理

大力加强省级人民政府对高等教育统筹,合理设置和调整高等学校及学科、专业布局,提高管理水平和办学质量,完善以省级人民政府为主管理高等教育的体制。省级人民政府依法审批设立实施专科学历教育的高等学校。

教育部要切实履行高等教育统筹规划的职责,制定方针政策和高等学校设置标准,统筹区域间高等教育协调发展,加强监督管理,对设置的高等学校开展评估、核查。

5. 分类指导,从严掌握

针对不同区域的不同特点和发展阶段,采取不同的发展方针和策略,分区规划,分类指导。要充分发挥政策指导和调控教育资源配置的作用,严格掌握国家标准和条件,合理确定办学规模。应在有利于优化区域、层次、类型结构和布局的前提下,加大对高等教育资源短缺地区以及西部地区支持力度,适度增加教育资源。

三、"十二五"期间高等学校设置工作的政策规定

(一)关于高等学校设立

······ ······

——高等学校办学条件。严格执行《普通本科学校设置暂行规定》,办学条件达不到标准的学校不予设置;严格执行《专科学历教育高等学校设置标准》以及备案的有关要求,

不符合政策、标准和要求的学校不予备案。拟设置或报请备案的高等学校,应当纳入省级人民政府"十二五"高等学校设置规划。

2. 具体规定

——中等职业学校原则上不升格为高等职业学校,也不与高等职业学校进行合并。

——高等职业学校原则上不升格为本科学校,不与本科学校进行合并,也不更名为高等专科学校。

——医药类高等专科学校原则上不予增设。

——从严掌握师范、公安类高等专科学校的增设。对于现有高等师范教育资源无法满足需要,且布局合理,条件具备,可以中等师范学校为基础设立幼儿师范高等专科学校。

——公办普通专科层次学校升格为本科学校必须从严掌握。对于布局合理,条件具备,毕业生届数在 10 届以上,且在区域内高等教育结构中具有不可替代性的普通专科层次学校,可申请组建为本科学校。

…… ……

——积极发展民族地区高等教育。根据民族地区经济社会发展的需要,在布局合理,条件具备,有利于结构优化的前提下,可以申请设置普通高等学校。

——重视发展特殊高等教育。鼓励和支持普通高等学校发展特殊教育专业和学科,培养特殊教育师资和人才,少数具备条件的地区可考虑设立以培养特殊教育师资和残疾人事业人才为目标的普通高等学校。

——设立中外合作的本科学校,外方教育机构须为国际公认的知名高等学校。

(二)关于高等学校调整

…… ……

支持省级、市级教育学院与师范院校或综合性院校合并。对布局合理,具备条件的省级教育学院可申请单独改制为普通师范院校。

(三)关于高等学校更名

1. 严格按照《高等教育法》和《普通本科学校设置暂行规定》审批"学院"更名"大学",从严掌握标准,控制更名数量。

2. 农、林、师范院校名原则上不更改为非农、林、师范的校名。农、林、师范院校在合并、升格时,要确保农、林、师范教育不受削弱,继续保留农、林、师范名称。

13. 2012 年 9 月 20 日,教育部、中央编办、财政部、人力资源社会保障部《教育部、中央编办、财政部、人力资源社会保障部关于加强幼儿园教师队伍建设的意见》(教师〔2012〕11 号)

幼儿园教师承担着保育和教育的双重职能,关系到亿万儿童的健康成长,关系到学前教育事业的健康发展。为贯彻落实《国家中长期教育改革和发展规划纲要(2010—2020年)》《国务院关于当前发展学前教育的若干意见》(国发〔2010〕41号)和《国务院关于加强教师队伍建设的意见》(国发〔2012〕41号),大力加强幼儿园教师队伍建设,现提出以下意见:

一、明确幼儿园教师队伍建设的目标。各地要按照构建覆盖城乡、布局合理的学前教育公共服务体系的要求,结合本地实际,科学确定幼儿园教师队伍建设的目标。到2015年,幼儿园教师数量基本满足办园需要,专任教师达到国家学历标准要求,取得职务(职称)的教师比例明显提高。到2020年,形成一支热爱儿童、师德高尚、业务精良、结构合理的幼儿园教师队伍。

二、补足配齐幼儿园教师。国家出台幼儿园教师配备标准,满足正常教育教学需求。各地结合实际合理确定公办幼儿园教职工编制,具备条件的省(区、市)可制定公办幼儿园教职工编制标准,严禁挤占、挪用幼儿园教职工编制。企事业单位办、集体办、民办幼儿园按照配备标准,配足配齐教师。采用派驻公办教师等方式对企事业单位办、集体办幼儿园和普惠性民办幼儿园进行扶持。

各地根据学前教育事业发展和幼儿园实际工作需要,建立幼儿园教师长效补充机制。公办幼儿园教师实行公开招聘制度。加强对各类幼儿园教职工配备情况的动态监管,把教职工资质及流动情况作为幼儿园保教质量评估监测的重要内容。启动实施支持中西部农村边远地区开展学前教育巡回支教试点工作,吸引优秀人才到农村边远贫困地区幼儿园任教。

三、完善幼儿园教师资格制度。全面实施幼儿园教师资格考试制度,印发幼儿园教师资格考试标准,深化教师资格考试内容改革。幼儿园教师须取得相应教师资格证书。具有其他学段教师资格证书的教师到幼儿园工作,应在上岗前接受教育部门组织的学前教育专业培训。

四、建立幼儿园园长任职资格制度。国家制定幼儿园园长专业标准和任职资格标准,提高园长专业化水平。省级教育行政部门制定幼儿园园长任职资格制度实施办法。教育部门办幼儿园园长由县级及以上教育行政部门聘任。企事业单位办、集体办、民办幼儿园园长由举办者按国家和地方相关规定聘任,报当地教育行政部门审核。

五、完善幼儿园教师职务(职称)评聘制度。合理确定幼儿园教师岗位结构比例。完善符合幼儿园教师工作特点的评价标准,重点突出幼儿园教师的师德、工作业绩和保教能力。结合事业发展和人才发展规划,合理确定幼儿园高级、中级、初级岗位之间的结构比例。对长期在农村基层和艰苦边远地区工作的幼儿园教师,在职务(职称)方面实行倾斜政策。确保民办和公办幼儿园教师公平参与职务(职称)评聘。

六、提高幼儿园教师培养培训质量。全面落实幼儿园教师专业标准,提高教师专业化水平。办好中等幼儿师范学校。重点建设一批幼儿师范高等专科学校。办好高等师范院校学前教育专业。依托高等师范院校重点建设一批幼儿园教师培养培训基地。积极探索初中毕业起点5年制学前教育专科学历教师培养模式。实行幼儿园教师5年一周期不少于360学时的全员培训制度,培训经费纳入同级财政预算。幼儿园按照年度公用经费总额的5%安排教师培训经费。扩大实施幼儿园教师国家级培训计划。加大面向农村的幼儿园教师培养培训力度。

七、建立幼儿园教师待遇保障机制。公办幼儿园教师执行统一的岗位绩效工资制度,享受规定的工资倾斜政策,企事业单位办、集体办、民办幼儿园教师工资和社会保险由举办者依法保障。幼儿园教师按国家有关规定参加社会保险并依法享受社会保险待遇。对长期在农村基层和艰苦边远地区工作的幼儿园教师,实行工资倾斜政策。鼓励地方政府将符合条件的农村幼儿园教师住房纳入保障性安居工程统筹予以解决,改善农村幼儿园教师工作和生活条件。

八、确保各项政策措施落实到位。地方各级教育、编制、财政、人力资源社会保障等有关部门要充分认识加强幼儿园教师队伍建设的重要性和紧迫性,健全工作机制,加强统筹协调,建立督促检查、考核奖惩和问责机制,确保加强幼儿园教师队伍建设的各项措施落到实处、取得实效。

14.2014年7月4日,教育部发布《2013年全国教育事业发展统计公报》:"2013年,在党中央国务院坚强领导下,教育优先发展战略地位进一步落实,教育系统全面贯彻落实教育规划纲要,努力推进教育事业健康持续发展,着力促进教育公平,调整教育结构,提高教育质量,在培养优秀人才、服务经济社会发展等方面取得了新成绩,为经济社会发展提供了有力的人才保障和智力支持。"其中,注[6]:"学历合格专任教师比例,是指某一级教育具有国家规定的最低学历要求的专任教师数占该级教育专任教师总数的百分比。各级教育教师的最低学历要求,参照《中华人民共和国教师法》中的相关规定。取得小学教师资格,应当具备中等师范学校毕业及其以上学历;取得初级中学教师、初级职业学校文化、专业课教师资格,应当具备高等师范专科学校或者其他大学专科毕业及其以上学历;取得高级中学教师资格和中等专业学校、技工学校、职业高中文化课、专业课教师资格,应当具备高等师范院校本科或者其他大学本科毕业及其以上学历。"

15.2014年9月5日《教育部启动实施卓越教师培养计划,努力培养党和人民满意的好教师》:"教师教育是教育事业的工作母机,有高质量的教师教育,才有高水平的教师队伍。近年来,我国教师教育体系不断完善,教师教育改革持续推进,教师培养质量和水平得到提高,但也存在着教师培养的适应性和针对性不强、课程教学内容和教学方法相对陈旧、教育实践质量不高、教师教育师资队伍薄弱等突出问题。针对这些问题,教育部近日印发了《关于实施卓越教师培养计划的意见》,旨在以实施卓越教师培养计划为抓手,推动师范院校深化教师培养机制、课程、教学、师资、质量评价等方面的综合改革,努力培养一大批有理想信念、有道德情操、有扎实学识、有仁爱之心的好教师。"

16.2016 年 3 月 17 日,《教育部关于加强师范生教育实践的意见》(教师〔2016〕2 号)

近年来,我国教师教育改革持续推进,师范生教育实践不断加强,但是还存在着目标不够清晰,内容不够丰富,形式相对单一,指导力量不强,管理评价和组织保障相对薄弱等问题。师范生教育实践依然是教师培养的薄弱环节,师范毕业生的教育教学能力尚不能完全适应中小学(含幼儿园、中等职业学校、特殊教育学校,下同)的需要。为增强师范生的社会责任感、创新精神和实践能力,全面提升教师培养质量,现就加强师范生教育实践提出如下意见。

一、明确教育实践的目标任务。师范生教育实践是教师教育课程的重要组成部分,是教师培养的必要环节。举办教师教育的院校要围绕培养适应中小学教育教学需要、高素质专业化的"四有"好教师的目标要求,通过系统设计和有效指导下的教育实践,促进师范生深入体验教育教学工作,逐步形成良好的师德素养和职业认同,更好地理解教育教学专业知识,掌握必要的教育教学设计与实施、班级管理与学生指导等能力,为从事中小学教育教学工作和持续的专业发展奠定扎实的基础。

二、构建全方位的教育实践内容体系。举办教师教育的院校要坚持把社会主义核心价值观融入教育实践全过程,将教育实践贯穿教师培养全过程,整体设计、分阶段安排教育实践的内容,精心组织体验与反思,促进理论与实践的深度融合。在师范生培养方案中设置足量的教育实践课程,以教育见习、实习和研习为主要模块,构建包括师德体验、教学实践、班级管理实践、教研实践等全方位的教育实践内容体系,切实落实师范生教育实践累计不少于 1 个学期的制度。

三、丰富创新教育实践的形式。举办教师教育的院校要采取观摩见习、模拟教学、专项技能训练、集中实习等多种形式,丰富师范生的教育实践体验,提升教育实践效果。充分利用信息技术手段,开发优质教育实践资源,组织师范生参加远程教育实践观摩与交流研讨,探索建设师范生自主研训与考核数字化平台。要积极开展实习支教和置换培训,鼓励引导师范生深入薄弱学校和农村中小学,增强社会责任感和使命感。要拓宽教育实践渠道,积极探索遴选师范生到海外开展教育实践等多种形式,开阔师范生的视野。

四、组织开展规范化的教育实习。举办教师教育的院校要制定教育实习课程标准、实施计划、实习手册、评价标准等工作规范,做到实习前有明确要求、实习中有严格监督、实习后有考核评价。教育实习应包括教学实习、班主任实习、教研实习等多项内容,其中,教学实习应保证足量的课堂教学授课时数。实行实习资格考核制度,师范生必须通过相关课程学习和技能考核合格后方可进入教育实习环节。要建立完善以实习计划、实习教案、听课评课记录、实习总结与考核等为主要内容的师范生教育实习档案袋制度。

五、全面推行教育实践"双导师制"。师范生教育实践由举办教师教育的院校教师和中小学教师共同指导。举办教师教育的院校要安排数量足够的责任心强、教学经验丰富、熟悉中小学教育教学实践的教师,采取驻校指导、巡回指导和远程指导等多种方式进行有效指导。举办教师教育的院校要与地方教育行政部门、中小学协同遴选优秀教研员和中小学教师担任指导教师。培养中等职业学校教师的院校还应联合行业企业,遴选企业专业技术人员和高技能人才担任指导教师。举办教师教育的院校要与中小学、教研机构通过专题研究、协同教研、定期培训等多种形式,不断提高指导教师的专业化水平和实践指导能力。

六、完善多方参与的教育实践考核评价体系。举办教师教育的院校要以指导教师评价为主,兼顾同伴评价、自我评价、学生评价和实践基地评价,综合运用课堂观察、学生访谈及教育实践档案分析等多样化的方式,全面客观评价师范生教育实践。探索建设师范生教育实践管理系统和教师成长数字化档案,形成从职前培养到职后培训的教师专业发展档案库。完善教育实践与就业一体化的指导体系,大力推动教育实践与就业的有机结合。

七、协同建设长期稳定的教育实践基地。地方教育行政部门要统筹考虑本地区师范生规模结构和服务面向,与举办教师教育的院校共同遴选建设长期稳定、多样化的教育实践基地。实践基地应具备良好的校风师风、较强的师资力量、丰富的课程资源和教改实践经验,确保能为师范生提供充足的实践岗位、充分的实践机会、有效的实践指导和安全健康的实践环境。鼓励各省(区、市)遴选建设一批示范性教育实践基地,在师范生教育实践、教师培训、教育教学研究、基地学校发展等多方面建立合作共赢的长效机制。中小学要将接纳师范生教育实践作为应尽义务和重要责任,地方教育行政部门要将接纳师范生教育实践作为中小学工作考核评价和特色评选的重要内容。

八、建立健全指导教师激励机制。举办教师教育的院校要将教师指导师范生教育实践作为教学业绩考核的重要内容,制定指导师范生教育实践在折算教学工作量、职务(职称)晋升、薪酬分配等方面的优惠政策。地方教育行政部门和中小学要将指导师范生教育实践纳入教师业绩考核范围,作为中小学教师评奖评优和职务(职称)晋升的重要依据,作为中小学教师评选特级教师和学科带头人的重要条件。

九、切实保障教育实践经费投入。地方教育行政部门要高度重视师范生教育实践工作,加强组织领导和统筹协调,加大经费投入力度。要在经费安排、教师补充和教师培训等方面对实践基地予以优先支持。举办教师教育的院校要建立师范生教育实习经费保障机制,加大教育实践经费投入,确保完成师范生教育实践任务的需要。

17.2016年10月10日,《教育部对十二届全国人大四次会议第4361号建议的答复》(教建议〔2016〕第238号):"总体上看,近几年学前教育取得了快速发展。2015年全国幼儿园达22.4万所,在园幼儿达4265万人,分别比《教育规划纲要》颁布前增长了61.8%和60.5%;全国学前三年毛入园率达75%,五年提高了24个百分点,'入园难'有效缓解。""加强幼儿园教师队伍建设。根据事业发展需要,确定高等学校、中等师范学校学前教育专业的培养规模和层次,加大本专科层次幼儿园教师的培养力度。支持地方通过多种方式为农村和边远贫困地区培养补充幼儿园教师。通过增加编制和政府购买服务等方式,加快补充幼儿园教师。加大国培计划力度,提高农村幼儿园教师专业素质。"

第二章　中国乡村教师专业素养的时代要求

农村教育是我国现代教育系统的重要组成部分,农村教育在推动政治、经济、文化和社会现代化建设中起着至关重要的作用。党的十六大以来,党和国家高度重视农村教育,制定了一系列推动农村教育改革的政策,实现农村教育跨越式发展。如 2003 年《关于进一步加强农村教育工作的决定》对农村教育改革的方向、内容、经费保障、队伍建设等重大问题做出了全面部署。2010 年《国家中长期教育改革和发展规划纲要(2010—2020 年)》是农村教育整体发展和改革的综合性文件,聚焦于农村教育"发展任务"和"保障措施"领域。《国家中长期教育改革和发展规划纲要(2010—2020 年)》,全文出现"农村""西部地区""城乡"等词总计达 50 余次,也可以说明国家对农村教育的高度重视。这些政策的制定强化了"大力发展农村教育"的政策方向,对于实现教育公平、提升农村教育质量具有里程碑意义。

乡村教师肩负着改善农村人口素质、振兴农村教育的使命。我国拥有世界上人数最多、规模最大的乡村教师队伍,乡村教师在建设社会主义新农村过程中发挥着不可估量的作用。2015 年,国务院颁发的《乡村教师支持计划(2015—2020 年)》将乡村教师队伍建设摆在优先发展的战略地位,该计划的提出对于解决当前乡村教师队伍建设中的突出问题,吸引优秀人才到乡村学校任教,稳定乡村教师队伍,带动和促进教师队伍整体水平提高,具有重要意义。随着国家相关政策的制定、推进与实施,农村教育、乡村教师获得了更多的社会关注,也取得了一些显著成效。然而,农村教育与农村经济、社会发展不适应的状况仍然很突出,其对于经济、社会发展的基础性、先导性和全局性作用仍未得到充分发挥。乡村教师年龄、学科、职称结构不合理,专业素养不高等问题已成为阻碍我国农村教育改革与发展的主要问题,影响着农村教育的发展,甚至制约着社会主义新农村建设。乡村教师由于所处环境等的不同,对其专业素养要求具有一定特殊性。提高农村教育质量,提高乡村教师专业素养已成为教育界和整个社会的共同追求。

一、中国乡村教师生存状况分析

（一）乡村"本校在编教师"数量不足，教师身份构成喜忧参半

充足的教师是保证教育教学顺利进行的前提。虽然近年来乡村中小学教师队伍稳步增长，生师比逐渐降低，但乡村教师"本校在编教师"数量依然紧缺，乡村教师身份构成喜忧参半。我国对教师的编制标准有统一规定，按照国家有关教师编制相关政策的规定，县镇、乡村中小学教职工编制标准统一到城市标准，即高中教职工与学生比为1：12.5，初中为1：13.5，小学为1：19。与2001年《关于制定中小学教职工编制标准意见》中所提及的"农村高中教职工编制标准是1：13.5，初中教职工编制标准是1：18，小学教职工标准为1：23，而城市的标准分别是1：12.5、1：13.5和1：19"[①]相比，现有的编制标准考虑到乡村教育的实际需求，能有效促进城乡中小学教育资源均衡配置。

然而，值得注意的是，尽管现有政策统一了城乡编制标准，乡村学校"本校在编教师"数量不足问题依然严峻。调查显示，我国城市、县城、乡镇、村屯"本校在编教师"数量发展不均衡，城市、县城、乡镇"本校在编教师"数分别占教师总人数的93.82%、94.95%和95.55%，相比之下，村屯"本校在编教师"仅占81.48%，比乡镇少了14.07个百分点。村屯学校"本校在编教师"不足的部分原因是村屯学校边远艰苦，即使给新教师编制也很难吸引优秀人才去村屯学校任教。在村屯学校，代课教师占10.54%，高于城市学校的4.08%、县城学校的4.12%和乡镇学校的1.91%。村屯学校的代课教师比城市和县城高出2.5倍以上，比乡镇更是高出5.5倍以上。城市和县城代课教师偏多主要是因为很多儿童跟随务工父母去城市读书，城市和县城学校生源增加而教师数量、编制不足所致。乡镇学校代课教师远远少于村屯是由于中心校体制所致，特别是在实施了乡镇学区制管理的地区，"中心校统筹"在某种程度上变成了对村屯学校和教学点的变相剥夺。另一方面，与城市、县城和乡镇相比，村屯特岗教师、轮岗教师、支教教师所占比重较多。村屯特岗教师、轮岗教师、支教教师占教师总比例的7.97%，多于城市的2.09%、县城的0.92%和乡镇的2.54%。[②] 在国家政策积极支持支教政策和民间团体的支教热情共同作用下，村屯教师身份更为多元，在没有人愿意去偏远乡村学校任教的情况下，采用轮岗、支教的形式

---

① 中央编办，教育部，财政部.关于制定中小学教职工编制标准意见（国发〔2001〕21号文件）[Z]. 2001-10-8.

② 邬志辉，秦玉友.中国农村教育发展报告2012[M].北京:北京师范大学出版社,2014:237.

进行补充无疑是解决村屯学校"本校在编教师"数量少困境的最佳选择。

(二)乡村教师"年轻化"和"老龄化"并存,"中层塌陷"现象严重

随着近几年国家"特岗计划"、《乡村教师支持计划(2015—2020年)》等政策的倾斜,许多年轻人选择回乡村从事教师职业,乡村教师"年轻化"趋势明显。与乡村教师"年轻化"并存的是"老龄化"和"中层塌陷"现象严重。调查显示,城市的教师30岁以下占比为22.68%,30～50岁占72.67%,50岁以上占4.65%;县城的教师30岁以下占比为19.68%,30～50岁占73.45%,50岁以上占6.87%;乡镇的教师30岁以下占比为24.36%,30～50岁占68.84%,50岁以上占6.8%;村屯的教师30岁以下占比为34.30%,30～50岁占42.95%,31～35岁占12.94%,50岁以上占22.75%。[①] 可以看出,相对于城市教师,乡镇、村屯的30岁以下及50岁以上的教师更多,县城教师50岁以上的教师也比城市教师多。尤其在村屯,30岁以下年轻教师的比例超过教师总比例的三分之一,35岁以下的教师占46.97%,呈现明显的"年轻化"现象,50岁以上教师的占比也达到了五分之一,"老龄化"问题相对突出。与城市、县城、乡镇的30～50岁教师相比,村屯教师落差分别达29.72、30.50、25.89个百分点,处于比较严重的"中层塌陷"现象。

完美的教师结构大致应该呈"倒U形"发展,即30～50岁居多,30岁以下及50岁以上较少。城市教师的年龄分布状态基本呈现"倒U形"发展,县城教师虽然30～50岁年龄比城市教师略多,但也总体分布较好。村屯教师则出现"双波峰"现象。乡村教师的"中层塌陷"现象原因之一是这一年龄段的教师不是被层层抽调到城里学校,就是流失到其他经济较为发达的地区任教或从事其他职业去了。合理的年龄结构是保证学校正常教育教学、科研工作的保障,因此,乡村教师的"中层塌陷"现象需引起重视。

(三)乡村教师学科、职称结构失衡,学科骨干和带头人量少质弱

乡村教师学科、职称结构不合理,学科骨干和带头人量少质弱成为影响乡村教育质量的重要障碍。新一轮教育改革对乡村教师提出了新的要求,要求增加一些新的知识和技能的传授,而乡村教师总体水平远不能满足新一轮教育改革的需要,主要表现为:

第一,学科结构失衡。乡村教师之所以受到社会更为广泛的关注,是由于需要面对与城市教师所不同的专属特性问题,如学生数量少、地区边远、贫困落后等。由于乡村教师职业吸引力低,乡村学校不得不在现有情况下采取一些针对性的适应行为,比如小班化教学、全科教学等。很多乡村学校要么不开这些学科,要么由其他学科教师兼任,要么开课

---

① 邬志辉,秦玉友.中国农村教育发展报告2012[M].北京:北京师范大学出版社,2014:227.

却被其他学科挤占教学时间。在乡村教师队伍中,语文、数学学科教师占大多数,而外语、音乐、体育、美术、综合实践活动等学科课程教师却不足。调查显示,在教师队伍的专业构成中,中文专业都是最多的,平均占到 30.84%;其次是数学专业,平均占到 13.38%;排在第三位的是外语,平均占到 12.55%。其他学科所占比例均较少,相对较多的教育学、体育和物理,分别占 4.30%、4.20% 和 3.48%。教育学相对较多是因为一些师范大学开设了小学教育专业或教育学专业,物理学相对较多可能是与大学开设的科学课程相关。城市相对于县城、乡镇和村屯而言,外语、音乐、体育、美术、计算机等学科教师相对较多。如城市外语教师约占 13.67%,县城占 12.07%,乡镇占 12.51%,村屯仅 8.59%。城市音乐教师约占 3.36%,县城占 3.32%,乡镇占 1.86%,村屯占 2.76%。村屯学校的中文和数学专业教师偏多。城市中文教师约占 29.29%,县城占 32.99%,乡镇占 29.51%,村屯学校却高达 38.65%。城市数学教师约占 13.67%,县城占 12.24%,乡镇占 13.66%,村屯学校占 14.42%。[①]

第二,职称结构不合理。教师职称从侧面反映了教师队伍的整体状况。从全国的情况来看,小学教师中具有高级及以上职称的教师,乡村学校低于城市学校。地区之间也存在地域差别,西部低于中部,中部低于东部,初中与小学的情况类似。我国东部城市小学高级及以上专业技术职称为 59.18%,东部农村为 57.53%;中部城市小学高级及以上专业技术职称为 58.06%,东部农村 52.74%;西部城市小学高级及以上专业技术职称为 58.78%,西部农村为 42.44%。我国东部城市初中阶段中学一级及以上专业技术职称为 63.86%,东部农村为 50.38%;中部城市初中阶段中学一级及以上专业技术职称为 64.59%,东部农村为 53.21%;西部城市初中阶段中学一级及以上专业技术职称为 60.50%,东部农村为 41.64%。[②] 相反,乡村学校初级职称教师所占比例却很高。对于乡村学校,尤其是中西部的乡村学校今后应重视对优秀人才的培养和选拔,并在严格评审标准的基础上适当加大高级职称的比例。

第三,学科骨干和学科带头人量少质弱。骨干和学科带头人的多少,在一定程度上反映着一所学校教师的整体水平,也会对教育教学质量产生影响。所谓骨干教师,是指那些具备较高业务素质,能在学校教育教学中发挥核心作用和示范作用,能在学校发挥领头作用、作为领军人物的教师。从拥有市级骨干和省级骨干荣誉称号的教师比例来看,乡村教师处于绝对弱势。城市教师中拥有市级骨干教师荣誉称号的比例要明显高于乡镇和村屯教师,城市为 6.57%,县城为 5.88%,乡镇为 2.55%,村屯为 3.62%。拥有省级骨干荣誉

① 邬志辉,秦玉友.中国农村教育发展报告 2012[M].北京:北京师范大学出版社,2014:274.
② 教育部发展规划司.2009 年全国教育事业发展简明统计分析,2010 年 4 月.

称号的比例也表现为相似的趋势,城市为 1.96％,县城为 2.10％,乡镇为 0.51％,村屯为 1.21％。[①] 乡村教师学科、职称结构失衡,学科骨干和带头人量少质弱是制约乡村教育发展的主要因素之一。因此,乡村教师队伍建设的一个重要任务是优化乡村教师队伍结构,均衡配置师资,着力提高师资质量水平。

(四)乡村教师待遇偏低,工作保障性条件相对较差

我国《教师法》规定:"教师的平均工资水平应当不低于或高于国家公务员的平均工资水平,并逐步提高。"2008 年国务院常务会议审议并原则通过《关于义务教育学校实施绩效工资的指导意见》。会议决定从 2009 年 1 月 1 日起,在全国义务教育学校实施绩效工资,确保义务教育教师平均工资水平不低于当地公务员平均工资水平,同时对义务教育学校离退休人员发放生活补贴。然而,在相当多的乡村地区,特别是贫困地区的农村中小学校,这些政策尚未得到真正落实,乡村教师工资待遇普遍偏低。

以浙江省为例,相关研究通过对杭州、嘉兴、湖州、宁波、金华、绍兴、温州、衢州、舟山、台州、丽水共 11 个地区乡村教师工资报酬的调查表明,57.36％的乡村教师月收入在 2000～3000 元之间,24.13％的乡村教师收入在 3000～4000 之间,在 4000 元以上的占 15.24％,另有一小部分代课教师的收入在 2000 元以下。[②] 这个结果与全国人大常委北京师范大学庞丽娟教授近两年在全国范围的调研结果相吻合。庞丽娟代表认为"我国农村教师的月工资基本在 2300～3500 元间"。[③] 浙江省人力资源和社会保障厅在 2014 年 6 月 5 日发布的《浙江省人力资源和社会保障厅关于发布 2013 年全省在岗职工年平均工资的通知》中确认,2013 年浙江省在岗职工(含私营经济单位的全社会单位)年平均工资为 44513 元。这意味着浙江省在岗职工每个月的平均工资为 3709 元。[④] 可以看出,大部分浙江省乡村教师的收入低于在岗职工的平均收入水平。不仅如此,拖欠教师工资问题在一些地方时有发生,在对甘肃、宁夏、贵州三省区的调查中,只有 50.7％的教师反映工资能够每月按时发放。三省区有 65.4％的教师认为城市和乡村教师的收入差距巨大,影响了乡村教师的工作积极性。据《中国教育报》报道,即使在广东这样经济发达地区,城乡教师的收入差距极大。据悉,广东省公办中小学教师与公务员每月工资水平分别为 2608 元

---

①　孙颖.基于内部异质化的乡村教师队伍建设研究[J].中国教育学刊,2016(9):83.

②　周华青.农村教师幸福感及其获得策略[J].教育发展研究,2015(6):76.

③　周小璐.庞丽娟代表:提高农村教师待遇　加强农村教师队伍建设[N].中国青年网,2015-03-13.

④　浙江省人力资源和社会保障厅.浙江省人力资源和社会保障厅关于发布 2013 年全省在岗职工年平均工资的通知(浙人社函〔2014〕43 号),2014-06-05.

和 3772 元,相差 1164 元。112 个县(不含东莞、中山 2 市)中,教师平均工资水平比公务员低的县有 86 个,占 70.5%;月均工资水平差距在 500 元以上的县有 49 个,占 40.1%。[①]

除工资薪酬的差距外,乡村教师住房、医疗保健、工作环境等保障性条件相对较差的情况也十分突出。乡村教师既没有福利性分房,也买不起商品房,又不能像农村一样有宅基地,许多乡村教师住房困难,青年乡村教师无房可住的情况尤为严重。对甘肃、宁夏、贵州三省区的调查显示,73.7%的乡村教师没有住房,其中,贵州乡村教师没有住房的平均占到 74.5%,宁夏占到 83.1%,甘肃占到 62.7%。根据对甘肃某县的调查,县城教师有自己住房的教师占 85.8%,乡镇教师中有自己住房的占 50.5%。

缺乏医疗保健保障也是乡村教师所面临的一大问题,甘肃某县县城教师中有医疗保险的占 90.1%,乡镇教师有医疗保险的占 62.2%,县城教师有医疗保险的比例远远大于乡镇教师。而 97.2%的乡村教师反映从不或很少参加教师体检,除了高级职称教师偶尔会有教育部门组织的身体检查外,绝大多数乡村教师均没有享受到每年一次的体检。[②]同时,绝大部分乡村学校特别是村屯学校工作环境相对不良,乡村学校校园面积小,设施相对陈旧,专用教具配备很不健全,几乎没有什么新置办的教学仪器,多媒体教室少之又少,更不用说校园网、空调等现代化设备了。生存需求是教师职业幸福感获得的物质基础,社会支持是幸福感获得的外部条件。工资水平、工作环境、医疗保障等外在保障性条件的城乡差别使乡村教师无法从物质需求、主体外在体验等方面获得职业幸福感,很多乡村教师因此希望能调到工资更高、劳动条件更好、人际关系更佳的学校,严重影响了乡村教师工作的积极性。

(五)流动率高,师资流失严重

乡村教师流失既是经济、社会、文化、教育等多方面城乡差异引发的结果,也是政策管理方面缺乏有效调控导致的。由于我国城乡经济、教育发展水平的悬殊,加上在城市化进程中,城市教育得到重点发展,城市教师拥有更多的发展机会,而乡村教师却遭到相对忽视,城市化进程中乡村教育呈现"凋敝"状态。乡村学校很难吸引优秀教师任教,也很难留得住优秀教师。优秀乡村教师流失主要表现为两种形式:一是显性流失,即乡村教师离开学校教师岗位,去其他地区任教或从事其他职业;另一种是隐性流失,即教师虽然在教师

---

① 赖红英.公认的难题可以成为历史——解读广东解决代课教师和教师工资福利待遇问题工作方案[N].中国教育报,2008-9-14.

② 王嘉毅.多维视觉中的农村教师[M].北京:北京师范大学出版社,2011:20.

岗位,但失去了工作积极性和主动性,将教师职业作为谋生的手段,将重心放在第二职业或忙于其他私人事务,这两种形式都是乡村教师对自身所处岗位的一种消极认可。

外在影响力和内在认可度都是影响教师流动的重要原因。经济待遇差、工作压力大、社会地位低、工作条件差、学生不好教等也是造成乡村教师流失的重要原因。有研究对307名县城优秀教师和295名乡村优秀教师进行调查,表明优秀教师由县城流动到乡村的"支援性流动"比例为8.1%,而从乡村到县城的"向城性流动"比例高达86.7%。① 尽管有的乡村教师并未产生离职行为,但仍有部分教师有离职意向。这些留守在乡村中小学教师的自我定位和职业认同感偏低,欠缺服务农村教育的意识,在工作上表现为出工不出力,消极怠工。调查显示,48.1%的乡村小学教师表示"比较愿意"或"非常愿意"调离教师岗位,50.0%的乡村中学教师表示"比较愿意"或"非常愿意"调离教师岗位。城市学校教师的比例为则低很多,省城小学教师表示"比较愿意"或"非常愿意"调离教师岗位为22.7%,省城中学教师表示"比较愿意"或"非常愿意"调离教师岗位为39.8%。其中,在离职的原因调查中,乡村小学教师认为工作压力大占72.2%,经济待遇低占62.1%,社会地位低占57.6%,工作条件差占36.5%,学生不好教占25.4%。乡村中学教师也认为经济待遇和工作压力是促使其有离职意向的主要原因。② 乡村教师流失导致学科结构不合理、教师结构性短缺,有的学科教师过剩而有的学科教师缺乏。为落实课程标准,部分乡村教师被迫跨学科教学或改学科教学,这一方面造成教育资源的浪费,另一方面也直接影响乡村教师队伍建设动力和乡村教育质量。

(六)乡村教师教学任务繁重,工作量超负荷

据2012年的数据统计,全国乡村小学规模日趋小型化和微型化,校均不足30人的学校占26.84%,超过全国乡村小学总数的四分之一;不足10人的教学点占10.36%。对于微型乡村学校来说,传统的按师生比配置教师的政策会导致教师数量偏少。在211～240人的小学,平均每所学校能配置教师13.07人;101～110人的学校能配置8.61名教师;41～50人的学校只能配到4.95人;1～10人的教学点仅能配到1.49名教师。在教师编制紧张的情况下,为了尽快完成国家规定的教学任务,乡村学校教师不得不承担多门课程的教学,专业对口率低。从城乡任教科目看,城市和县城教师平均只教授1.14门课,乡镇教师平均教授1.41门课,而村屯教师需要教2.38门,村屯教师教学任务更为繁重。③

---

①　邬志辉,秦玉友.中国农村教育发展报告2013—2014[M].北京:北京师范大学出版社,2015:218.

②　王慧.农村中小学教师素质的现状、问题及对策研究[D].西北师范大学硕士学位论文,2008:85.

③　邬志辉,秦玉友.中国农村教育发展报告2012[M].北京:北京师范大学出版社,2014:284.

不仅如此,因教师人数相对较少,教师流动率高,一个乡村教师常常需要身兼多职,不仅需要花大量时间备课、批改作业、讲课,还需要参加各种业务活动。调查显示,乡村教师平均每星期讲课所需时间在 10 小时以下的占 6.5%,10～20 小时占 72.3%,20～30 小时占 18.7%,每周讲课 10～20 小时占大多数,也就是说大部分乡村教师平均每天讲课 2～4 小时。尽管讲课时间不多,但加上备课、批改作业、班级管理、教研活动、家访、政治学习和各种会议等,乡村教师工作量非常大。调查显示,45.8%的乡村教师每星期需要花 5～10 小时的时间备课,而 20.1%的乡村教师认为每周需要花费 10～15 小时备课;43.5%的乡村教师认为每周需要花 5～10 小时批改作业,22%的乡村教师则认为每周需要花 10～15 小时;72.9%的乡村教师认为每周需要花 3 小时以下参加教研活动,50%的乡村教师认为每周需花 3～9 小时组织或辅导学生课外活动,80.4%的乡村教师认为每周需花费 3 小时以下进行政治学习。[①] 由此可以看出,绝大多数乡村教师的工作量都处于超负荷状态。因此,提高乡村教师配置比例、厘清教师应承担的工作任务、规范教师教学工作量制度、减轻乡村教师的教学负担尤为重要。

(七)乡村教师培训机制不健全,教师专业成长受阻

乡村教师是我国乡村教育事业的主要承担者,要使乡村教师具有与其能力相适应的教育教学思想、先进的教学方法,促进乡村教师专业成长,教师培训显得尤为重要。数据表明,参加教师培训(85.71%)、参与教研活动(58.93%)和进行课题研究(55.36%)是乡村教师希望采取的主要专业发展路径。[②] 其中,大多数教师认为乡村教师培训是促进其专业成长最为有效的方式。乡村教师培训是促进乡村教师专业发展、提高乡村教师整体素质、推进乡村学校教育改革的重要途径。教师培训能促进教师专业发展,对教师专业理念与师德、专业知识能起到显性促进作用,对教师专业能力方面能起到隐性促进作用。新世纪课程改革以来,乡村教师培训受到了前所未有的重视,但乡村教师培训机制仍不健全,质量保障体系有待进一步完善。

第一,乡村教师参加培训机会难得。乡村教师参加培训的积极性较高,调查显示,大部分教师对参加培训抱有较大的热情与积极性。"参加培训的主要原因"中,55.9%的被调查者选择"自身发展的需要"作为参加培训的主要原因,"上级规定"的原因占到 48.4%,"评职称的需要"占 20.8%。另一方面,与乡村教师培训积极性较高相对应的是

---

① 王嘉毅.多维视觉中的农村教师[M].北京:北京师范大学出版社,2011:41-43.

② 潮道祥,邱志飞,钟鸣.乡村教师培训工作和乡村教师发展路径调查研究[J].教师教育论坛,2015(10):81-85.

教师个人负担培训费用比重过大;本地乡村教师还要兼顾家中农活,很难抽时间外出学习。90.9％的教师培训费用完全由自己支付,由学校支付、学校与教师共同支付或上级教育行政部门支付的占极少数。河南省信阳市平桥区教育局在对该区5120名初中、小学教师进行问卷调查显示,有2270名教师认为教师负担过重,没有时间进行教育科研活动,占问卷总数的44.3％。[①] 培训费用高、工学矛盾突出等困难,影响了乡村教师参加继续教育的热情。

第二,乡村教师培训内容缺乏针对性。过往的研究已指出,乡村教师培训目标多没有结合乡村教师实际进行有效的制定。[②] 其突出表现为:乡村教师培训的"向城性"。乡村教师培训漠视城乡差异,缺乏必要的设计与调整,与城市教师培训没有实质性的差别,忽视乡村教师群体的特殊性与乡村教师教学环境的特殊性。乡村教师培训项目或培训主题往往是不同培训项目负责人根据自身经验和现有资源进行整合设计的,每次培训基本上是相对独立的,培训内容较为分散,缺乏前后关联与呼应,亦缺少调研和需求分析。这会导致乡村教师培训目标定位不明确,内容缺乏针对性。调查显示,乡村教师在培训内容的选择上,倾向于选择实际工作所需要的内容。其中,课堂教学技能是乡村教师培训内容的首选,占75.8％;其次是班级和学生管理技能,占53.6％,教育理论占41.2％,网络信息技术等现代教育技术占34.7％,心理健康和留守儿童教育分别占31.4％和29.4％。同时,乡村教师更倾向于向一线优秀教师、教学名师及特级教师等教学经验丰富的优秀同行学习,乡村教师对培训者的需求依次为一线优秀教师(74.5％)、教学名师(60.8％)、特级教师(29.7％)、教研员(19.0％)、高校专家教授(18.3％)、教材编写者(17.0％)、教育行政领导(2.6％)。[③] 然而,现有乡村教师培训很多是由一些大学和科研机构里的专家进行授课,这些专家虽然具备高深的专业水平,但对乡村教育教学情况可能知之甚少。现有乡村教师培训内容多注重宏观理论的讲解,与乡村教师所需求的实践性、针对性、操作性、技能型培训内容不相符合。

第三,乡村教师培训方式较为单一。乡村教师培训多采用集中授课的形式,主要形式之一就是专题讲座。培训者往往以自我为中心,使培训沦为"满堂灌"或简单的说教,这种单向度的信息传递方式难以调动培训的课堂气氛,致使参加培训的乡村教师丧失学习兴趣,无法发挥主动性与主体性,难以激发参与热情。虽然现行的乡村教师培训也会加入一些教学案例、课堂观摩、教研活动等多样化的教学形式,但受到各方面条件的限制,单向的

---

① 谭细龙.探寻农村教育发展之路[M].合肥:安徽教育出版社,2009:348.
② 李长娟.偏远乡村地区教师培训的实践探微与路径突破[J].教学与管理,2015(12):33-35.
③ 何小忠,韩念佟.乡村教师培训需求的特点分析及其启示[J].教师教育论坛,2007(1):35.

"满堂灌"的授课方式仍然比较常见。因此,如何提高乡村教师培训方式的灵活性也是乡村教师培训实践中需要解决的重点问题。

第四,乡村教师培训评价方式欠缺激励性。乡村教师培训评价是对培训的有效监督与激励。[①] 在乡村教师培训中,对于参加培训教师的评价往往只有考勤记录、作业成绩等,而这些评价最终多流于形式,对考勤没有严格要求,作业也大多被束之高阁,很少再反馈给参加培训的乡村教师。对于教师培训效果评价倾向于简单的终结性评价,以量化的标准衡量所有参加培训的乡村教师,往往结业证书拿到手就意味着培训的终结,而实际培训效果则无人问津。考核评价机制缺乏激励性一定程度上影响了乡村教师培训的整体质量。

二、教师专业素养概念及结构

乡村教师的专业素养是制约乡村基础教育发展和教育质量提高的关键因素。乡村中小学教师是履行乡村基础教育工作职责的专业人员,需要经过严格的培养与培训,具备良好的职业道德,掌握系统的专业知识和专业技能。研究乡村教师专业素养结构,可为高师院校制定培养方案、设置课程体系、改革教育教学方式提供依据,使教师职前培养与乡村基础教育更具适切性。

(一)教师专业素养与乡村教师专业素养

1. 教师专业素养

对教师专业素养内涵的认识,历来见仁见智,众说纷纭。专家学者对教师专业素养的定义具有代表性的主要有以下几种:

林崇德认为:教师素养是指在日常的教育教学工作中,教师所表现出来的,对其教育教学效果有决定作用,并且直接而显著地影响着学习者的个体成长与身心发展的心理品质的总和。[②]

教育部师范教育司在其编著的《教师专业化的理论与实践》一书中指出:教师的专业素养是以一种结构形态而存在,可以被看作是教师拥有和带往教学情境的知识、能力和信念的集合。[③]

---

① 张鳗鳗,魏春梅.乡村教师培训存在的问题分析及对策思考[J].教师教育研究,2016(5):74-79.
② 林崇德.教师素质的构成及培养途径[J].中小学教学培训,1998(1):10-14.
③ 教育部师范教育司.教师专业化的理论与实践[M].北京:人民教育出版社,2003:33.

张豪锋、张水潮认为：教师的专业素养是以一种结构形态而存在，被看作是教师所拥有的教学情境的知识、能力和信念的集合，它是在教师具有优良的先天特性的基础上经过正确而严格的教师教育所获得的。[①]

吴友华、熊林江认为：教师专业素养是经过系统的师范教育，并在长期的教育实践中逐渐发展而成的具有专门性、指向性和不可替代性的素养。[②]

罗蓉、李瑜认为：教师的专业素养就是教师作为专业人员应具备的多方面的专业要求，把教师的教育行为与教育活动视为专业表现领域，是顺利进行教育活动的前提，也是教师胜任工作的基本条件。[③]

胡重庆认为：教师专业素养是指教师通过教育教学实践逐渐培养起来的，体现在日常教育教学活动之中的，对教师职业的认知，以及教师专业能力和教师职业理念与职业道德的统称。[④]

宋来红认为：教师专业素养是指教师在教育实践中获得的、在教育实践中体现出来并直接作用于教育过程的心理品质，是教师从事教育教学工作的心理条件，包括专业知识、专业能力以及专业精神，其中专业知识和专业能力是教师行为的基础，专业精神是教师行为的动力。[⑤]

郭少英、朱成科认为：教师专业素养是指从事教育教学工作所应具备的素质与修养，是教师经过职前系统的师范教育，并在长期的教育实践中逐渐发展而成的，是教师专业知识、专业能力与专业认知的总和，它具有专业性、指向性和不可替代性。[⑥]

综观以上学者们对教师专业素养所下的定义，教育部师范教育司的定义最为抽象也最为基本。其他学者或从专业素养的功能作用或从专业素养的结构或从专业素养的形成过程，提出了教师专业素养的概念。

我们认为，教师专业素养是指教师从事教育教学工作所应具备的专业知识、专业能力和专业情意的集合，是教师胜任教书育人工作的基本条件。它是教师经过职前系统的师范教育培养，并在长期的教育实践中逐渐发展形成的具有专业性、指向性和不可替代性的综合素养。

① 张豪锋,张水潮.教育信息化与教师专业发展[M].北京:科学出版社,2008:50.
② 吴友华,熊林江.中学体育教师专业素质文献综述[J].教育管理,2010(4):94.
③ 罗蓉,李瑜.教师专业发展:理论与实践[M].北京:北京师范大学出版社,2012:44.
④ 胡重庆.反思性实践者范式下教师专业发展研究[M].成都:巴蜀书社,2013:66-67.
⑤ 宋来红.教师专业素养的思考[J].华章,2013(32):157.
⑥ 郭少英,朱成科."教师素养"与"教师专业素养"诸概念辩[J].河北师范大学学报(教育科学版),2013(10):67-71.

这一概念的界定,包含以下几层含义:

第一,教师专业素养是作为教师职业所应具有的独特的专业知识、专业能力和专业情意,区别于其他职业或专业。教师专业素养常常体现在日常的教育教学活动之中。

第二,教师专业素养是对教师胜任教书育人工作的基本要求,对教师的教育教学效果具有决定作用,而且直接影响着学生个体的身心发展。

第三,教师专业素养是以一种结构形态而存在的,它是由专业知识、专业能力和专业情意等一系列素质要求构成的集合,是对教师的整体要求。

第四,教师专业素养的养成是教师教育培养培训并经过长期教育实践锻炼的结果。教师专业素养一般要经过职前师范教育系统培养、职后教师教育培训,并在长期的教育教学实践中通过教师自身的努力逐渐形成和发展起来的。教师专业素养的提升过程也就是教师个体专业化的过程。

2. 乡村教师专业素养

乡村(农村),是行政区划意义上的一个地域概念。广义的农村指县、乡(镇)、村等行政区域,狭义的农村则是指乡(镇)、村等行政区域。鉴于当前我国城镇化进程的趋势,县镇教师的生存环境和生活质量已和城市相当接近,我们采用国家统计局对农村的定义,从狭义的角度把乡村界定为我国的乡(镇)和村等行政区域。据此,我们对乡村教师进行如下界定:(1)乡村教师是以乡村人口为教育对象并为乡村社会经济发展服务的教育工作者;(2)乡村教师生活工作在县以下的乡镇和村落学校;(3)乡村教师主要指农村基础教育阶段的教师。[①]

乡村教师与城市教师,在素质要求上并无本质区别。我们可以由教师专业素养的定义推导出乡村教师专业素养的定义。乡村教师专业素养是指乡村教师从事教育教学工作所应具备的适合农村教育特质的专业知识、专业能力和专业情意的集合,是教师胜任乡村基层学校教书育人工作的基本条件。它是教师经过职前系统的师范教育培养,并在长期的乡村教育教学实践中逐渐发展形成的具有专业性、指向性和不可替代性的综合素养。

(二)教师专业素养结构

多数学者认为,教师专业素养是以一种结构形态而存在的。因此必须研究教师专业素养结构,即教师专业素养的组成部分。关于教师专业素养结构的划分,诸多专家学者均有各自的见解,有三分法、四分法、五分法等。

三分法较有代表性的观点如下:

---

① 唐松林.中国农村教师发展研究[M].杭州:浙江大学出版社,2005:5.

叶澜将教师专业素养分为教育理念、知识结构、能力结构三部分。她认为教师首先要具备与时俱进的教育理念,并以此作为基本理性的支点;其次要具备与时俱进的专业知识;最后要具备教学能力。[1]

马宁、余胜泉认为教师应具备的专业素养包括三个维度:情意与规范维度、知识素养维度、能力素养维度。[2]

杨天平等人把教师专业素养分为教育理念与师德、知识结构、能力结构三方面。[3]

艾伦认为教师专业素养应包括学科知识、行为技能、人格技能三部分。[4]

教育部师范教育司从专业知识、专业能力、专业情意对教师专业素养进行划分。[5]

林瑞钦认为教师专业素养结构由所教学科的知识(能教)、教育专业技能(会教)、教育专业精神(愿教)构成。[6]

姚念章把教师专业素养划分为认知系统、情意系统、操作系统三部分。[7]

四分法较有代表性的观点如下:

罗蓉、李瑜将教师专业素养划分为专业知识、专业技能、专业情意、专业精神四方面。[8]

钟祖荣认为教师专业素养应包括道德素养、教育观念、专业知识、专业能力。[9]

绕见维认为教师专业素养由教师通用技能、学科技能、教育专业技能、教育专业精神四部分构成。[10]

白益民把教师专业素养分解为教育信念、知识和能力、专业态度和动机、专业自主发展的需要和意识四部分。[11]

廖龙龙认为教师专业素养包括先进的教育理念、完善的专业知识结构、较强的教育科研能力、信息化的教学能力。[12]

五分法较有代表性的观点如下:

① 罗蓉,李瑜.教师专业发展:理论与实践[M].北京:北京师范大学出版社,2012:42.
② 马宁,余胜泉.信息时代精神专业素养的新发展[J].中国电化教育,2008(5):1-7.
③ 杨天平,申屠江平.教师专业发展概论[M].重庆:重庆大学出版社,2012:113-114.
④ 艾伦.教师在职培训:一项温和建议[M].北京:人民教育出版社,1991:494-512.
⑤ 教育部师范教育司.教师专业化的理论与实践[M].北京:人民教育出版社,2003:34.
⑥ 刘阳.新课改背景下农村中小学教师专业发展问题与对策研究[D].东北师范大学,2008.
⑦ 姚念章.教师专业素质结构与高师课程改革[J].河北师范大学学报,2000(3):63.
⑧ 罗蓉,李瑜.教师专业发展:理论与实践[M].北京:北京师范大学出版社,2012:44.
⑨ 钟祖荣.现代教学导论——教师专业发展指导[M].北京:中央广播电视大学出版社,2001.
⑩ 绕见维.教师专业发展:理论与实务[M].台湾:五南图书出版公司,1996:173.
⑪ 刘阳.新课改背景下农村中小学教师专业发展问题与对策研究[D].东北师范大学,2008.
⑫ 廖龙龙.关于农村中小学教师专业素质状况的调查与思考[J].远程教育杂志,2005(2):48.

林崇德将教师专业素养分为职业理想、知识水平、教育观念、教学监控能力、教学行为和策略五部分。[①]

洪早清、吴伦敦认为教师专业素养包括职业信念、知识结构、能力体系、教育理念、职业道德。[②]

周跃良把教师专业素养划分为专业精神、专业理念、专业知识、专业能力、专业智慧五个方面。[③]

林义浚从普通素养、专业技能、专业态度、人格特质、专业学科素养五方面对教师专业素养进行了划分。[④]

无论是三分法、四分法还是五分法,综合各家观点,我们认为,教师专业素养最核心的组成部分为专业知识、专业能力和专业情意,其中专业情意可进一步展开为职业道德、专业理念或职业信念、专业精神或专业态度、专业智慧、人格特质等。教育部2012年制定的中小学《教师专业标准》中,将教师专业素养分为专业理念与师德、专业知识、专业能力三个维度,被视为对教师专业素养结构最权威的解读。

三、中国乡村教师专业素养现状分析

教师专业素养是教师在教育教学活动中表现出来的,决定其教育教学效果,对学生身心发展有直接而显著影响的各方面素质的总和。乡村教师专业素养不高是制约乡村教育发展的主要瓶颈。

第一,乡村教师专业理念与师德现状分析。教师专业理念与师德包括教师对职业的理解与认识、教育教学的态度与行为、对学生的态度与行为、个人修养与行为等方面。在市场经济与多元价值观的冲突下,不少乡村教师将自己的工作商品化,过分看重个人利益,淡化从教情感、敬业精神与育人意识,专业理念与师德状况堪忧。个别乡村教师将主要精力放在"家务""农活"或热衷于"第二职业"上。调查显示,一些年轻乡村教师选择教师职业是"听从父母的意见"或"出于就业压力过大"等方面的考虑,小学教师占22.37%,中学教师占18.41%;12.0%的小学教师和20.42%的中学教师把"做好工作,照顾家庭,培养子女"作为努力方向,把"工作上有成绩"作为"生活上有享受"的追求目标。更有一些

① 罗蓉,李瑜.教师专业发展:理论与实践[M].北京:北京师范大学出版社,2012:43.
② 洪早清,吴伦敦.教师职业素养导论——师范生读本[M].武汉:华中师范大学出版社,2011.
③ 周跃良.信息化环境中的教师专业发展[M].北京:科学出版社,2008:9.
④ 刘阳.新课改背景下农村中小学教师专业发展问题与对策研究[D].东北师范大学,2008.

教师热衷于有偿补课,对学生思想表现关心甚少,对课上、课下出现的违纪违规现象不闻不问。有29.58%的小学教师和39.09%的中学教师对乡村教育前景的看法是不乐观和很不乐观的;有31.78%的小学乡村教师和23.16%的中学乡村教师从不为学生无偿补课。[1] 此外,还有36.9%的人认为当地乡村教师的思想素质较好或很好,而认为较差和很差的占14.1%,认为一般的占47.7%。总体上,乡村教师专业理念与师德状况趋向于"一般",有待于进一步提升。

第二,乡村教师专业知识现状分析。虽没有证据显示,学历与教师专业知识多寡有必然相关性,但学历代表了一个人求学的经历,代表着个人受教育的层级及程度。研究显示,与城市教师相比,乡村教师学历、受教育程度偏低。乡村教师第一学历的平均受教育年限超过13年,中专是主体。乡村教师最高学历的平均受教育年限接近15年,本科是主体。本科和研究生学历比例城市高于乡村,大专和中专学历比例则乡村高于城市。城市、县城、乡镇及村屯教师本科和研究生学历所占比例分别为77.83%、64.79%、61.83%和35.09%,村屯学校最低,要比城市低42.74个百分点,城市是村屯的2.2倍。[2] 城市、县城、乡镇及村屯教师学历近几年仍有大幅度提高,但城市教师学历上升幅度明显大于乡村教师。

教师专业知识一般包含教育知识、学科知识、学科教学知识和通识性知识。教育知识主要是指教师的教育学、心理学方面的知识;学科知识包括所教学科的基本知识、原理、思想与技能等方面的知识;学科教学知识是教师课堂教学必需的,主要包括教师所教学科的课程标准、课程资源开发、学生掌握所教学科内容的认知特点,以及教师教授所教学科知识的方法和策略;通识性知识则是指信息技术知识、自然科学与人文社会科学等多学科知识。调查研究显示:教育知识方面,所调查的乡村教师在实践中能很好运用教育学、心理学知识的均值为3.6239,所占比例为55.5%,基本能很好运用的乡村教师所占比例为39.9%,说明乡村教师在教学实践中运用教育学、心理学知识的能力处于较高水平。学科知识方面,乡村教师的学科知识掌握程度处于较高水平。需要注意的是,这个结论具有一定的相对性,因乡村学生知识面相对狭窄,乡村教师认为自己现有的教学知识足以应对课堂教学,这也可能是出现以上结果的原因之一。学科教学知识方面,乡村教师认为自己的学科知识在课堂教学中仍有待提高。通识知识方面,对自己通识知识满意的乡村教师比例为40.7%,基本满意的占39.0%,不满意的占20.3%。总之,所调查乡村教师的科学文化知识水平相对于教师专业的知识标准仍有一定的差距。

---

① 张昌勋.福建农村中小学教师师德现状调查与对策研究[J].福建论坛,2011(8):161-164.
② 邬志辉,秦玉友.中国农村教育发展报告2012[M].北京:北京师范大学出版社,2014:258..

第三,乡村教师专业能力现状分析。教师专业能力主要体现在教学设计、教学实施、班级管理与教育活动、教学评价、沟通与合作及反思与发展六个方面。其中,教学设计、教学实施与教学评价是课堂教学的必要环节;班级管理与教育活动是课堂教学的辅助条件;沟通与合作促进了家长、教师与学生的沟通与交流;反思与发展是改善课堂教学与提高教师教学能力的重要途径。对我国西南地区乡村教师专业能力的调查显示,六项能力的均值由高到低依次为:沟通与合作(3.8486)、反思与发展(3.7037)、班级管理与教育活动(3.6901)、教学实施能力(3.6835)、教学设计能力(3.6560)、教学评价能力(3.6555)。[1]这表明乡村教师在教学实践中的教学实施能力、教学设计能力、教学评价三大能力相比其他能力而言处于相对劣势。对我国西北地区的研究也表明,乡村教师在课堂上占据着绝对主动的地位,学生缺乏参与,只是听、记、背。"学生上课时要安静、端坐、背手、眼睛看黑板""向学生的提问除了总结段落大意外,其他的几乎是封闭式问题,如'对不对''好不好'"。有些乡村学校教师自始至终只用了"注入式"教学这一种教学方法,教师在课堂教学中的教学方法单一,常年使用讲授法,无法调动学生的积极性。学生在上课过程中不能与教师进行必要的、充分的和实质性的交流与互动。[2] 教师在教育教学中的困难甚至是由一些最基本的教育教学能力欠缺而导致的。比如大多数乡村教师存在的一个问题是普通话不标准,教师上课是普通话夹杂着方言,课下生生之间、师生之间的交流基本都用方言。教师的课题管理能力也相对较差,基本都是以强制性管理为主,教师更多地要求学生对权威和规定的服从,而课堂教学模式几乎均为端坐静听,"令我记忆颇深的是鲁老师的一年级语文课,在这节学习汉语拼音的课上,鲁老师在课堂中,有 7 次使用同样的语言来要求学生遵守纪律。这句话就是'321,坐整齐'"。[3]

教师的专业素养不仅决定着教育教学质量,而且在一定程度上直接决定着学生的入学率与巩固率。从整体上看,乡村教师专业素养不高,教学水平和教育能力有待于进一步提升。

四、乡村教师专业素养的基本要求

教育部制定的《教师专业标准》是国家对基础教育教师专业素养的基本要求。在《中

---

① 张晓亮.我国西南地区乡村教师专业发展的现状调查与对策研究[D].西南大学硕士学位论文,2015:32-33.

② 王嘉怡,吕国光.西北少数民族基础教育发展现状与对策研究[M].北京:民族出版社,2006:63.

③ 赵明仁.课堂教学评价研究——在一所西北藏民小学中的探索[D].西北师范大学硕士论文,2002:47.

学教师专业标准(试行)》中,从专业理念与师德、专业知识、专业能力三个维度分解为 14 个领域,提出 61 条基本要求;在《小学教师专业标准(试行)》中,从专业理念与师德、专业知识、专业能力三个维度分解为 13 个领域,提出 58 条基本要求。

从学理上讲,乡村教师与城市教师在素质要求上并无本质区别。《教师专业标准》既然是国家对基础教育教师专业素养的基本要求,乡村教师均应首先具备这些基本条件。除此之外,由于乡村教师所处的生活工作环境及教育对象的特殊性,在专业理念、专业知识、专业能力上还需具备一些特殊的素质。

(一)专业理念与师德

1. 与时俱进的教育理念

教育理念是一种理想化、信仰化了的教育观念,是指教师在对教育工作本质理解基础上形成的关于教育的观念和理性信念。是否具有对自己所从事职业的执念,是专业人员与非专业人员的重要差别。由经验式、无意识的朦胧教育信念向以知识、系统理论为基础的教育信念不断演进,以至有意识地构建清晰、理想的教育理念,并随着时代的发展随时予以更新,是教师走向专业成熟的一个重要维度。[①]

《教师专业标准》提出中小学教师应具有下面四个基本理念:

(1)学生为本:尊重学生权益,以学生为主体,充分调动和发挥学生的主动性;遵循学生身心发展特点和教育教学规律,提供适合的教育,促进学生生动活泼学习、健康快乐成长,全面而有个性地发展。

(2)师德为先:热爱教育事业,具有职业理想,践行社会主义核心价值体系,履行教师职业道德规范。关爱学生,尊重学生人格,富有爱心、责任心、耐心和细心;为人师表,教书育人,自尊自律,以人格魅力和学识魅力教育感染学生,做学生健康成长的指导者和引路人。

(3)能力为重:把学科知识、教育理论与教育实践相结合,突出教书育人实践能力;研究学生,遵循学生成长规律,提升教育教学专业化水平;坚持实践、反思,再实践、再反思,不断提高专业能力。

(4)终身学习:学习先进教育理论,了解国内外中小学教育改革与发展的经验和做法;优化知识结构,提高文化素养;具有终身学习与持续发展的意识和能力,做终身学习的典范。

乡村教师除了具有这四个理念外,还应该具有"面向农村,服务经济,不求人人升学,

---

① 蔡勇强,黄清,李建辉.基础教育学[M].厦门:厦门大学出版社,2010:80-81.

但求人人成才"的教育价值观与质量观。[①]

就空间维度而言,一是农村教育的普及性是教师的第一责任,乡村教师要让农村所有儿童入学,把厌学与辍学减少到最低程度,尽可能帮助他们完成九年义务教育;二是乡村教师要面向有差异的学生,使人人成才。

就时间维度而言,乡村教师应该从人的终身发展与国家的长远发展角度,考虑如何使农村孩子具有基础性、动力性和终身学习的知识与能力。这是乡村教师的重要责任,乡村教师如果不能为农村孩子未来考虑,乡村教师之于农村的特殊价值就不能发挥出来,农村教育中的许多问题则无法解决。

就内容维度而言,追求大众教育,使知识下移,实现农科教结合是乡村教师的又一重要责任。知识具有巨大的经济价值,不仅可以推动社会经济的发展,还可以使个体发财致富,为个体提供生存保障。乡村教师要认识到知识的经济意义,关注学生的谋生与致富本领,使农村教育从"知识—升官"向"知识—生存"转变。

2. 高尚的师德

中华人民共和国教育部、中国教科文卫体工会全国委员会 2008 年 9 月 1 日颁布《中小学教师职业道德规范》,对中小学教师的师德提出了明确而具体的要求。

第一,爱国守法。热爱祖国,热爱人民,拥护中国共产党领导,拥护社会主义。全面贯彻国家教育方针,自觉遵守教育法律法规,依法履行教师职责权利。不得有违背党和国家方针政策的言行。

第二,爱岗敬业。忠诚于人民教育事业,志存高远,勤恳敬业,甘为人梯,乐于奉献。对工作高度负责,认真备课上课,认真批改作业,认真辅导学生。不得敷衍塞责。

第三,关爱学生。关心爱护全体学生,尊重学生人格,平等公正对待学生。对学生严慈相济,做学生良师益友。保护学生安全,关心学生健康,维护学生权益。不讽刺、挖苦、歧视学生,不体罚或变相体罚学生。

第四,教书育人。遵循教育规律,实施素质教育。循循善诱,诲人不倦,因材施教。培养学生良好品行,激发学生创新精神,促进学生全面发展。不以分数作为评价学生的唯一标准。

第五,为人师表。坚守高尚情操,知荣明耻,严于律己,以身作则。衣着得体,语言规范,举止文明。关心集体,团结协作,尊重同事,尊重家长。作风正派,廉洁奉公。自觉抵制有偿家教,不利用职务之便谋取私利。

第六,终身学习。崇尚科学精神,树立终身学习理念,拓宽知识视野,更新知识结构。

---

① 唐松林.中国农村教师发展研究[M].杭州:浙江大学出版社,2005:5.

潜心钻研业务,勇于探索创新,不断提高专业素养和教育教学水平。

该规范对中小学教师的师德既做出了倡导性的要求,也做出了若干禁行性规定。例如,倡导性的要求有:第一条"爱国守法"中,倡导"热爱祖国""热爱人民"。第二条"爱岗敬业"中,倡导教师"志存高远,勤恳敬业,甘为人梯,乐于奉献"。对乡村教师而言,乐于奉献的精神特别需要提倡。第三条"关爱学生"中倡导"做学生良师益友"。第四条"教书育人"中倡导"遵循教育规律,实施素质教育"。第五条"为人师表"中倡导"作风正派,廉洁奉公"。第六条"终身学习"中倡导"崇尚科学精神,树立终身学习理念"等。禁止性的规定有:第一条"爱国守法"中"不得有违背党和国家方针政策的言行";第二条"爱岗敬业"中"不得敷衍塞责";第三条"关爱学生"中"不讽刺、挖苦、歧视学生,不体罚或变相体罚学生";第四条"教书育人"中规定"不以分数作为评价学生的唯一标准";第五条"为人师表"中规定"不利用职务之便谋取私利"等。

3. 良好的专业精神

专业精神是教师从事教育教学工作的根本动力。一般说来,在教师专业素质的内在结构中,专业精神属于专业情意范畴。凡是能够影响个人工作努力及成效的,都与从业人员专业精神的高低有关。它涉及教师的职业理想、对教师专业的热爱程度、工作的积极性能否维持,及某种程度的专业动机能否继续等方面的问题,它是教师从事专业活动、履行专业行为的内在驱动力。理想的专业精神具有以下几个特征:其一是服务性,指乐于从事某项工作,不计物质待遇,而重视对他人及社会团体的贡献;其二是专门性,指从事一项工作应接受专门训练,具有专业技能;其三是长期性,有终身从事这项事业的意愿,且与所属之机构团体有休戚与共的情感;其四是创新性,有革新创造精神,不墨守成规,并有高度使命感;其五是自律性,责己严,待人宽,以身作则,爱护团体荣誉等。

现代的教师应具备这样三种专业精神:敬业精神、人文精神、科学精神。其中敬业精神是核心,人文精神和科学精神是相辅相成的两翼。

敬业精神是一种职业观或职业态度问题,教师怎样看待自己所从事的职业,对自己所从事的职业抱什么样的态度,不仅是一个职业观的问题,也是一个人生观问题。当前教师的敬业精神主要包括乐业、勤业、创业和献业四个方面的内容。

人文精神是人性的展现,是人类追求真善美的永恒追求,是人和人类社会自我激励、自我约束、自我完善所需要的精神。教师的人文精神,具体表现在:热爱学生,热爱生命;和谐的师生关系及校园氛围;热爱祖国,关爱人类的生存和发展;关爱人类的生存环境;因材施教,以及审美能力。

科学精神就是树立尊重科学、相信科学、热爱科学、追求科学的精神。具体表现在:尊重教育教学事实,实事求是;掌握教育教学基本规律,具有敏锐的教育教学观察力和思考力,以及研究能力。[①]

乡村教师除了具有一般教师所应有的专业精神外,还需具有其独特的精神或角色意识:[②]

第一,对"三农"的理解、同情及对农村现代化的热情。乡村教师的精神是丰富的、博大的,他热爱农村教育事业,希望这份事业能够在农村现代化进程中实现落后文明与先进文明的整合;他经常为这一事业激动,富有热情并为之奋斗不懈;他有丰富的内心世界,坚信能使自己的培养对象的精神世界更加丰富;他对农村未来充满热情与信心。乡村教师是农村里的文化精英,教师与学校在农民心中的地位是崇高的,影响是举足轻重的,所以乡村教师这种博大而丰富的精神不仅能促进学生人格的发展完善,更重要的是这种精神能够渗透于农村土壤中,对农村经济社会发展和文明进程具有不可估量的作用。

第二,具有农村现代化主人翁的思想意识。乡村教师精神的养成有赖于通过对农村教育活动特殊性的深刻认识,形成相应的农村教育价值观,孕育相应的农村教育情感和农村发展的社会责任感,养成农村现代化主人翁的独立人格。首先,乡村教师是实现农教结合,坚持农村教育正确办学方向的主人。农村教育培养什么样的人和怎样培养人的问题,关系到农村经济和社会发展,关系到农业、农村、农民问题的根本解决,农村学校不仅具有育人功能,而且可以发挥智力、技术、信息和人才优势。乡村教师应根据当地农村经济发展状况,走农教结合的路子,坚持教育为提高农民素质服务,为培养各类农业实用人才服务。其次,乡村教师是农村科教扶贫,帮助农民脱贫致富的主人。在贫困落后的农村,学校就是最高的殿堂,教师就是最有知识的人才,要充分利用学校资源,发挥教师传授知识、技术的作用,帮助农民掌握更多致富技能,带领农民尽快脱贫致富。最后,乡村教师是发展农村教育,促进农村社会全面进步的主人。乡村教师应该深刻认识到,解决好"三农"问题,实现全面建设小康社会的目标,不仅要体现在农村经济发展方面,也要体现在农民群众政治、思想、文化素质的全面提高上。对农村青少年,既要传授知识和本领,也要培养他们热爱农村、建设家乡的观念;对农民,既要传授农业科学知识技术,也要全面提高他们的综合素质。

4. 健康的心理素质

教师具有健康的心理品质,这既是保证自身身心健康的需要,也将影响学生心理的健康发展,更直接影响到教师工作的成效。教师的劳动任务和劳动特点决定了教师必须具备良好的心理素质。近年来的一些研究认为,教师的良好心理素质包括认知过程中的良

---

① 蔡勇强,黄清,李建辉.基础教育学[M].厦门:厦门大学出版社,2010:83-84.

② 唐松林.中国农村教师发展研究[M].杭州:浙江大学出版社,2005:125-128.

好心理品质,也包括情感、意志过程的心理表现,更反映于个性心理特征中。比较理想的教师应有下列的心理特征:细致而深刻的观察力;良好持久的记忆力;灵活敏锐的思维力;创造性的想象力;坚强的意志力;包括意志的自觉性、果断性、坚持性和自制力;丰富而又能控制的情绪情感;乐观、开朗的性格等。

(二)专业知识

教师专业素质中的教师知识结构基本采用"学科知识+教育学知识+普通文化科学知识+实践知识"或"本体性知识+条件性知识+实践性知识"的模式。

美国舒尔曼(L. S. Shulman)提出教师应具备七类知识的支撑:学科内容知识、一般教授法知识、课程知识、学科教学知识、学习者及其特质知识、教育内涵的知识、教育目的的知识。[①]

叶澜认为教师的知识结构应包括学科知识、一般教学知识、学科教学知识和情境知识。[②]

1. 中学教师的知识结构

我国《中学教师职业道德规范》确立了教师知识结构的四个领域,即教育知识、学科知识、学科教学知识、通识性知识,提出了 18 项基本要求:

(1)教育知识

①掌握中学教育的基本原理和主要方法。

②掌握班集体建设与班级管理的策略与方法。

③了解中学生身心发展的一般规律与特点。

④了解中学生世界观、人生观、价值观形成的过程及其教育方法。

⑤了解中学生思维能力与创新能力发展的过程与特点。

⑥了解中学生群体文化特点与行为方式。

(2)学科知识

①理解所教学科的知识体系、基本思想与方法。

②掌握所教学科内容的基本知识、基本原理与技能。

③了解所教学科与其他学科的联系。

④了解所教学科与社会实践的联系。

---

① 姜黎黎.中学语文教师的专业素养研究[D].延安大学,2014.
② 姜黎黎.中学语文教师的专业素养研究[D].延安大学,2014.

（3）学科教学知识

①掌握所教学科课程标准。

②掌握所教学科课程资源开发的主要方法与策略。

③了解中学生在学习具体学科内容时的认知特点。

④掌握针对具体学科内容进行教学的方法与策略。

（4）通识性知识

①具有相应的自然科学和人文社会科学知识。

②了解中国教育基本情况。

③具有相应的艺术欣赏与表现知识。

④具有适应教育内容、教学手段和方法现代化的信息技术知识。

2. 小学教师的知识结构

《小学教师职业道德规范》确立了小学教师知识结构的四个领域，即小学生发展知识、学科知识、教育教学知识、通识性知识，提出了 17 项基本要求：

（1）小学生发展知识

①了解关于小学生生存、发展和保护的有关法律法规及政策规定。

②了解不同年龄及有特殊需要的小学生身心发展特点和规律，掌握保护和促进小学生身心健康发展的策略与方法。

③了解不同年龄小学生学习的特点，掌握小学生良好行为习惯养成的知识。

④了解幼小和小初衔接阶段小学生的心理特点，掌握帮助小学生顺利过渡的方法。

⑤了解对小学生进行青春期和性健康教育的知识和方法。

⑥了解小学生安全防护的知识，掌握针对小学生可能出现的各种侵犯与伤害行为的预防与应对方法。

（2）学科知识

①适应小学综合性教学的要求，了解多学科知识。

②掌握所教学科知识体系、基本思想与方法。

③了解所教学科与社会实践的联系，了解与其他学科的联系。

（3）教育教学知识

①掌握小学教育教学基本理论。

②掌握小学生品行养成的特点和规律。

③掌握不同年龄小学生的认知规律。

④掌握所教学科的课程标准和教学知识。

（4）通识性知识

①具有相应的自然科学和人文社会科学知识。

②了解中国教育基本情况。

③具有相应的艺术欣赏与表现知识。

④具有适应教育内容、教学手段和方法现代化的信息技术知识。

在教师知识结构中，学科教学知识是最具有核心地位，最能体现教师的专业能力。舒尔曼认为，学科教学知识"是教师面对特定问题进行有效呈现和解释的知识，它是前述七类知识的核心。学科教学知识是学科教学专家必备的重要知识，是最能体现教师专业性的一个独特知识领域……"。舒尔曼提出的学科教学知识这一概念很快得到了学者的普遍认同，研究者从两种不同的路径进一步探讨了学科教学知识的内涵。其一是静态分析；围绕舒尔曼对学科教学知识所下的定义，拓展学科教学知识的内涵；其二是动态建构，认为学科教学知识并非是一个独立的知识体系，而是教师在教学中融合多种知识形成的，在特定教学情境下主动建构与生成的，很难简单地进行传授。学科教学知识形成的影响因素大致有：教师个人的价值观与教学信念，教师已有的知识背景与教学经验，社会、政策、文化等外在因素，学生的背景与教学情境等。尽管所取研究路径不同，所得出的观点也有所分歧，但研究者们普遍同意这一观点，即学科教学知识并不是学科知识和教学知识的简单相加，而是几种知识融合而成的一种特殊"合金"，其性质不同于融合前的任何一种知识。

学科教学知识不是直接可传授的静态知识，也并非可以独立于教师之外的纯粹知识，它是教师在具体教学情境中，把学科知识、学生知识、课程知识、评价知识、一般教学法知识等"活化"之后，经由自身价值观做出判断、选择、重组而形成的动态知识，是教师主动建构、积极创造的结果。学科教学知识形成的过程，就是教师的生命运动过程，就是教师业务发展的过程。可以这么说，教师在创造新的学科教学知识时，也创造了专业的自己。[①]

3. 乡村教师应具备专业知识的特殊要求

乡村教师由于所处教育教学环境及对象、手段、任务的特殊性，在专业知识领域还有一些特殊要求。

（1）具有农村乡土知识

乡村教师除了具有一般教师的专业知识外，还需具有所处地方的乡土知识，如农业新知识、传统文化知识（剪纸、民歌等）、乡土文化与民俗知识等。教师可在学科课程中渗透乡土知识，也可通过开设选修课、活动课传承这些乡土文化。

---

① 蔡勇强，黄清，李建辉.基础教育学［M］.厦门：厦门大学出版社，2010：81-82.

（2）具有本土化的教育教学知识

乡村教师要具有根据农村教育经历，总结适合农村教育教学实际的教育教学经验以及与农村生活相联系的具有本土化的实践性知识。

（3）具有留守儿童心理健康教育知识

鉴于留守儿童心理健康教育已成为当前农村教育的重点，乡村教师还需具备留守儿童心理健康教育方面的相关知识，具有解决农村留守儿童心理存在的性格缺陷、情感缺失、学习困难、自卑感严重等心理问题的心理咨询与辅导方面的知识。[①]

（三）专业能力

教师的专业能力是教师专业素养结构的又一重要部分。叶澜认为新世纪教师应具备三种新能力：理解他人和与他人交往的能力、管理能力、教育研究能力。[②] 英国的基里亚库重点从教学的角度把教师能力分为七个领域：计划与准备、课堂讲述、课堂管理、教室气氛、常规训练、评量学生、反省与评鉴。[③]

1. 中学教师专业能力

我国《中学教师职业道德规范》确立了教师能力结构的六个领域，即教学设计能力、教学实施能力、班级管理与教育活动能力、教育教学评价能力、沟通与合作能力、反思与发展能力，提出了25项有关教师专业能力的基本要求。

（1）教学设计能力

①科学设计教学目标和教学计划。

②合理利用教学资源和方法设计教学过程。

③引导和帮助中学生设计个性化的学习计划。

（2）教学实施能力

①营造良好的学习环境与氛围，激发与保护中学生的学习兴趣。

②通过启发式、探究式、讨论式、参与式等多种方式，有效实施教学。

③有效调控教学过程。

④引发中学生独立思考和主动探究，发展学生创新能力。

⑤将现代教育技术手段渗透应用到教学中。

---

① 刘云.面向教育信息化的农村教师专业素养及其评价指标体系研究[D].山东师范大学,2016.

② 叶澜.新世纪教师专业素养初探[J].教育研究与实验,1998(1):41-46.

③ 姜黎黎.中学语文教师的专业素养研究[D].延安大学,2014.

（3）班级管理与教育活动能力

①建立良好的师生关系,帮助中学生建立良好的同伴关系。

②注重结合学科教学进行育人活动。

③根据中学生世界观、人生观、价值观形成的特点,有针对性地组织开展德育活动。

④针对中学生青春期生理和心理发展特点,有针对性地组织开展有益身心健康发展的教育活动。

⑤指导学生理想、心理、学业等多方面发展。

⑥有效管理和开展班级活动。

⑦妥善应对突发事件。

（4）教育教学评价能力

①利用评价工具,掌握多元评价方法,多视角、全过程评价学生发展。

②引导学生进行自我评价。

③自我评价教育教学效果,及时调整和改进教育教学工作。

（5）沟通与合作能力

①了解中学生,平等地与中学生进行沟通交流。

②与同事合作交流,分享经验和资源,共同发展。

③与家长进行有效沟通合作,共同促进中学生发展。

④协助中学与社区建立合作互助的良好关系。

（6）反思与发展能力

①主动收集分析相关信息,不断进行反思,改进教育教学工作。

②针对教育教学工作中的现实需要与问题,进行探索和研究。

③制定专业发展规划,不断提高自身专业素质。

2. 小学教师专业能力

《小学教师职业道德规范》确立了小学教师能力结构的五个领域,即教学教育设计能力、组织与实施能力、激励与评价能力、沟通与合作能力、反思与发展能力,提出了23项有关教师专业能力的基本要求。

（1）教学教育设计能力

①合理制定小学生个体与集体的教育教学计划。

②合理利用教学资源,科学编写教学方案。

③合理设计丰富多彩的班队活动。

（2）组织与实施能力

①建立良好的师生关系,帮助小学生建立良好的同伴关系。

②创设适宜的教学情境,根据小学生的反应及时调整教学活动。

③调动小学生学习积极性,结合小学生已有的知识和经验激发学习兴趣。

④发挥小学生主体性,灵活运用启发式、探究式、讨论式、参与式等教学方式。

⑤将现代教育技术手段渗透运用到教学中。

⑥较好使用口头语言、肢体语言与书面语言,使用普通话教学,规范书写钢笔字、粉笔字、毛笔字。

⑦妥善应对突发事件。

⑧鉴别小学生行为和思想动向,用科学的方法防止和有效矫正不良行为。

(3)激励与评价能力

①对小学生日常表现进行观察与判断,发现和赏识每一个小学生的点滴进步。

②灵活使用多元评价方式,给予小学生恰当的评价和指导。

③引导小学生进行积极的自我评价。

④利用评价结果不断改进教育教学工作。

(4)沟通与合作能力

①使用符合小学生特点的语言进行教育教学工作。

②善于倾听,和蔼可亲,与小学生进行有效沟通。

③与同事合作交流,分享经验和资源,共同发展。

④与家长进行有效沟通合作,共同促进小学生发展。

⑤协助小学与社区建立合作互助的良好关系。

(5)反思与发展能力

①主动收集分析相关信息,不断进行反思,改进教育教学工作。

②针对教育教学工作中的现实需要与问题,进行探索和研究。

③制定专业发展规划,不断提高自身专业素质。

在中小学教师能力结构中,最基本的是教学能力、开展班级管理和其他教育活动的能力、人际交往能力和自我发展能力[①],而最核心的是教学监控能力。

20世纪90年代之后,人们开展的对教师专业特质的能力研究重在突出教师能力的核心要素。北京师范大学的林崇德教授认为,在教师的素质结构中,教师的教育能力素质可以称为才华,而这种才华的核心成分就是教学监控能力,它表现为教师在教学活动中的那种"知其然,又知其所以然"的品质,这种能力是教师从事教育教学活动的核心要素。

北京师范大学的申继亮教授、辛涛教授等通过研究认为,在教学能力的诸成分中,教

---

① 杨天平,申屠江平.教师专业发展概论[M].重庆:重庆大学出版社,2012:113-114.

师的教学监控能力是其最高级的成分,它不仅是教学活动的控制执行者,而且还是教学能力发展的内在机制。

所谓教师教学监控能力,是指教师为了保证教学的成功,达到预期的教学目标,而在教学的全过程中将教学活动本身作为意识的对象,不断地对其进行积极、主动的计划、检查、评价、反馈、控制和调节的能力。它是教师的反省思维或思维的批判性在其教育教学活动中的具体体现。

根据在教学过程不同阶段的表现形式,教师教学监控能力包括以下方面:第一,课前的计划与准备,即在课堂教学之前,明确所教课程的内容、学生的兴趣和需要、学生的发展水平、教学目标、教学方法与手段,并预测教学中可能出现的问题与可能的教学效果,这是教师进行教学监控的前提。第二,课堂的反馈与评价,指教师对于课堂的状况、学生的反应的敏感性与批判性,或者说是教师对课堂教学过程中"问题"的敏感程度,以及对所发现问题的解释与分析。第三,课堂的控制与调节,如果说评价与反馈是教师教学监控能力的基础的话,那么控制与调节则是教学监控能力的目的。教学监控能力的根本作用就在于它使教师能够有意地、自觉地对自己的教学活动进行调节和修正,使之达到最佳效果,最大限度地促进学生的发展。第四,课后的反省,在一堂课或一个阶段之后,教学监控能力高的教师会对自己已经上过的课的情况进行回顾和评价,教学监控能力差的教师一般就不会认真地考虑这些问题。教师教学监控能力结构的这四个组成部分实际上是从教学监控的全过程来区分的,是一种过程性的、动态性的结构。[①]

3. 乡村教师专业能力的特殊要求

对于乡村教师而言,在专业能力方面还有一些特殊要求。[②]

(1)具备开发本土课程能力

农村历史悠久的传统文化和淳朴的人文环境是开发基础教育本土课程的重要资源。乡村教师需要具备利用农村得天独厚的优越条件,开发出适合本土并与学科教学相结合的优质课程资源的能力。

(2)具备因地制宜的科研与创新能力

乡村教师可以将实际教学中的问题,作为科研课题进行深入研究,能够在此类研究上体现出前沿性和创新性。此类教育实际问题的探究有利于促进农村学生的全面发展,促进乡村教师自身科研素质的提升。乡村教师需要具备选用适合的研究方法进行研究的能力和因地制宜地进行教学模式、教学方法、教学手段等方面创新的能力。

---

① 蔡勇强,黄清,李建辉.基础教育学[M].厦门:厦门大学出版社,2010:82-83.
② 刘云.面向教育信息化的农村教师专业素养及其评价指标体系研究[D].山东师范大学,2016.

（3）具备留守儿童心理健康教育能力

乡村教师对农村留守儿童心理健康教育负有重大责任,需要具有关注留守儿童的责任心,掌握与留守儿童交流沟通的方法和技巧,具备对留守儿童进行心理健康咨询和辅导的能力,才能成为农村留守儿童心理健康的维护者,才能成为农村儿童身心健康成长的引路人。

乡村教师专业素养是教师胜任乡村基层学校教书育人工作的基本条件。随着时代的发展,对乡村教师专业素养将提出越来越高的要求,乡村教师要秉持与时俱进的理念,在长期的教育教学实践中通过自身的努力,培养专业情意,完善专业知识,提升专业能力,以"没有最好,只有更好"的精神,激励自己永远走在专业化发展的道路上。

第三章　乡村教师职前培养的多元模式

经济社会的发展、基础教育改革,需要教师教育模式不断创新变革,需要高师培养模式不断转型。[①] 经济社会与教育事业的改革与发展,是教师教育模式转型的根本动力。我国教育正在经历从应试教育向素质教育,从精英教育向大众教育,从继承性教育向创新教育转变的过程。社会和教育的转型对人才标准和类型提出了更高的要求,培养高素质、创造性的人才需要高素质、专业化和创造性的教师,传统的经验型、技术型和半专业化的教师很难承担这样的重任。社会对教师需求的变化,直接对教师培养模式提出要求。我国已经确立全面建设小康社会的发展目标,并要求到 2020 年实现全面建成小康社会的奋斗目标。为适应经济社会的发展,必须建立一支高素质、专业化的教师队伍,我国历经百年而形成的教师教育模式必须由单一走向多元,由封闭走向开放。

教师培养模式的改革,是教师教育改革的核心问题,有什么样的教育思想,就会产生什么样的教师培养标准。不同的教师培养目标,会衍生出不同的培养模式。自新世纪以来,针对我国传统教师教育培养模式的弊端,部分高等师范院校对教师培养模式进行了改革与探索。

一、本科分段培养模式

目前我国绝大部分师范院校的教师教育基本上还是沿用传统的模式,且主要以本科培养为主,因此可以简称为本科型教师教育模式。这种模式最大的特点是将专业课程与教育课程在四年的培养计划中混合编排,学生学完规定的课程后自然取得教师资格。这

---

① 靳希斌.教师教育模式研究[M].北京:北京师范大学出版社,2009:1.

93

种模式在培养过程中注重学生对专业知识的掌握,但忽略了综合知识的运用和实践能力的培养,从而造成所培养的教师在综合素质和拓展能力方面都受到一定的限制。由此,国内的许多师范院校纷纷着手改革,改革的主体依然是本科型的新教师教育模式。探索的主要方向就是如何改变过去的教育专业课程设置,从而有效克服教育理论与教育实践相互脱节的弊病。但这种新的教师教育模式把教师教育过程仍然集中在本科阶段完成。

(一)内蒙古师范大学的"4+0"教师教育模式

在新时期,为了"适应我国教师教育发展的需求,拓宽就业渠道,提高教师教育的质量,重视学科教育,使师范性与非师范不再有界限",内蒙古师范大学鉴于现有的教师教育资源,根据学校所具有的特点,探索新的教师教育模式,提出了"双学位制"的教师教育模式。这种模式与"2+2""3+1"相比,最大的区别就是将教师教育课程与学科专业课程混合编排,而不是采取分流的培养方式。根据此特点,也可将该模式称为"4+0"教师教育培养模式。

"4+0"教师教育模式是相对于"4+2""4+3"培养模式而言的,是北京师范大学提出"4+X"的教师教育模式改革中的一种,是不延长学制,利用四年的时间,将教师教育课程贯穿于整个教师培养过程之中、全日制本科培养的、传统的四年制培养模式。而其他两种模式是在四年的本科学习结束后,进入教育学院,利用2~3年的时间,继续接受教师教育课程的学习,接受硕士研究生的培养,以达到研究生的学历水平。"4+0"模式是在这四年的时间里,师范生不仅需要进行专业性学科知识的理论学习,而且还需接受适合基础教育改革实际需要的教育理论与实践课程的学习,使培养出的师资不仅具有扎实的专业基础理论知识,同时还具有较强的教学实践能力,能更好地适应教育改革,不断提升教育质量。针对此种理念,内蒙古师范大学构建了"双学位"教师教育培养模式,也称为"4+0"教师教育模式。

"双学位"的教师教育培养模式,是指"学科专业教育"与"教师专业教育"相结合的教师培养模式。一方面,学生在综合性大学的培养模式下进行学科专业的学习,各项成绩合格的情况下,毕业时可获得所学专业的学士学位;另一方面,学生进行教育理论等知识的学习,将教育课程学习提高到学位学习程度,各项成绩合格,则毕业时可获得教育学学士学位。对师范生而言,毕业时可获双学士学位,即"学科专业学位"与"教育学学位"。

双学位教师教育培养模式,是师范大学按照综合大学与高师院校相结合的方式培养学生,不仅加强了专业学科的教育,而且加强了教育理论与实践的学习和训练,突出了师范教育特色,使培养的学生专业基础扎实,知识面广,实践能力强。由于学生所学专业课程与其他综合大学专业课程几乎相同,所以毕业生就业竞争不会有太大的劣势,从而增加了高师院校学生的就业渠道,同时也为愿意从事教师职业的学生提供了一个可以获得教育学学士学位机会。[①]

(二)沈阳师范大学的"3+1"教师教育模式

"3+1"教师教育培养模式是基于我国本科层次分段式培养的教师教育模式。主要内容是面向全校所有专业的学生,入学后前3个学年,主要学习学科基础课程,第4学年时,进入教师教育学院学习一年,主要学习必需的教育学、心理学、教材教法等教育理论和教学技能课程,并进行教学实习,修满教学计划规定的学分,取得教师资格证书。这种模式以经济、快捷、适应社会和基础教育需要、教师专业化为特点,在我国地方高等师范学校普遍试行。沈阳师范大学教师教育模式的改革和创新不失为其中的范例。

为了顺应国际教师教育发展潮流,符合基础教育改革要求,早在1997年,沈阳师范大学就试图从根本上转变对教师的培养方式,于是开始注重对师范生培养模式的改革。经过多年的实践研究,沈阳师范大学最终于2002年成立了"人才培养模式改革领导小组",制定了"深化学科专业内涵、加强教师专业发展、分流培养、突出教育实践"的教师培养方案。明确提出以实现"合格教师、专家研究型教师"为培养目标,并在整合专业教学以及学校特有的中小学教研与教师培训等各类教师教育资源的基础上,构建了集教学、科研、职前职后一体化的教师教育新体系,确立并实施了以"3+1"模式为主体的教师教育培养新方案。同时组建了教师专业发展学院,形成教师学术性发展由院(系)负责、专业发展由专业发展学院负责的新培养格局,开创了具有鲜明特色的教师职前培养和职后研训一体化的教师教育培养模式,为基础教育输送宽口径、厚基础、高素质、全面发展的新型教育人才奠定了基础。

沈阳师范大学以"夯实基础知识、强化教师技能、提升综合素质、注重创新实践"为原则,按照教师专业化的要求,依据不同专业的内在标准,以及教师专业所具有的特色和学生自身发展的需要,制定了文理结合、学科专业课程与教师教育课程相结合的,以"通识平台+学科专业基础模块(含专业实践)+教育学科模块(含教育实践)"为模式的培养方案。在此基础上,沈阳师范大学按照培养"高素质人才、拓宽入学口径、扎实学科基础、加强实践教学"的育人方案和"平台+模块"的设计构想,对"3+1"教师教育模式的课程体系在教师教育课程结构上进行了调整,调整后各类课程的比例为:通识教育课程占25%,学科专业教育课占40%,教师教育课程占20%,教师专业实践课占15%。其中教师教育课程包括教育基本理论和教师职业技能两类,教师专业实践课程包括案例教学、微格教学、各种社会实践活动以及教育实习见习等。在课程实施过程中,教师教育各专业的大学外语、教

---

① 刘德敏.我国高师院校教师教育模式创新研究[D].四川师范大学,2012:16-17.

育技术学、教育教学理念与实践、教师专业技能的教学与训练,坚持四年不断。[①]

"3+1"教师教育模式改变原有的教师教育混合进行的培养模式,将学科专业教育与教师专业教育分开,形成三、一分段制,前三年不分师范与非师范,将所有学生集中培养。经过三年的学科专业教育后,在第四年学生可以根据自己的意愿选择是否进入教师教育专业而进行分流培养。选择教师教育专业的学生进行为期一年的教师教育课程学习,并按要求参加教育实践,毕业时获得教育学士学位。

"3+1"教师教育模式的实施取得了良好的效果。该模式彻底打破了传统师范教育的僵化形态,对于解决师范性与学术性整合的问题具有重要的现实意义。

(三)河北师范大学的"3.5+0.5"教师教育模式

自2006年起,河北师范大学实施顶岗实习支教工程,开始进行"3.5+0.5"模式的探索。这项工程是以强化师范生从教技能为主题,以促进学生成长成才为核心,以服务农村基础教育、促进教育均衡发展为责任推行的一种新型教师教育模式。其具体内容是,组织师范类高年级学生在学完骨干课程,经过有针对性的系统培训后,到农村基层中学进行为期半年的"全职"教师岗位锻炼,考核鉴定合格者计入学分。同时,高师院校对实习基地学校教师进行置换培训。经过4年的实践探索,这种"3.5+0.5"人才培养模式及顶岗实习支教取得了较为明显的效果。

顶岗实习支教属于"双向服务",即不仅为提高师范生技能服务,同时也为实习学校的教育教学服务,为地方教育、文化和社会发展服务。提倡实习生在进行教学实习的同时,发挥自己的特长、强项,开展丰富多彩的活动,丰富实习学校的校园生活。同时,充分利用高师院校良好的人力、智力优势和资源,对实习学校教师进行置换培训。如对校长和主抓教学的副校长进行1~2个月的培训,对学科教师进行7~10天的短期培训。培训坚持理论与实际相结合,一方面学习先进教育理论,了解国内基础教育改革新动向;另一方面组织到河北师范大学附中、附小和一些名校去听课,提升实习基地教师的实践性知识。

顶岗实习支教突破了传统实习的形式与内容,师范生"顶替"原任课教师的教学和班主任工作,完全履行其岗位的所有职责。实习内容既包括学科教学,也扩展到课外活动指导、教育调查、社会实践等方面。师范生通过实习,了解从教的全部过程,从多个层面锻炼和提升整体素质。对于实习学校和学科教师进行的置换培训也是全方位的,有理论视野的开阔,也有教学技能相互学习与交流。

顶岗实习支教跳出了师范院校单方面管理实习的自我封闭状态,建立了由师范院校、

---

① 刘德敏.我国高师院校教师教育模式创新研究[D].四川师范大学,2012:15.

各级教育行政部门、实习学校共同管理的制度,成立了常设的实习管理机构。县、市教育行政部门作为实习生的接受方参与到实习工作中,师范院校与实习学校协作,各司其职,分工明确,实习效果大大提高。

此外,顶岗实习支教是将各专业实习生按照实习基地学校的需要进行合理搭配,将不同专业的学生混合编队,便于实习生开展内容丰富、形式多样的活动。同时,同学之间跨学科切磋交流,也有助于教研氛围形成,提高实习生的研究能力。顶岗实习支教的任务主要包括两个方面:一是为基础教育特别是农村的基础教育服务;二是提高师范生的从教技能。[1]

(四)江西师范大学的"3+0.5+0.5"教师教育模式

江西师范大学是教育部、江西省人民政府共建高校和中西部高校基础能力建设工程高校。学校坚守地方师范大学使命,发展教师教育办学传统、优势和特色,在全国率先实行"红土地支教实习工程",被确定为全国实施"农村师资支持计划"试点高校,现已成为江西基础教育教师人才培养的摇篮、教师骨干人才培训的基地和基础教育改革发展的引擎,培养了一大批各地中小学和教育主管部门的中坚骨干力量。

江西师范大学逐步探索形成了以服务农村基础教育为导向的独特的"3+0.5+0.5"模式。从 20 世纪 90 年代初开始,江西师范大学就开始实施主辅修制培养模式,培养"一专多能"的复合型教师,以满足农村中学教师需承担多门课程教学任务的要求。2004 年,该校开始实施"3+0.5+0.5"农村支教实习模式,师范生用一个学期赴农村中学进行支教实习,返校后再进一步学习一个学期的教师教育理论。[2]

由于江西地处中部欠发达地区,经济比较落后,教育特别是农村教育非常薄弱,偏远山区学校普遍存在着教师数量不足、队伍不稳定、素质不高等问题,已成为影响农村教育改革和发展的重要因素。在这种情况下,完全依靠农村学校自身的力量难以在短期内解决这些难题。对此,江西师范大学利用自身优势,在全国率先推出"红土地支教实习工程",师范生用三年的时间学完并掌握基础理论知识和基本技能后,经学校组织到全省贫困农村中学进行一个学期的支教实习,按中学在岗教师规定的要求履行教学工作和班主任工作职责,除具体承担支教学校一名教师二分之一的工作量外,还要开展农村社会调查和教育调研等社会实践活动,把教育教学的新理念、新知识、新方法送到农村教育最需要的地方去,为当地基础教育的发展注入活力,以支持贫困地区的教育事业。同时,提高师范生的教学实践能力,深化教师教育培养模式的改革。

---

[1]　田学超.高等师范院校人才培养模式的现状与改革设想[D].山东师范大学,2010:28-30.

[2]　林樟杰.教师教育体制机制问题研究[M].北京:中国人民大学出版社,2009:155-156.

"红土地支教"加强了大学与农村中学的合作联系,加强了教学内容与基础教育改革的衔接,使教师更加了解基础教育的现状与发展,并积极参与到基础教育改革中来。在"红土地支教"实施的过程中,学校指导教师利用到支教中学指导学生的机会,义务为所在学校的教师作新课程改革的专题报告,开展基础教育研究,反响很大,也吸引了周边片区学校的教师前来听课,并纷纷表示热切希望学校与他们学校合作。相关市、县教育局领导及支教学校的校长普遍认为:"红土地支教实习工程"是一项民心工程,深受农村干部群众的欢迎,深得人心,有力地推动了农村教育的改革和发展,并希望学校将工程的规模做大,使农村教育的受益面更大。"红土地支教"实习所在的学校均希望能作为江西师范大学的教育实践基地,要求建立长期的合作关系。①

(五)南京师范大学的"2.5+1.5"教师教育模式

南京师范大学作为中国师范教育的南方发祥地,已经发展成为保持着鲜明教师教育特色的综合性大学。在学科综合化的背景下,根据国家建立开放灵活的现代教师教育体系的要求,顺应教师专业化发展的客观趋势,南京师范大学建立了专门的教师教育学院,以统筹校内外各种教师教育资源,相对独立地开展本科和研究生等不同层次专业化教师人才培养、在职教师培训、教师教育国际交流及教师教育研究等活动,弘扬学校百年教师教育的办学特色和优势,打造在国内有影响的高水平职前教师培养基地、基础教育师资培训基地及教师教育理论研究基地。

根据基础教育对教师质量的要求,南京师范大学积极推进教师教育人才培养模式改革。目前教师教育学院承担着全校师范生教师专业化培养任务,自2005级起,全面实施教师教育本科新课程建设计划,对在校2007级、2008级、2009级师范生进行"2.5+1.5"培养模式改革试验,积极探索新的人才培养模式,努力为基础教育培养优质师资。"十一五"期间注册进入教师教育课程学习的本科生达4000人左右。2010年起,教师教育学院通过教师教育资源的有效整合和各学科专业的优势互补,对汉语言文学(师范)、数学与应用数学(师范)、英语(师范)、历史学(师范)、思想政治教育(师范)、计算机科学与技术(师范)、物理学(师范)、化学(师范)、生物科学(师范)、地理科学(师范)10个教师教育类专业实行由教师教育学院招生和管理,教师教育学院和各相关专业学院共同培养、学科专业与教师教育双向强化的培养模式和机制。

学生入学后由教师教育学院负责管理、考核,并负责学生毕业资格和教师资格证书资

---

① 张意忠."红土地支教":教师教育培养模式探究[J].天津师范大学学报(基础教育版),2012(3):18-21.

质审核,前 2.5 年主要由相关学院进行基础课程和学科专业培养,辅以教师教育类课程学习;后 1.5 年主要进行以教师教育课程和实践为主的教师专业化培养,辅以相关学科专业拓展或提升课程的学习。[①]

　　教师是应用型人才,应用型人才的一个重要任务是学习怎样把事情做好。实践能力是应用型人才培养中的主要内容。实践课程是实践能力培养的主要渠道。在对传统模式进行改造的过程中,南京师范大学教师教育学院设置了教师职业技能课程。培养师范生说、写等基础技能,并从通识的层面上开展教学设计、教学分类等技能传授,这对于提高师范生的实践能力起到了一定的作用。至于学科教学技能的培养,各相关学院根据自身的专业情况也开设了学科专业教学技能课程。然而,课程设置与教师教育学院的课程设置并没有形成一般与专业的衔接,而是出现了重复、脱节,影响了师范生教育实践能力的形成。新模式注重师范生实践能力的培养,追求实践技能培养的突破。师范生实践能力体现的是一种综合素养,它的形成建立在良好的学科知识、教育知识、人文素养等基础之上。技能的形成是各类教师教育资源综合作用的结果。在南京师范大学新的教师教育模式中,教师教育资源集中于教师教育学院,这就为实现提升师范生实践能力的目标创造了条件。打造教师职业技能课程体系是提升师范生教育实践能力的途径。目前,教师教育学院对教师职业技能课程进行了改造,形成了基础技能、学科专业技能、现代技术技能三个层面的技能课程有机整合而成的教师职业技能课程体系。[②]

(六)四川师范大学、陕西师范大学、山西师范大学的"2+2"教师教育模式

1. 四川师范大学的"2+2"教师教育模式

　　作为一所地处于我国西部的省属师范大学——四川师范大学,它有着与同类高师院校不可比拟的优势和特色:悠久的文化历史、深厚的学术底蕴、雄厚的教育类学科师资队伍、丰富的教师教育经验。具备了这些条件的四川师范大学一直走在国内教师教育改革的前沿,尤其是最近十年,学校坚持以人为本,实施人才强校;坚持与时俱进,力争主动发展;坚持改革创新,谋求跨越发展;坚持鲜明办学特色,实现特色发展。

　　长期以来,我国高等师范教育一直存在教师教育专业化和双重学科基础所形成的结构性矛盾,在原有管理体制下,师范类型学校和非师范类型学校在专业结构和人才培养模

---

　　① http//jsjyxy.njnu.edu.cn/cn/search/site/2.5％2B1.5％E6％9C％AC％E7％A7％91％E6％95％99％E5％B8％88％E6％95％99％E8％82％B2％E5％9F％B9％E5％85％BB％E6％A8％A1％E5％BC％8F.

　　② 冯奕竞.教师教育模式改革与探索——以南京师范大学教师教育改革为例[J].教育理论与实践,2012(1):33-36.

式上不能交叉。① 目前我国社会对师范生与非师范生提出了新要求,在过去高师院校教师教育培养模式的缺陷日益凸显的情况下,四川师范大学经过借鉴和研究,本着"立足师范,综合发展,走大师范之路"的办学理念,以"加强通识教育,拓宽专业口径,增强师范技能,提高文化素养"为宗旨,按照"基础夯实、专业拓宽、培养分流、能力强化、素质提高"的改革思路,在调查研究、分析论证后,力争达到"基础强、素质高、个性突出"的培养效果,提出了"2+2"教师教育培养模式。

四川师范大学创设并实施的"2+2"教师教育培养模式,提倡淡化师范与非师范专业之间以及各专业方向之间的界限。这一人才培养模式的实施,不仅有利于推动教师教育教学内容与课程体系的改革,更为学生综合素质的提高和从教技能的提升拓展了空间。②

学生进校后的前两年,不分师范与非师范、不分专业和方向进行混编。按照一级学科门类,集中学习基础公共课和主修专业课程,注重文理渗透;第三学年和第四学年再进行教师教育理论与实践以及辅修专业课程的学习。在第二学年结束时,学生可以根据自己的兴趣爱好、优势以及人才市场导向,进行第二次选择专业,并填报专业方向志愿;第三学年开始,遵照学生志愿,以师范与非师范专业的不同要求为基础,学校设置职业教育课程和教师教育课程对学生进行分流培养。

这种模式首先强化了通识教育,提高学生素质的培养;其次,在运行中,以学生自愿为原则进行二次选择与分流培养,避免了不具备教师素养的学生无法改变专业的问题;最后,学生可以利用四年时间获得教育专业的学士学位。

2. 陕西师范大学的"2+2"教师教育模式

陕西师范大学是教育部直属、国家"211工程"重点建设大学,国家教师教育"985工程优势学科创新平台"建设高校,是国家培养高等院校、中等学校师资和教育管理干部以及其他高级专门人才的重要基地,被誉为西北地区"教师的摇篮"。陕西师范大学全面实施教师教育特色发展战略,积极创新教师教育人才培养模式,形成教师专业发展和终身学习多样化、多层次的现代教师教育体系,为基础教育培养多层次、高水平的优质教师教育人才。

2004年,学校在历史文化学院和物理学与信息技术学院探索试点实施低年级通识教育、高年级专业教育相结合的人才培养模式。2006年,按照"厚基础、宽口径、高素质、强能力"的理念,在全校推广实施"2+2"本科教师教育人才培养模式,即原则上前两年按一级学科为基础的大类进行培养,学生主要学习通识课程模块、学科基础课程模块;后两年

---

① 钟仕伦,谢名春,李树勇,杜伟."2+2"人才培养模式改革的实践与思考——以四川师范大学为例[J].西南民族大学学报(人文社科版),2004(4):301-304.

② 靳希斌.教师教育模式研究[M].北京:北京师范大学出版社,2009:70.

分专业进行培养,学生主要学习专业课程模块、教师教育模块(专业技能模块)、实践教学模块。学生入学一年后进行一次专业分流,可在学科之间和学科内部重新选择专业,以培养德智体全面发展的基础教育优秀教师。陕西师范大学"2+2"本科教师教育人才培养模式的主要特点体现在以下几个方面:

一是根据人才培养理念,设置本科培养阶段。本科教育是整个高等教育的基础教育阶段,在本科教育阶段,低年级主要进行通识教育,高年级进行专业教育。"2+2"本科人才培养模式从本质上说,是基于对本科教育阶段的理解,前两年主要进行通识培养,后两年分专业进行培养,从而为学生打下宽厚的基础,培养其创新意识和创新能力,提高其综合素质。

二是构建模块化课程体系,将通识教育与专业教育有机结合。通识教育是一种人才培养理念,贯穿于四年的大学培养之中。通识教育与专业教育密不可分,专业教育中也包含着通识教育。"2+2"本科教师教育人才培养模式的核心体现在课程设置上,构建了"通识课程模块+学科基础课程模块+专业课程模块+教师教育课程模块+实践模块"的模块化课程体系,将通识教育与专业教育、学科专业教育与教师教育、科学教育与人文教育有机结合。

三是强化了通识教育。通识课程是通识教育的重要组成部分。"2+2"本科教师教育人才培养模式的通识课程有两个层面,第一个是学校整体设计了通识模块课程,构建了通识教育平台,为文科学生开设"高等数学",为理工科学生开设"大学语文";构建了以通识教育核心选修课;制定了《大学生必读书目成绩考核办法》,推荐了文学、哲学、历史学、艺术类、教师教育5个门类的大学生经典阅读书目,拓宽了专业口径,促进了文理渗透,以提高学生的综合素质。第二个是学院设计了学科基础模块课程,跨学科、专业设置,为文史哲、数理化、经管法等学科专业的融合贯通搭建了良好的平台。

四是构建了专业分流机制。坚持"教育以育人为本,以学生为主体",给学生的自主选择权,实行一年后一次专业分流模式,给学生重新选择专业的机会和权利,尊重和发展学生个性,激发和调动了学生学习的自觉性和积极性。

五是设置了开放的教师教育课程模块。从教师专业化的角度,整体建设公共必修教师教育课程、学科必修教师课程和公共选修教师教育课程,将师范性与学术性有机结合,使师范生树立良好的专业态度,坚定专业身份认同感,掌握先进的教育理念和从教能力。

六是强化实践教学环节。实施半年教育实习制度和双导师制,开展师范生教育教学能力大赛,切实提高师范生的从教能力和实践能力;设立"大学生创新性实验计划"项目,着力培养师范生的实践能力与创新能力;邀请国内外知名专家和学者做客教师教育论坛和基础教育名师讲堂,以开阔师范生视野,培养和提升其专业能力与创新能力。[①]

3. 山西师范大学的"2+2"教师教育模式

山西师范大学创建于 1958 年,坐落于华夏文明的重要发祥地古尧都临汾市,是培养山西省基础教育师资的重要基地。建校近 60 年来,学校不断上层次、上水平,现已发展成为一所培养体系完备、办学特色鲜明的省属重点师范大学。

学校高度重视本科教学工作,始终把教学质量作为立校之本,不断深化教育教学改革,全面提高人才培养质量。2014 年开始,实施"以学生为中心"的课堂教学改革。2016年以来,又实施以课堂教学改革为突破口的人才培养模式改革,着力改造现有大学课堂,全面更新教育教学理念,努力创新教育教学方法,大力实施教学改革创新计划,全面深化实践教学改革,全面加强大学生创新创业教育,积极推进信息技术与教育教学深度融合,积极探索精英人才培养模式。

为了促进山西师范大学现代文理学院的国际交流项目的开展,努力培养具有国际视野的全新国际化高端人才,山西师范大学现代文理学院与韩国国立木浦大学正式签订了"中韩本科 2+2 双学位学生交流合作协议",并计划每年选派部分优秀学生赴韩国国立木浦大学交流学习。

本项目采取"2+2"的交流学习模式,即学生在山西师范大学现代文理学院完成本科大二课程后,赴韩国国立木浦大学交流学习两年,继续完成本科后两年课程。学院将认可学生在韩国国立木浦大学所取得的全部学分。

交流生完成在韩国木浦大学的两年交流学习,取得规定的学分,可同时获得学院及韩国国立木浦大学颁发的学士学位证书和学院的本科毕业证书。学生本科毕业可自愿免试直升韩国国立木浦大学硕士学位课程。[②]

二、本硕贯通培养模式

本硕贯通的培养模式是为适应基础教育对教师需求的高学历化而出现的。这种教育模式的最大特点就是把教师教育的本科学习阶段与研究生学习阶段紧密地连接在一起,旨在为基础教育提供高学历、高素质的师资队伍。目前我国有"4+2""4+1+2""3+3"等多种模式。

---

① 李铁绳,党怀兴,赵彬.师范院校教师教育人才培养模式改革的探索与实践——以陕西师范大学为例[J].当代教师教育,2012(2):18-21.

② http://tieba.baidu.com/p/3338875285.

（一）"4＋2"模式

"4＋2"模式是指学生在完成 4 年的本科专业学习,获得专业学士学位之后,通过适当的筛选,直接进入教育硕士阶段学习。经过 2 年学习,通过相应程序,就可以获得教育学硕士学位,毕业后进入重点高中,成为专业基础扎实、素质较高的中学骨干教师。这种模式实质上就是发达国家普遍实行的学士后教师培养模式。这种模式把教师培养明确地转移到教育学院,实行教师教育的教育学院化。同时还调整课程结构,使通识课程、专业课程与教育课程基本保持 1∶1∶1 的比例,并聘请重点中学的骨干教师充实到未来教师培养的师资队伍中来。目前我国推行"4＋2"模式的师范大学有北京师范大学、东北师范大学、陕西师范大学等。

1. 北京师范大学的"4＋2"教师教育模式

作为一所有着百年师资培养历史的师范院校,新中国成立后,北京师范大学为基础教育培养了大批优秀教师,也逐渐形成了综合化的学科设置、鲜明的教师教育特色、雄厚的科研实力、优良的办学氛围和厚重的教师教育文化传统。面对 20 世纪 90 年代以来的教师教育体制走向开放,教师需求从量的供给向质的需求转变,北京师范大学根据社会对人才要求和进一步加强教师教育的需要,深入开展了创新教师教育模式、构建新型教师教育体系的理论研究;积极探索"大学＋师范"的教师教育体制改革,提出了"将学科专业人才培养与教师教育剥离,将教师教育的重心上移到研究生阶段,大力加强研究生层次的高素质职前与在职研究型教师的培养"的改革思路;实施了以"4＋2"模式改革重点的教师培养模式改革;在推进教师培养模式多元化、构建职前职后培养培训一体化的教师教育体系等方面取得了突出的成果。[①]

"4＋2"模式的培养目标是:为基础教育培养具有扎实的专业功底、宽厚的理论基础、较强的教育教学实践与研究能力,熟悉掌握现代教育技术的高素质研究型教师。具体规格要求是:拥护中国共产党的领导,具有良好的道德品质,热爱教育事业,积极进取,勇于开拓;具有广博的教育学和心理学修养及良好的专业素质,掌握坚实的学科基础理论和系统的专业知识,懂得现代教育理论和学科教学及其管理的理论及方法,具有较强的教育实践和教育科研能力,具有迅速成为中学骨干教师的潜力;把握国内外教育改革和发展的前沿,能在现代教育观念指导下运用所学理论和方法解决教学及管理实践中存在的问题,熟

---

①　北京师范大学教务处.创新教师教育模式,构建中国特色教师教育体系[J].教师教育研究,2005(3):3-7.

练使用现代教育手段和教育技术;能比较熟练地阅读本专业外文资料。[①]

"4+2"模式培养的学生,本科阶段前3年与各专业其他学生一起按照综合性大学的教学计划进行培养,第四学年按分流后的计划组织教学:一方面继续完成本科阶段的学习,另一方面修读部分研究生课程,开始本硕衔接培养。第五学年开始进入教育学院研究生阶段学习,以学习教育类课程和完成规定的教育教学实践环节为主,同时继续修满一定学分的专业基础课、专业方向课和专业选修课。整个课程设置注重结构的全面合理,突出实践性和灵活性。全部课程采用学分制。"4+2"模式学生修满本科专业教学计划课程和学分,满足相应要求,获得本科学士学位。在研究生阶段修满规定课程学分,教学实践实践(环节)成绩合格,通过硕士学位论文答辩,获得教育学硕士学位。毕业去向是担任重点中学的教师。[②]

传统高师专业课程与教育课程混编养成教师的模式,存在学生专业基础不够宽广扎实,在从教素养、知识和技能的自我完善、创新能力等方面不能很好适应当今基础教育发展需要的问题。近年来,随着我国经济社会发展和基础教育的发展,优质教育资源和高素质、专业化的教师的短缺,已经成为严重阻碍我国基础教育改革和发展的障碍。"4+2"模式通过提高教师的学历层次,实现学科专业基本理论、知识和教育理论、教育技能的双重组合,为提高教师素质和专业化水平开拓了一条新的途径。

20世纪以来,我国教师培养的基本模式是:学生进入独立设置的师范院校后,在完成一定时间量专业学习的同时,间以部分教育专业课程(即教育学、心理学和教学法)的学习;完成学业后,自动获得教师资格。随着我国教师教育体系从封闭走向开放,专业课程与教育专业课程混编培养教师的模式已不适应时代的需要。在单一四年学制束缚下教师培养的课程体系存在专业基础不够宽厚、教育专业课程比例偏低、实践环节薄弱的弊端。"4+2"模式在课程结构的设计上借鉴了有关国家教师教育课程体系的经验,在使学生掌握专业基础、把握本学科前沿知识的同时,根据中学教育的实际需要,打破原有教育专业课程模块,重新设计课程内容,并保证了实践环节的教学。[③]

2. 东北师范大学的"4+2"教师教育模式

如何为基础教育培养更多优秀的师资,东北师范大学探索建立"4+2"教育硕士研究生的培养模式。经过一年多的实践,首届毕业生已有半数以上签约省内外一流中学。

---

① 北京师范大学教务处.创新教师教育模式,构建中国特色教师教育体系[J].教师教育研究,2005 (3):3-7.

② 靳希斌.教师教育模式研究[M].北京:北京师范大学出版社,2009:54-55.

③ 北京师范大学教务处.创新教师教育模式,构建中国特色教师教育体系[J].教师教育研究,2005 (3):3-7.

据介绍,"4+2"即在 4 年本科师范学习的基础上通过推荐、择优选拔等方式,对部分学生进行 2 年的研究生教育。这一培养方式是 2004 年 4 月,东北师范大学针对新时期教育事业的深刻变革与蓬勃发展,对教师提出了更高的要求而提出的。在培养目标上,以培养重点中学的学科骨干和管理骨干为主,通过课程实习和教育实践,学生成为专业基础扎实、教学方法先进、教育技术熟练、教学研究深入的基础教育高层次人才。[1]

《东北师范大学"4+2"教育学硕士研究生培养与管理暂行办法》指出:为进一步满足基础教育改革与发展对调整人才结构和提高学历水平提出的新要求,培养基础教育高质量的新型人才,提高基础教育水平,我校决定在部分专业实行"4+2"培养模式,即在 4 年本科师范专业学习基础上,通过推荐、择优选拔部分本科生再进行 2 年的研究生教育学专业学习。

培养目标。"4+2"模式教育学硕士学位研究生(以下简称"4+2"硕士生),以培养重点中学的学科骨干和管理骨干为目标,通过课程学习和教育实践,成为专业基础扎实,掌握教育学基础知识与方法,具有专业外语能力,能够熟练运用现代教育技术,对学科课程与教学有比较深入研究的基础教育高层次人才。

招生与录取。东北师范大学中文、英语、数学 3 个专业本科应届毕业生作为第一批试办"4+2"硕士生招生对象,以后逐步向其他师范专业扩展。原则上每个专业每年不超过20 人。

推荐保送条件。①应届本科毕业生;②外语、专业课成绩优秀;③有志从事基础教育教学与研究者。

录取办法。招生采取自愿报名、学院推荐、面试考核、择优录取的方法。①学生先在所在学院报名,由所在学院进行初步考核推荐(推荐名额为招生名额的 120%),教务处进行资格审查。②由教务处会同有关学院对申请人进行面试。③学校根据面试结果和申请人平时综合表现择优录取。

培养年限。"4+2"硕士生培养年限为两年半,其中前半年为研究生预备期,与本科第八学期交叉学习。

课程计划。"4+2"硕士生在继续完成本科第八学期本专业学士学位要求的学分和学士学位论文的同时,修读本专业研究生部分学位课程。进入研究生阶段后,再用两年时间完成全部课程学习和毕业论文。

根据教育学硕士研究生培养目标,"4+2"硕士生的学习内容包括修读研究生课程和开展中学教育实践两个主要环节。教育理论、专业知识、专业外语、现代信息技术、学科教

---

① 北师大为中学培养 4+2 教育硕士研究生[N].光明日报,2006-02-07(002).

学论与教育实践等相结合,课程设置注重结构的合理性,体现实践性和灵活性。

"4+2"模式研究生总学分为 35 学分。由 4 个模块的课程组成,即政治与教育理论课、专业外语课、学科前沿与学科课程教学研究课、现代教育技术课。现代教育技术课由研究生院统一组织,由计算机学院具体开设;马克思主义理论课与教育理论课(含教学实习)由教育科学学院组织开设;学科前沿与学科课程教学研究课(含专业外语课)由相关学院组织开设。

学位论文。学位论文是获得教育学硕士学位的必要条件。根据"4+2"硕士生的培养目标,学位论文提倡选择实践性和应用性强的题目。如结合学科教学研究的调查报告、个案研究、教学案例分析等。学位论文的开题报告、答辩等其他具体要求参照东北师范大学研究生院的有关文件执行。学位论文由"4+2"教育学硕士研究生教学指导委员会负责。由教育学导师、学科教学论导师和具有高级职称的中学教师或管理者组成指导教师组。通过师生互选的方式,每个学生确定一名指导教师负责其学位论文的具体指导工作。

学位授予。修满本课程计划规定学分,完成教育实践环节并成绩合格,通过学位论文答辩后,即可授予教育学硕士学位。

管理方法。"4+2"硕士生的预备期为本科阶段的第八学期,由教务处总体负责,由相关学院负责日常管理。进入研究生阶段的第一至第四学期由研究生院总体负责,由教育科学学院负责日常管理。

学校成立由教育科学学院、相关学院及相关中学专业教师组成的"4+2"教育学硕士研究生教学指导委员会,统一负责学生的教学安排、教育实践、学位论文指导、论文答辩等工作。在吉林省部分重点高中聘任一些具有硕士学位的高级教师作为兼职指导教师。学校成立由研究生院牵头,教育科学学院等相关学院参加的"4+2"教育学硕士研究生专业指导委员会,负责"4+2"教育学硕士研究生的课程设置及教材编写等工作。

经费分配。按照学校规定,"4+2"硕士生每人需交纳学费 12000 元,其经费分配方案为:

①学费分成比例为:学校占 20%,教育科学学院占 32%,相关学院占 48%。

②"4+2"硕士生的业务费 1 半部分划归教育科学学院,作为学生教育实践与论文指导及答辩费用,其余部分划归研究生院作为教育技术课的课时费用,不足部分从教育科学学院分成中支出。

③以上经费分成比例从 2003 年招收的"4+2"硕士生起计算。

"4+2"硕士生享受与统招硕士生同等待遇。"4+2"硕士生的毕业去向主要为重点中学基础教育教学与科研相关领域。[①]

2007 年,学校全面贯彻落实国家师范生免费教育政策,实施本硕一体的"3＋0.5＋0.5＋2"的人才培养模式,启动了"教育家培养工程"。2008 年在教育部、财政部"优势学科创新平台项目"的支持下,学校开始"教师教育创新平台项目"建设,把"教育家的摇篮"作为更高目标的追求。[②]

"3＋0.5＋0.5＋2"模式是东北师范大学为适应新时期教师教育的客观要求而创造的一种新的"本硕一体"模式。这种模式把专业教育和职业教育高度融合在一起,实施"本硕一体"的人才培养,力图培养出适应新形势需要的"优秀教师和教育家"。其中的"3"是指前三年的基础理论学习阶段,包括通识教育、专业教育,同时也要完成部分教师职业教育课程,这一阶段要实现专业教育与职业教育的高度融合。前一个"0.5"是指半年的教育实习阶段,这一阶段主要是初步培养学生将知识形态转化成教育形态的能力。后一个"0.5"是指半年的反思性、发展性学习阶段,学生在经过理论学习和初步实践后,对前两个阶段进行理性反思,以明晰作为中学教师的不足和努力的方向。这一阶段既设置专业选修课程,也设置教师职业教育课程,鼓励开设多种专题式课程、实践类课程,以满足学生个性化发展的需要。"2"是指两年的教育硕士课程的学习阶段,这一阶段的学习目标主要是实现教育理论与教育实践的高度融合,除设置教育理论与实践课程、专业发展课程外,还设有基础教育改革与发展类课程。

这种模式的最终目标是引导和促进学生成为有见识、有能力、有责任感的自主学习者,培养其成为有理想、有抱负,德、智、体、美全面发展,基础扎实且富有创新精神和实践能力的优秀中学教师,为其成为教育家奠定坚实基础。因此东北师范大学确定了"宽口径、厚基础、精专业、强能力"的培养思路,并强调未来教师应该具有"高尚的师德修养、扎实的专业知识、高超的教育技能、宽广的学术视野、先进的教育理念、独立的研究能力"。与此相适应,东北师范大学建构起了主要由通识教育、专业教育、教师职业教育三大模块构成的师范专业的课程体系。

通识教育课程的目的是对学生进行马克思主义理论教育与公民教育,使学生了解人文科学、社会科学、自然科学和艺术等方面的基本知识,形成学科知识的整体概念,促进不同学科知识及思维方式的互动与迁移,使学生具备科学素养与人文精神。这类课程由必修课和选修课两类组成。通识教育必修课程由思想政治理论课程、健康体育与国防教育课程、交流与表达课程、数学与信息技术课程四大类组成。通识教育选修课程体现课程的

[①]　https://wenku.baidu.com/view/575269707fd5360cba1adbf0.html.

[②]　http://gaokao.xdf.cn/201307/9522967.html.

基础性、多元性、广博性,从人文科学、社会科学、自然科学与艺术诸领域中精选课程内容,优化组合供学生选修。东北师大要求学生在人文、社会、自然、艺术等领域至少要选修 2 学分的课程。

专业教育课程是本科教育的核心组成部分,其中必修课程由专业基础课程和专业主干课程组成,专业系列课程为选修课程。专业系列课程的设置与基础教育学科的内容紧密结合。

教师职业教育课程由"三类两层"构成,即"教育理论类课程""教育技能类课程""教育实践类课程"三个类型和"一般教育课程""学科教育课程"两个层次。加强教师职业教育课程建设,保证学生具有将学科教学问题放在更宽广的背景中加以思考和审阅的能力,同时保证学生具有较强的教学实施、教学研究、教学治理的实践能力,培养学生具有教育教学改革与创新的能力。

为了更好地落实新的培养模式,东北师范大学还建立了强有力的激励、约束与保障机制。师范专业基础课程的教学由教授、副教授承担,为学生配备指导教师。同时,学校利用教师教育优势学科创新平台项目,加强师范专业教师队伍建设,实施教学名师和学科带头人培养、引进计划,教师教育创新、教学团队培育计划,师资队伍学术交流提高计划,青年教师教学、科研能力发展计划。通过高水平的教师队伍建设,带动师范专业学生培养水平的提高。学校还坚持师范专业的教学内容同基础教育课程改革相结合,同实践教学相结合,同学科最新成果相结合,整合了一批精品教师教育课程资源、学士后教师教育课程资源。

此外,学校还将教师职业技能的练习贯穿于学生培养的全过程,实行全程化管理,建立制度化、规范化、系统化的教师职业技能练习体系。以"教师教育创新东北实验区"为依托,在加强专业教育的同时,将教育理论教学、教育技能培养、教育实习等有机结合起来,通过建立"教育见习、模拟教学、教育实习"的实践教学体系,加强教师职业技能练习,培养学生的从教能力,积极探索大学与政府、中小学紧密合作的新模式。①

(三)陕西师范大学的"4+2"教师教育模式

2004 年,学校探索实施了"4+2"教师教育人才培养新模式,培养高质量、高层次的研究型基础教育优质师资。"4+2"(4+0.5+0.5+1)模式是将本科教师教育和研究生教师教育有机贯通,具有专业特点的研究生层次的基础教育师资培养模式。其中"4"指四年的本科学科专业教育;"2"指两年的教育学硕士教育,具体又分为 0.5+0.5+1,第一个 0.5

---

① 林樟杰.教师教育体制机制问题研究[M].北京:中国人民大学出版社,2009:151-153.

指半年系统、深入的教师专业理论及相关的学科知识学习;第二个0.5指为期半年的基础教育实习支教和基础教育调查研究;1指为期一年的专题教育理论和教育实践问题研究,完成学位论文。"4+2"模式本质上是本硕连读,"4+2"模式的研究生基本是本科师范专业的优秀推免生。"4+2"模式是一种教师的"精英教育"模式,有较充足的时间进行教师的专业教育,可以有效推进教师教育的专业化。

"4+2"教师教育人才培养新模式强化教育实践环节,在基础教育领域建立了实习支教基地,实行到农村中学半年实习支教制度,将师范教育与基础教育有机结合,有效培养学生的教育教学实践能力;采取大学导师和中学导师共同指导"4+2"研究生的双导师制,使教师教育的空间由封闭走向开放,克服了教师培养与中小学实际脱节的问题,充分体现了教师教育的开放性和灵活性;将学科教育与教师专业教育有机结合,有效推进教师职业专业化发展;强化学术训练,为"4+2"研究生设立了教师教育研究专项项目,有效提高学生的教育教学研究能力。构建了本科层次和研究生层次有机贯通的教师教育人才培养体系,使中小学教师培养有计划、有步骤、多渠道地纳入研究生层次的培养体系,对于建设一支高素质的基础教育教师队伍,整体提高基础教育水平具有战略意义。

"4+2"硕士研究生毕业生受到了基础教育战线的高度评价和肯定。前四届毕业生绝大部分在北京市第四中学、西安交通大学附属中学、西安铁一中、山西省实验中学、陕西师范大学附属中学等省内外重点中学就业,部分在西北农林科技大学、陕西师范大学、西安文理学院、北方民族大学等高校就业。通过几年来的实践探索,这一人才培养模式已取得显著成效。[①]

(二)华东师范大学的"4+1+2"教师教育模式

华东师范大学作为国家教育部直属全国重点大学,是1951年在大夏大学原址上创办的。作为新中国第一所社会主义师范大学,建校以来学校一直秉承"求实创造,为人师表"的校训精神,充分发挥文理基础学科优势,为中国基础教育和教师教育发展,为国家和上海的经济建设、科技进步和社会发展做出了重要贡献。尤其是2006年教育部和上海市决定重点共建华东师范大学,学校在建设世界知名的高水平研究型大学的道路上迈出了坚实步伐。华东师范大学从2006年起,学校每年将从免试直升研究生的优秀本科生中,选拔一批有志于从事基础教育事业、综合素质好、具有教师专业发展潜质的学生,纳入新型

---

① 李铁绳,党怀兴,赵彬.师范院校教师教育人才培养模式改革的探索与实践——以陕西师范大学为例[J].当代教师教育,2012(2):18-21.

的"4＋1＋2"师范硕士生培养体系,用人学校全程参与招生与培养过程。[①]

"4＋1＋2"模式是指教师教育的学段划分为4年本科教育、1年中学教育实践、2年硕士培养。其具体过程为:先由师范大学的专家、重点中学的校长、教育学院的学科专家组队对有志于做教师的优秀本科学生进行面试。学生与中学双向选择后签约。当学生本科毕业后,以"准员工"身份进入中学工作一年,之后再回到学校学习2年。学习期间,学生的硕士课程设置、教学实践、论文指导等,都由大学和中学共同完成。

按教育硕士"4＋1＋2"的培养模式进行培养,旨在兼顾教师教育的连续性和实践性要求,既实现了本科教育与研究生教育的贯通,也强化了教师教育的实践环节,体现了理论学习与教育实践的紧密结合。其运作程序如下:

第一,通过面试后,由用人学校(或区县教育局)和学生签订(就业)意向协议书。学生在签约学校完成本科阶段的教育实习,并在本科毕业前保持与签约学校的紧密联系,参与学校相关的教学和管理工作。

第二,签约双方一旦形成共识,便根据上海市相关规定,在学生本科毕业前签订为期1年的正式劳动(工作)合同。学生成为签约学校正式在编教师,在签约学校从事1年教学工作,享受在职教师相关待遇。中学教育实践期间,所在学校安排资深教师进行教师入职指导;华东师范大学派出专家小组,听取反馈意见,建立实践档案,并给予相应的指导。正式签约学生到所在学校从事1年教学工作期满后,经所在学校考核合格者,按上海市相关规定续签劳动(工作)合同,然后回华东师范大学完成教育硕士学业(第1年以全职脱产课程学习为主,第2年撰写学位论文,同时在中学承担一定的教学任务),课程学习阶段在拓宽知识面的同时,注重职业精神、教育理念、综合素养、课堂教学技能和组织能力的培养,强化教学实践和案例教学,聘请重点中学特级教师担任部分课程的主讲教师,定期组织各类专家见面会、沙龙和社会考察等实践活动,将理论和实践有机结合起来。其学位论文由华东师范大学和签约学校(或区县教育局)共同承担。

第三,1年中学教育实践期满后,签约学校将对学生进行考核,合格者按上海市相关规定续签劳动(工作)合同,并在华东师范大学完成教育硕士学业。学生取得教育硕士学位后,回签约学校工作。华东师范大学将继续跟踪青年教师的专业发展,提供终身学习机会。关于培养经费,硕士期间的学习费用由华东师范大学和签约学校(或区县教育局)共同承担,华东师范大学以奖学金方式为学生提供经费资助。

第四,退出机制。正式签约学生在工作1年后,经双方协商决定不再续约的,原签约学校可以不再与学生续签劳动合同,学生可以自行寻找签约单位或以自由身份返回华东

---

① 靳希斌.教师教育模式研究[M].北京:北京师范大学出版社,2009:58-59.

师范大学完成硕士学业,毕业后自行落实工作单位,上海市会教育委员会和华东师范大学也可协助推荐。硕士期间学习费用由学生本人和华东师范大学共同承担。[1]

"4+1+2"教师教育模式与"4+2"模式最大的不同就是:首先重视教育实践,增加了长达一年的实际教学工作,且由用人单位全程参与培养与指导;其次,进出机制灵活,一年中学实习结束后,双方有选择继续签订合同的权利;最后,待遇丰厚,在中学一年的实践工作,学生是有工资待遇的,在确定毕业后进入中学任教的学生,在攻读硕士期间每年可以获得14000元的全额奖学金,且签约学校还将继续支付其工资。其最大的不足就是:在修业年限上与目前通行的硕士研究生学历教师培养模式不超过六年相比较,显得相对不够经济;且在目前的实际运作过程中,外地户籍的优秀本科生无法落实上海户籍,而影响教师编制问题,使得选材面有些狭窄,具有一定的局限性。[2]

(三)上海师范大学的"3+3"教师教育模式

上海师范大学是上海市重点大学,是上海地方大学中一所以本科层次教育为主要任务,以应用型人才培养为主要目标,文科见长并具有师范特色的综合性大学。"3+3"模式是上海师范大学教育学专业招收的旨在培养基础教育研究型教师和教育管理人才的硕士学位研究生培养模式。其专业方向有中文教育、数学教育、物理教育、化学教育、生物教育、地理教育、音乐教育、美术教育、体育、历史教育、思想政治教育、英语教育、计算机教育、科学教育以及学校管理等。

"3+3"模式是一种融学历提高、专业发展、学科整合于一体的教师教育新模式,主要为基础教育,特别是中等教育培养高学历、高水平的教师。第一个"3",指在新模式下培养的本科学生在进入大学后的前三年,按照录取时的专业培养方案进行培养,到大学三年级时参加选拔考试后,再根据学校安排按照新的培养方案进行培养;第二个"3",则是指符合条件的学生接受三年"教师教育专业"方向的硕士学位研究生教育。第二个"3"具体分为"1+2"两个阶段培养,其中的"1"是指学校为学生进行为期一年的入门导向、教育实践、教职体验以及自身价值定向;"2"则是指学校提供为期两年的"教师教育专业"方向课程,并要求学生完成硕士学位论文撰写与答辩工作。

上海师范大学"3+3"模式的硕士教育阶段的培养(即第二个3),实际上可分解为"1+2"或者"X+2",大致的课程安排如下:

第一年:教育实践、教职体验以及自身价值定向。后三年的第一年要进入基础教育机

---

[1] 转引自:靳希斌.教师教育模式研究[M].北京:北京师范大学出版社,2009:59-61.

[2] 刘德敏.我国高师院校教师教育模式创新研究[D].四川师范大学,2012:20-21.

构进行为期一年的教育实践、教职体验以及自身价值定向。这一年完成教师职业的实践体验,做好教师职业的心理准备,确定人生的价值取向。主要形式包括教育见习、实习、调研以及课堂教学实践等。目前不少发达国家在教师培养中都安排1～2年的教师职业体验期。在"3+3"模式中安排一年的职业体验,一方面可以培养未来教师对教育事业的热情和对学生的爱心,另一方面可让研究生亲身感受教育实践,选择与教育实践密切相关的课题,使今后两年攻读硕士课程时更具明确的研究方向。这一年中要求研究生完成一篇教育实践调研考察报告,该阶段的实践经历将被认定为研究生教育实践环节的学分。

第一年末:职业分流选择。在进行教育实践、教职体验以及自身价值定向的第一年末,给予学生多元发展选择的机会。经过为期一年的教师职业体验,客观上肯定有部分学生发现自己并不适合或者并不喜欢教师职业,校方应给予他们重新进行多元发展选择的机会。学生在重新选择后,大致可分为三类去向:

第一类:占一年前进入培养模式初选人数80%左右。他们愿意从事教师职业,将直接进入后两年的教育学硕士培养阶段,完成硕士学业后,直接充实到上海基础教育的师资队伍。

第二类:占一年前进入培养模式初选人数10%左右。他们不适合或者不愿意从事教师职业,但在原专业学科上有研究兴趣,经过必要考核进入原专业的硕士课程学习,接受正常的为期三年的研究生教育,即目前通行的全日制研究生培养"4+3"模式。由于接收该模式的学生均为具有免试直升研究生资格的优秀学生,建议他们可以正常享受免试资格进入原有学科专业的研究生培养阶段。

第三类:占一年前进入培养模式初选人数10%左右。他们不适合或者不愿意从事教师职业,对原专业学科也没有兴趣,可正常按照四年制本科生毕业,授予学士学位,进入人才市场自主择业。这样的"3+1"模式没有耽误这些学生的自身发展和青春年华,他们在后三年的"1"阶段的教育实践可作为本科阶段的教育实践环节学分,他们在实践期间完成的调研报告也可作为本科阶段的毕业论文参加本科生论文答辩。

第二年:教育学硕士课程培养和科研训练阶段。占一年前进入培养模式初选人数80%左右的学生正式在教育学院接受系统的教育学硕士课程学习和科研训练,主要由四个模块的课程组成:(1)政治与外语公共课、现代教育技术课;(2)教师教育的核心课程;(3)各学科必修课程和教职课程;(4)"课程超市"的各种选修课程。政治与外语公共课、现代教育技术课由研究生处统一组织,由相关学院具体开设;教师教育的核心课程由教育学院负责开设;各学科必修课程和教职课程由教育学院协同相关院系学科专业研究生导师合作开设;"课程超市"的各种选修课程,集全校的精品课程面向教师教育。

第三年:学位论文阶段。学位论文是获得教育学硕士学位的必要条件。根据"3+3"

硕士生的培养目标,学位论文提倡选择实践性和应用性强的题目。如结合学科教学研究的调查报告、个案研究、教学案例分析等。学位论文的开题报告、答辩等其他具体要求参照上海师范大学研究生处的有关文件执行。

学位论文由"3+3"教育学硕士研究生教学指导委员会负责。由教育学导师、学科教学论导师和具有高级职称的中学教师或管理者组成指导教师组。通过师生互选的方式,确定指导教师负责学生学位论文的具体指导工作。

第三学年末:学位授予。"3+3"模式的研究生在修满培养课程计划规定的学分,并通过学位论文答辩后,即可授予上海师范大学教育学硕士学位。[①]

一个卓有成效的教师教育模式要通过较为完善的制度来保证,上海师范大学教育学院具备了教师教育方面所特有的独特理论优势和实践资源。首先在尊重学生自主选择的基础上,通过对学生政治思想品质、学习成绩、素质能力、对教师职业的理解,以及从教潜质的全面考核,选择一批综合素质较高、适教、爱教的优秀生进入"3+3"模式培养,保证"3+3"模式的生源质量。其次建立了专门的教育学院,并组成了由学科专业教师、教育学院教育学科教师和上海市各区教师进修学院以及重点中学优秀教师组成的多元结构的教学与指导教师队伍,以此保证"3+3"教师培养模式的培养质量。另外,通过与上海市一些有名的基础教育机构合作建立稳定的教学实践基地,作为教师教育必需的实习基地和教育改革实验基地,为学生的实习、实践活动提供了广阔的天地。[②]

从整体上看,我国众多高等师范院校的教师教育人才培养模式虽然呈现出多元化的特点,但是都力图把学识、学历、能力、实践有机地结合起来。

三、整合连贯培养模式

传统的教师职前教育分阶段培养方式的弊端日渐显现,教师专业化对教师的学术性和师范性也提出了更高的要求,整合连贯培养模式则是为解决教师教育分阶段培养过程中固有弊端而探索的一种新的教师培养模式,不少师范院校都结合自身实际情况进行了探索,并形成了具有特色的培养模式,其中有青海师范大学的全程培养模式,云南师范大学、内蒙古师范大学的"双学位"培养模式,以及昆明学院、楚雄师范学院的整合连贯型培养模式等。

---

① 教苑.上海师范大学"3+3"教师教育模式[J].外国中小学教育,2007(4):19-24.
② 靳希斌.教师教育模式研究[M].北京:北京师范大学出版社,2009:62-65.

（一）青海师范大学全程培养模式

1. 基本内涵

全程培养模式指专业学习和教师教育同步进行，根据新形势的要求，重新设计和规划教师教育的课程内容，并根据课程和技能的特点，将教师教育所有内容分解或渗透到四年当中的各个学期。根据教师人才成长的规律和技能形成的特点，全程规划、分阶段训练，最后实现目标。这样实施培养计划，可以在研修年限不变的前提下，整合教师教育课程，与原有课程设置差异不大，便于执行。优势在于，在长时间的培养过程中，师范生的教师技能和职业意识得到强化，彰显师范生的独特优势，增强就业中的竞争力。[①]

2. 实施方案

以青海师范大学为例，教师教育全程培养分三个教学阶段、两大课程类型、九个课程模块展开。

（1）三个阶段

①大一：教师职业角色认知及职业生涯设计阶段。教师职业角色意识的形成一般经过角色认知、角色认同、角色信念三个阶段。进入大学的第一年，最重要的应当是帮助师范生完成对教师角色的认知，对自己未来职业的认知，为师范生形成教师职业能力奠基，同时树立教师成长的正确动机和价值追求，最终将影响到其教育教学工作的质量。在学生入学的第一年就开始强调职业意识，明确奋斗目标，渗透教育理念。同时对教师职业生涯做好一定的设计和规划。教师的职业生涯规划，是对有关教师职业发展的各个方面进行的设想和规划，具体包括：对教师职业的选择，对教师职业目标与预期成就的设想，对工作单位和岗位的设计，对成长阶段步骤以及环境条件的考虑。

②大二、大三：教育理论学习和教师从教能力培养阶段。此时的教育理论课程应突出实用性、必要性和创新性，并与实践能力的培养相结合，通过教育理论的学习，增强学生对教育教学的研究意识和科学分析能力，具有一定的教育理论素养。教师能力是教师素养的核心，是影响其教育教学效果的最直接最根本因素。教师能力主要包括业务能力、组织管理能力、社会交际能力等方面。为培养创新型人才，特别开设教学技能模块、实践教学模块、教育科研模块、教学管理模块，强调教师实践能力的培养。这一阶段应充分利用所有的教学资源，调动所有的力量，对学生进行扎实有序的训练，以保证人才培养模式创新实验的质量。

---

① 铁生兰.教师教育全程培养模式研究——以青海师范大学为例[J].福建论坛（社科教育版），2009(4):96.

　　③大四:教学实战演练阶段。根据教育部"高度重视实践环节,提高学生实践能力"精神,大力加强实验、实习、实践和毕业设计(论文)等实践教学环节,特别要加强专业实习和毕业实习等重要环节。列入教学计划的各实践教学环节累计学分(学时),人文社会科学类专业一般不应少于总学分(学时)的15%,理工农医类专业一般不应少于总学分(学时)的25%。推进实验内容和实验模式改革创新,培养学生的实践动手能力、分析问题和解决问题能力。要加强产学研密切合作,拓宽大学生校外实践渠道,与社会、行业以及企事业单位共同建设实习、实践教学基地。要采取各种有力措施,确保学生专业实习和毕业实习的时间和质量,推进"教育教学与生产劳动和社会实践的紧密结合"(《教育部关于进一步深化本科教学改革全面提高教学质量的若干意见》),加强教学实践环节,分期见习与集中实习相结合,深入教学实践第一线,综合运用所学知识,全面检验所学的专业知识和从教技能,为学生的就业打造一个好的平台,为基础教育输送合格教师。这一阶段,实习领导要协调各方面力量,选派优秀教师全面指导学生的实习工作,主管领导经常巡视,实习领导小组全体成员全面考核实习成绩。

　　(2)两大课程类型:教师教育理论课程、教师教育实践课程。

　　(3)九个课程模块:教师教育理论课程分为职业道德教育模块、教育学课程模块、学科教学论模块、新课程新理念模块、素质拓展五个模块,教师教育实践课程分为从教技能模块、实践教学模块、教学管理模块、教育科研模块四个模块。[1]　见表3-1。

表 3-1　青海师大全程培养模式课程方案[2]

课程类型	课程模块		主要课程
教师教育课程	教师教育理论课程	职业道德教育模块	教师职业道德、教育法规、教师职业生涯设计、教师礼仪等
		教育学课程模块	教育学、心理学、教育心理学、教师语言艺术、现代教育技术(包括实验)等
		学科教学论模块	学科教学论、学科教材研究、学科特级教师研究等
		新课程新理念模块	走进新课程、解读新课标、研究新教材新教法等
		素质拓展模块	音乐鉴赏、美术鉴赏、文学鉴赏等

---

　　①　铁生兰.教师教育全程培养模式研究——以青海师范大学为例[J].福建论坛(社科教育版),2009(4):97-98.

　　②　铁生兰.教师教育全程培养模式研究——以青海师范大学为例[J].福建论坛(社科教育版),2009(4):97.

续表

课程类型		课程模块	主要课程
教师教育课程	教师教育实践课程	从教技能模块	阅读课、写作、钢笔字、毛笔字、粉笔字训练,教师语言(普通话、朗诵、演讲、语言沟通能力)、计算机文字处理等
		实践教学模块	观摩教学、模拟课堂、微格教学、基地见习、基地实习、课件制作等
		教学管理模块	班主任工作实践训练、课外活动组织与安排、教师社会交际能力等
		教育科研模块	中学教育科研实践、行动研究实践、教育论文写作、教育专题研讨

3. 教师教育全程培养模式的推行措施

(1)按照要求制定出了《教师教育全程培养模式实施方案》《教师教育全程培养模式评价体系》等相关方案。

(2)根据实施方案和教学计划,在培养过程的各个阶段制定出具体详细的实施课表。

(3)阅读、书写和语言表达能力的形成是一个长期反复的过程,所以作为全程课程,贯穿于每学年的各个学期,故在制定教学计划时无须专门安排课时。

(4)本方案突出量身定做的原则,体现个性化特色,对那些已掌握某项技能,且顺利通过考核的学生,可由各个人提出申请,免修相关课程,并获得相应学分。

(5)建立长期合作培养基地。通过多方面的协商和联系,建立长期合作的教师教育培养基地。

(6)完善培养考核制度。坚持"分项训练,量化考核"的原则,逐一落实,循序渐进,注重实效。制定《教师教育全程培养模式成绩考核方案》。

(7)成立管理与运行机构。培养方案的全面落实要靠有效的管理与运行机制。一方面要建立以主管教学的校长为负责人的领导机构,另一方面要建立以各单位领导为负责人的实施机构,这样才能保证教师教育全程培养模式的改革和推行。[①]

(二)云南师大"双学位"培养模式

1. 基本内涵

云南师范大学实施的五年制双学位教育内涵是比较特殊的,即"学科专业教育＋教师

---

① 铁生兰.教师教育全程培养模式研究——以青海师范大学为例[J].福建论坛(社科教育版),2009(4):98.

教育"的教师培养模式,从"2+2"人才培养模式改革中深化而来,是教师教育模式改革的一种新探索。它既不是普遍意义上的"主辅修式"双学位的概念,也有别于第二学位(本科后教育)的概念。一般的双学位教育的做法其实是在本科阶段学生获得两个专业、两个学位,学生以本专业班级为其固定班级,同时也属于第二学位的班级。① 云南师范大学的五年制双学位是"一专两学位"。一个专业,即教师教育专业;两个学位,即学科专业学位和教育学学位。此外还为学生设置专门的双学位班。一方面进行学科专业的教育,按综合大学的标准执行,学生毕业获得相应的专业学士学位;另一方面进行教育理论的教育,学习标准由课程学习提高到学位学习,学生毕业获得相应的教育学学士学位。师范类专业的学生毕业时,不仅获得专业学士学位,还可以获得教育学第二学位。②

2. 实施方案

(1)指导思想和原则

①体现高等师范教育改革发展趋势,主动实现"两个转型"

目前全国高师教育改革的大趋势是实现两个转型:一是从传统的师范教育向现代教师教育转型,二是从传统的师范院校向以现代教师教育为特点的综合化大学转型。高等师范教育的发展,应当与时代的发展接轨,向现代化、综合化的方向前进,在提高学科专业水平的同时,全面改革高等师范教育,以适应时代的趋势,为当地发展做出贡献,也为基础教育对现代教师人才的需求做出先导和示范。

②充分发挥高等师范院校在培养师资中的引领作用

生产力发展水平制约着教育的发展,社会经济的发展对基础教育提出了更高的要求,基础教育中对师资的要求也逐渐从数量向质量转移。为顺应时代的需求,高等师范院校对师资的培养应提高要求,定位准确,将师范生培养成为具有深厚文化素质和科学素质,在学科专业领域和教育专业领域具有坚实业务素质和卓越表现的各类高层次引领型教师人才。高等师范院校必须责无旁贷地承担起推进高等师范教育改革的重任,在培养适应基础教育所需高素质现代教师人才中发挥先导和示范作用。③

③深化人才培养模式改革,继续全面贯彻"十六字方针"

学校在新一轮教学改革阶段成果的基础上,明确提出了推进人才培养模式改革的"十六字方针":拓宽口径、夯实基础、因材施教、分流培养。这也是云南师范大学制定五年制

---

　　① 伊继东,曾华.罗明东,邹敏,陈瑶.云南师范大学试行五年制"双学位"(本科)教师教育专业探索[J].云南师范大学学报(哲学社会科学版),2005(6):61.

　　② 吴新悦.高等师范院校本科双学位教师教育模式研究[J].科技信息,2013(22):206.

　　③ 伊继东,曾华,罗明东,邹敏,陈瑶.云南师范大学试行五年制"双学位"(本科)教师教育专业探索[J].云南师范大学学报(哲学社会科学版),2005(6):61.

双学位培养方案的基本指导原则。

（2）培养目标和规格

培养目标：素养全面、学识深厚，具有创新精神和实践能力、有持续发展潜力、学科水平较高、教育专业化程度较高的引领型教师。

人才规格基本规格：基础厚、口径宽、能力强、素质高。其中宽厚的人文、科学素养是基础，创新能力和实践能力是核心，综合素质是标志。具体应体现在以下两方面：

其一是学科专业教育，即"教什么"的教育，旨在提升师范生的理论深度。师范生对自己所选学科领域的知识进行全面系统的掌握，培养其收集、处理学科信息等学术研究能力，以综合大学的专业要求为培养目标。其二是教育专业教育，即"怎么教"的教育，旨在增强师范生的实践技能。熟练掌握教学方法和教学技能，能灵活应对教学中的突发事件；把握学生的身心发展特点，因时因地地实施教学。在教育实习中锻炼能力，理论结合实践。

强调工具性素质培养，要求掌握一门外国语和计算机应用技能以及教师普通话口语能力，并分别达到规定的等级，通过学科学士和教育学学士毕业论文答辩。各学院在具体执行时再根据自身学科专业的特点，制定具体学科的培养目标和具体人才规格要求。

（3）培养模式的基本特点

①连贯中重点突出

云南师范大学探索的五年制"双学位"培养模式，课程体系涵盖通识教育、学科专业教育和教育专业教育。其中学科专业教育贯穿始终，但每个阶段的教育也各有其侧重点。前两年以通识教育为主，为师范生素质提升打下扎实的基础；接下来的两年则以学科专业教育为重点，保证师范生掌握学科教育所必需的知识储备，并在后期穿插教育专业课程，对教学方法和技巧有大致的了解；最后一年着重训练教学实践技能，围绕教育专业开设课程。在五年连续的课程中，设置三段梯度发展模式。

②实习周期弹性设计

师范生的实践能力尤为重要，无论在职前培养、选拔聘用还是职后培训，师范生的实践技能都是体现其教师素养的核心能力。为真正提升师范生的实践能力、创新思维和教学研究能力，更好地与基础教育教学改革有机接轨，应加强教育实践类课程的设置。五年中一般情况下实践类课程累计占用时间为 6 个月，分两段开展实习。其中学科专业实践一个半月，包括学科专业见习 1 周、学科专业实习 6 周、学科专业调查 1 周；教育专业实践两个半月，包括教育专业见习 1 周、教育专业实习 10 周、教育专业调查 1 周。

③高标准高要求

五年总课时≤3500（不含实践类课程），总学分 200 左右。政治思想合格，课程合格，获得相应学分且学分结构符合要求,通过学科专业学位论文和教育专业学位论文答辩者同时获得学科专业学士学位和教育学士学位,统一颁发两本学士学位证书(使用一个证书编号)。为了确保师范生毕业时能达到学校的要求,学校会视情况实行中期淘汰和延长学制,也就是对双学位就读的师范生进行中期考核,学习情况不达标的将会延长学习年限,直到其完成培养目标;情节严重者则终止其双专业的学习,转调为普通学科专业学习。

④课程设置体现特色

教师职业具有"双专业"特点。在教师培养的职前阶段就应当为"双专业"的发展奠定坚实基础。课程是培养模式方案的实质体现,因此课程设计要直接体现"双专业"的内涵。具体到每个专业,应根据各自的目标要求制定出具体要开设的各类学科专业课程以及教育专业课程。

加强教育专业的课程体系建设是实现双学位教师教育人才培养模式目标的支撑点。经过多年的探索,云南师范大学教育专业课程主要形成三种类型:一是普通教育理论与技术类课程,如教育学、心理学、教育科研方法、教育统计、现代教育技术等;二是学科教育理论与技术类课程,主要是指各门专业的学科教育学课程;三是教育实践类课程,包括教育实习、教育见习和教育调查等。

综上所述,云南师范大学双学位培养模式的课程所做的整体设计如表3-2所示,通识课程、学科专业课程、教育专业课程有机结合,实现学科水平和教育专业水平的同步提升。[1]

表 3-2　云南师范大学双学位培养模式课程设置[2]

	通识课程	学科专业课程	教育专业课程
必修课程	必修类通识课程	学科基础课程	教育专业必修课程(理论)
	活动类通识课程	学科专业主干课程	教育专业实践课程
		学科专业方向课程	
		学科专业实践课程	
选修课程	选修类通识课程	学科选修课程	教育专业选修课程

①　伊继东,曾华,罗明东,邹敏,陈瑶.云南师范大学试行五年制"双学位"(本科)教师教育专业探索[J].云南师范大学学报(哲学社会科学版),2005(6):61-62.
②　伊继东,曾华,罗明东,邹敏,陈瑶.云南师范大学试行五年制"双学位"(本科)教师教育专业探索[J].云南师范大学学报(哲学社会科学版),2005(6):62.

（三）整合连贯型培养模式

1. 整合连贯型培养模式基本内涵

"整合连贯型（integration-continued model）"培养模式是将小学教师教育与中学教师教育实行全面贯通、整体融合、统一培养，整合中小学教师教育的各种资源要素，在培养方式上关照基础教育的整体性，注重基础教育作为一个整体却又具有分段性，课程分科又具有综合性等特征。"整合连贯型"教师教育模式就是以培养基础教育合格师资为人才培养目标的应用型教师培养模式，旨在培养出既通晓整个基础教育相关学科课程教学基本原理与方法，具有基础教育整体观和全程观，又重点了解基础教育某一阶段特点，亦既能整体认识，全程把握，又能阶段突出，重点深入，能够承担基础教育各种任务的新型师资人才。[①]"整合连贯型"教师教育模式的构建主要是为了弥补基础教育对师资要求的"分层次"与"分科目"的弊端，适应新形势下基础教育发展对新型师资人才的需求。

2. "整合连贯型"培养模式的特征

（1）整体性。该模式把基础教育作为一个整体来考察，打破传统分段式、分层式的中小学师资人才培养体系，整体、全程考虑基础教育阶段师资培养的基本问题，将中小学教师教育统一起来，关照基础教育的一体化、全程性特征，形成具有内在一致性的运作模式和一体化培养平台。

（2）综合性。该模式在考虑基础教育整体性的同时，根据基础教育对综合型师资的需求，依据高师院校学科专业的性质，整合不同专业的学科优势，构建具有综合性质的跨专业、跨学科的综合课程模块，培养一定数量的综合型师资，以弥补分科教学的不足。

（3）选择性。根据中小学教育、中小学校学生的特点以及基础教育的需要，有重点和侧重面，开设弹性课程和增设教育实践课程，使师范生能够"分段选择""分科选择"，在全程把握和通晓整个基础教育原理与方法的前提下，有所侧重地完成职前教师教育阶段课程。

（4）创新性。该模式是基于现实的一种研究视角转向，不同于以往任何一种教师教育模式。它打破了以往分层式、分科式的教师教育模式，整合中小学教师教育资源，从师资培养目标、规格到教育内容、教育方式等方面实行了一系列的改革与创新。在考虑师范生当前需要与未来发展上有新举措、新方法，在教育理念、基础教育、市场需求的对接上找到

---

① 刘明东.我们怎样培养应用型教师——"分段分离式"与"整合连贯型"教师教育模式之比较[J].楚雄师范学院学报，2014，24（9）：1-2

了新的结合点。[①]

(三)"整合连贯型"培养模式的实践

"整合连贯型"教师教育模式于2008年提出,在理论和实践中都取得了丰硕的成果。理论研究获得多项科技成果奖,并出版了不少优秀的教材;同时,"整合连贯型"教师教育模式被多所高等院校采纳,以云南省为"据点",不断辐射周边地区。此外,与其合作的中小学校也获益良多,实现了高校与基础教育的资源共享、资源共用。

"整合连贯型"教师教育模式的优势在于搭建合作培养平台,强化教师技能训练,突出实践教学。"整合连贯型"教师教育模式突出服务面向与就业导向,与基础教育主管部门、基础教育学校、基础教育教师建立广泛的合作关系,建立"基础教育名师进高校课堂"和"高校教师基础教育实践"双师型教师的相关制度,形成了"高校+科研院所+中小学校"一体化的教师培养机制,建立了校内与校外结合、理论教学与实训实习教学结合的教师教育联合体,实现培养过程与培养目标、培养规格与使用需要紧密对接。"整合连贯型"教师教育模式重视师范生教师技能的实训,把教师技能当作师范生的必备基本功,建立了师范生教学技能训练中心,开设普通话和口语表达、"三笔字"和书面表达、教学设计、教学媒体、班主任工作等教师基本技能训练课程,以"个个参与、人人过关"为目标进行强化训练,采取必修课与选修课结合,理论课与活动课、实训课相结合,课内训练与课外实习实训相结合,阶段集中训练与贯穿全程相结合,常规训练与专项考核、竞赛相结合等方式进行强化训练,通过考核后颁发技能合格证。"整合连贯型"教师培养模式强调师范生的教育见习实习等实践环节要对基础教育的全程性把握和阶段性深入相结合。在有计划地完成对基础教育(中小学)整体全程见习、观摩以及教育教学调查研究的基础上,结合自己的研究志趣和就业选择,自主选择到小学、初中或高中进行深化性就业实习。[②]

从2009年开始,昆明学院以"整合连贯型"教师教育思想为指导,在部分师范类本科专业进行了"整合连贯型"教师教育模式改革,启动了昆明学院教学改革及教学质量工程建设项目——"整合连贯型"基础教育师资人才培养模式改革与创新研究,制定了新的师范类专业人才培养方案。2010年,又成功创建了云南省"整合连贯型"师范类专业人才培养模式创新实验区和省级教学团队,启动了云南省高等学校教学改革研究项目——新型师范类专业人才培养模式改革创新研究。通过初步的理论与实践探索,昆明学院在"整合

① 刘明东.教师教育模式改革新方向——"整合连贯型"教师教育模式改革的探索[J].教师教育研究,2010,11(6):23.
② 刘明东.我们怎样培养应用型教师——"分段分离式"与"整合连贯型"教师教育模式之比较[J].楚雄师范学院学报,2014,24(9):5-6.

连贯型"教师教育模式改革方面取得了一些经验与成绩。根据"整合连贯型"教师教育模式的内涵与基本特征,结合大学课程设置要求,构建了"整合连贯型"教师教育课程模式。组织编写了以"整合连贯型"教师教育思想为核心的各门教育课程教学大纲,并由云南大学出版社出版了师范类专业"整合连贯型"人才培养模式改革系列教材之———《教育学——基础教育原理与应用》。该教材以整个基础教育为研究对象,突出了基本性、重点性以及应用性三个特点。组建了教师教育中心,解决了教师专业课程资源分散、多头管理等问题。教师教育中心整合以往分散在各个教学系的教育学科课程资源,负责全校创新、构建、组织实施与教师教育有关的师资人才培养工作,形成教师教育合力。以教师专业理论课程为平台,搭建了课程见习基地,在中小学建立了理论课见习基地,建立了师范生教学技能训练中心。[①]

四、"订单式"培养模式

(一)"订单式"培养模式的基本内涵

"订单式"培养模式也称为"三定"办学模式,主要包括定向招生、订单培养和定岗就业。定向招生是指由政府主导,面向具有当地户口,有志从事农村基础教育的初高中毕业生招生。订单培养是指由用人单位提出所需人才的学科类别和标准,承担教师培养任务的院校"照单"培养。定岗就业则是指学生毕业后到预先设定的岗位就业。[②] 地方本科院校根据地方教育部门对人才的需求,双方签订培养合同,共同制定人才培养方案,并在师资、课程等方面进行合作,学校负责招生、培养,地方教育部门与学生签订就业协议,负责安排毕业生就业。[③]

"订单式"农村教师培养模式集政府、用人单位、培养院校三位于一体,是教师教育和社会需求适切性、针对性的高度结合。第一,基层学校需要什么师资就培养什么师资,需要怎样的知识结构和能力结构就构建什么样的课程体系,从而体现需求导向,适应岗位需要,强化针对性培养。师资培养院校和农村学校紧密配合,形成教师职前培养与教师聘用的一体化。第二,结合培养对象的特点制定专门的教学计划,凸显因材施教的思想。第三,教育实习、毕业实习在未来就业的学校进行,集情景教育、校本研究为一体,既是职前

① 刘明东.教师教育模式改革新方向——"整合连贯型"教师教育模式改革的探索[J].教师教育研究,2010,11(6):24-25.

② 郎耀秀.农村教师教育模式新探[J].广西民族大学学报(哲学社会科学版),2010(6):182.

③ 乔刚.面向西部农村教育的地方本科院校教师教育模式研究[D].延安大学,2010:31.

培养教育的重要环节,也是职后专业发展的前奏和预演。用人学校可以对学生培养的效果提出评估,双方形成良性循环。第四,增加乡土教育模块。培养合格的教师特别是农村需要的教师,就是要熟悉农村、研究农村,从发展农村经济的战略高度统筹农村教师教育的发展。[①]

(二)"订单式"培养模式的特点

订单式培养模式作为高校与地方教育部门合作的一种具体形式,其特点是:这一模式下的课程体系是围绕着农村教育发展的需要设计的;其培养目标以能力培养为本,不仅侧重专业能力,更侧重于综合素质能力的培养;这一模式更加强调教育实践环节的重要性。具体措施包括:地方本科院校在招生计划中,学校专门拿出一部分指标招生低于录取分数线的农村学生,在学生入学之初,就和地方教育部门签订就业合同,定向为农村教育培养本土型师资;学生在校学习期间,可以享受学费减免和生活补贴等优惠政策;假期当中,学生要接受当地教育部门安排,到农村中小学进行见习等活动;学生毕业后,要按合同规定必须回到农村服务一定的年限。同时,县级教育行政部门要以财政、人事、职称等方面的优惠政策,吸引、鼓励农村学生参与到这种培养模式当中,以推动农村教育的发展。而对于完全没有履行合同或中途退出的学生,要实行一定的经济和法律处罚,以保证该项措施的有效推行。总之,订单式模式能有效弥补当前西部高校教师教育培养与社会需要不符的不足,有利于提高高校培养人才的适用性和针对性,保证学生的就业出路,提高高校的就业率,吸引优秀人才来校学习。[②]

(三)"订单式"培养模式的课程体系

"订单式"培养模式是根据用人单位的实际需求"量身定制"教师的一种培养模式,其课程体系必将倾向于实用的方面,学科课程也就因人制宜,不求面面俱到,教师的教学技能和方法则占到更大的比重。

1. 减少学科专业课程,增加教学技能等教育学科类课程

在人才培养目标确定后,课程体系就起着人才培养设计蓝图的作用,它决定着培养目标的规格和类型。在改革课程体系时必须协调好教师职业"双专业"的特点和教师专业的实践性取向的关系,做到教师专业"学科专业化""教育专业性"与职业岗位"实践性"的统一,也即处理好"学术性""师范性"与"应用性"的矛盾。

---

① 郎耀秀.农村教师教育模式新探[J].广西民族大学学报(哲学社会科学版),2010(6):182.
② 乔刚.面向西部农村教育的地方本科院校教师教育模式研究[D].延安大学,2010:31.

当前,一些师范院校仍然沿用过去几十年占主导地位的"专才教育"思想来定位师范教育,课程设置上师范教育被边缘化,教育理论与技能内容薄弱,轻视对师范生的教育专业训练,偏重按学科专业教学的模式培养师资,忽视学生综合能力的培养。来自基层的调研表明,59.1%的农村教师最缺乏的教学技能是运用信息化手段进行教学的能力,14.4%的农村教师最缺乏的教学技能是根据教学目标设计相应教学策略的能力。[①] 这意味着,构建与基础教育实践相适应的课程体系,必须适度压缩学科专业类课程,增加教学技能型课程。有专家建议,师范专业的学时分布比例应为:教育类课程占20%,学科专业类课程占50%,通识类课程占30%。这样既保持学科专业的主导地位,又不失师范特色,且对学生的教育更全面。也有学者认为,教师教育在层次上跨度较大,用一个比例来划分学时是欠科学的。再则,不同学校办学定位不同,有的定位于研究型,有的定位于应用型,统一的学时模式不能体现办学特色。因此,对小学(幼儿)教育专业,学科专业类课程所占比例应低于50%;而面向中学培养师资的专业,比例可以适当提高,但不应突破50%。这是基于基础教育在不同阶段所需知识的宽度和深度不同而提出的。从应用型高校的师范教育来说,教育类课程占20%的比例仍显不足,应适当提高;同时减少学科专业类课程的学时比例。

2. 整合课程资源,构建适合农村基础教育的教育类课程体系

在学科专业类课程的比例确定后,整合课程资源,构建适合农村基础教育实践的教育学科类课程体系就显得十分必要。

传统的教育学科类课程包含教育学、心理学、学科教学法和教育实习,教师教育的"师范性"以及教师职业的"应用性"主要通过这一体系来体现。新形势下师范生教学技能包括基本技能和专业技能两个层次。前者涵盖普通话与口语表达、阅读、书画、写作、教学媒体使用、实验、艺体等技能,是师范生的基本职业素质,即基本功;后者包括教学设计、说课、上课、听课、评课、反思与总结等,属于更高层次的专业技能。如此广泛的内容,只有进行科学整合,在训练形式、方法、手段、机制等方面不断改进和创新,在针对性、实效性上下功夫,并力求在具体教学情境中训练,才能使教学技能训练更加贴近基础教育教学实际,贴近师范生专业成长。

在课程整合上,山东省鲁东大学的做法值得借鉴。该校借助"顶岗实习、置换培训"的平台,将教育学科类课程整合为"教师教育理论课""教师教育技能课""教师教育实践课"三个模块,以夯实师范生的教学理论知识,提高师范生从教技能,加强师范生教学基本功。与此同时,他们还增加了教育学科类课程在教师培养课程体系中的比重,改革师范生的培

---

① 王莉.90年代以来我国农村教师研究述评[J].河西学院学报,2009(1):70.

养组织模式,增强教育学科类课程的统一性、整体性和实效性,增加课程的实践性和现实性等,突出人才培养的师范性特征。[①]

(四)"订单式"培养模式的教学模式

面向农村中小学教师的师范教育,其教学模式应强调"知行合一",以学科竞赛为抓手、以多证书制度的实施为推手,强化职业技能培养。

1. 将技能竞赛与课堂教学有效衔接

师范生职业技能竞赛是目前各地普遍推行的一种做法,收到一定效果,但存在的问题也显而易见。这就是竞赛内容与课堂教学脱节,第一课堂与第二课堂衔接不够,因此,有必要将教师职业技能培训纳入教学计划,设置教师职业技能培训必修课、选修课和讲座课,使课堂教学与竞赛(即职业技能训练)相互融合。在内容的安排上,应体现从基本技能训练到专业技能训练的逐步深化过程,在低年级侧重解决基本技能与技能特长问题,高年级则侧重解决教育教学实践技能与教育研究技能的问题,让师范生有计划、有步骤地掌握教师的教学技能。

以教学设计、语言、板书等职业技能组织微型课程开展教学,也可参考工科类专业的教学组织形式,为专业课程安排适当学时的课程实习,理论、实践相结合,"教学做合一",这样既增加学生学习的趣味性,提高理论课的教学效果,又让学生得到技能训练。

发挥微格教学、多媒体教学的作用,让学生在模拟情境中对自己的教学技能进行"串联式"训练。在教学中,除训练学生的技能外,很重要的是培养学生的从教意识,为其后的教育实习奠定基础。同时,发挥模拟教学的"镜子"作用,使学生自觉地对自己的"教学"进行反思,使其养成自我反思的自觉。

2. 推行教师教育职业技能多证书制度

构建学生职业技能评价体系,是职业技能培训持续发展的重要推手。参考其他行业实行的"专业技能合格证书"或"专业技能级别证书"的做法,教师教育应建立职业技能证书制度,对所有从事教师职业的人实行"教师职业技能合格证书"管理制度。由于教师教育的职业技能内容较多,可根据相关性原则,科学、合理地组合并构建若干个证书项目,为每种证书资格制定标准并规定获取程序,学生在完成教学任务的同时,自主选择考取何种证书。

建立基于职业技能认证的教师职业资格制度,改革现有教师职业资格准入制度,建构与职业技能证书制度相衔接的教师资格证制度,即只有取得基本职业技能证书的若干项

---

① 郎耀秀.农村教师教育模式新探[J].广西民族大学学报(哲学社会科学版),2010(6):183.

和职业技能证书的若干项的师范生方能获得基础教育教师资格。申请基础教育教师资格的非师范生,除获得与师范生同样多的资格证书外,还必须满足在中小学听课、上实习课,并达到一定学时的条件。

需要特别指出的是,推行教师教育职业技能多证书制度以及基于职业技能认证的教师职业资格制度,都是为破解教师教育的现实困境而提出的,这与国家正在酝酿的"教师教育标准"的出发点——深入推进教师教育的改革和创新,提高教师队伍的整体素质是完全吻合的。①

五、"全科型"培养模式

近年来,我国农村学校办学条件有所改善,但是由于城乡的地域和资源差异,农村优秀教师不断向城镇中心学校单向流动,而农村教师补充不足,逐渐造成了农村现有教师年龄结构老龄化、知识结构陈旧、教学水平落后的不利局面。同时,骨干教师多集中在城镇地区,城乡师资力量差距拉大,严重阻碍了农村义务教育阶段教学改革的实施,进一步限制了基础教育的均衡发展。尽管各级政府部门也采取了一系列措施鼓励优秀人才到农村去从教,如"农村义务教育阶段学校教师特设岗位计划""国培计划""义务支教"等,这些措施在一定程度上缓解了农村师资严重不足的困境,然而要扭转目前我国绝大多数农村小学教师配备不齐、教师学科结构不合理、音体美课程开设不齐的局面,只是杯水车薪。教育发展的关键在于教师,"建设一支高素质的农村教师队伍是发展农村教育、提高农村教育质量的关键"。在这一背景下,国家制定、颁布了多项政策来支持农村小学教师队伍的建设与发展,如教育部 2012 年在《关于大力推进农村义务教育教师队伍建设的意见》中指出,要为农村学校定向培养补充"下得去、留得住、干得好"的高素质教师;采取定向委托培养等特殊招生方式,扩大双语教师、音乐、体育、美术等紧缺薄弱学科和小学全科教师培养规模。② 2014 年颁布的《教育部关于实施卓越教师培养计划的意见》(教师〔2014〕5 号)明确提出了"全科小学教师"的概念。农村小学全科教师是指适应农村小学教育发展,能够胜任农村小学阶段的所有学科教学和班主任工作的教师,其内涵主要体现在综合培养的价值取向上。小学全科教师并非一个全新的概念,我国全科型教师培养始于 20 世纪 50年代,历经多次发展和调整,走过了丰富而曲折的发展历程。20 世纪 80 年代前期,我国

---

① 郎耀秀.农村教师教育模式新探[J].广西民族大学学报(哲学社会科学版),2010(6):184.
② 关于大力推进农村义务教育教师队伍建设的意见[EB/OL].(2012-12-14)[2013-11-30].http://info.jyb.cn/jyzck/201212/t201214_521459.htm.

小学教师培养任务主要由中专层次的师范院校承担,培养不分科,实际上就是中专层次的全科培养模式。随着时代与社会的发展,20世纪90年代,我国师范教育由四级建制转向三级建制,国家逐步撤销了师范教育的第四级培养机构,即中专层次的师范学校,小学教师的培养任务转由师专、师院和师范大学承担。1998年之后陆续形成了以杭州师范大学为代表的"综合＋专长"培养模式、以南京师范大学为代表的"先通识后方向"培养模式、以上海师范大学为代表的"大文大理"培养模式、以华南师范大学与首都师范大学为代表的"分方向"培养模式的四种主要小学本科教师培养模式。[①] 这四种培养模式,都是基于我国从小学到大学实行分科教学的国情,结合自身实际建立的具有中国特色的培养模式,在一定程度上为全科型小学教师的培养创建了培养思路。

目前,各高校、学者围绕"全科型小学教师"培养问题展开了大量研究,并初步取得了成效。近几年,湖南、重庆、广西、河南、广东等地基于专科层次小学全科型教师培养的经验,开始尝试培养面向农村基础教育的本科层次小学全科教师,为农村小学教师培养进行了新的积极尝试。其中,湖南省于2010年在湖南第一师范学院开创了全国首个初中起点六年制本科小学教育专业免费师范生培养模式,培养"全科型"免费师范生。2011年,全科型小学教师培养作为浙江省确定的教育体制改革试点项目由湖州师范学院承担开展,现湖州师范学院已进行首批培养试点,他们摸索研究确立了"335"小学全科教师的培养模式,即确立"全科培养、全程实践、全面发展"的三全培养思路,达成"专业情意深厚、专业知识广博和专业能力全面"的三大教育目标,发展"教育教学能力、组织管理能力、活动指导能力、教学研究能力、学习创新能力"五种专业能力的培养模式,他们还根据小学教育专业的特点,在课程体系构筑上打破学科壁垒,以社会现实问题或小学教育教学中的问题为中心,大胆地进行学科间知识的整合、重构。在课程教学形式上,改变课程实施中过于偏重理论知识内容的倾向,实现学科专业知识与教学技能、教育基础理论与实践能力的"双加强"。[②]

江西省在"十一五"期间开展定向培养农村中小学教师工作,2006—2010年间每年定向招收了5000名初中毕业生"五年一贯制"和高中毕业生三年制全科型小学师范专业。重庆市2013年计划招录700名本科层次小学定向全科教师,采取"3＋1"学制四年模式(即高校3年和教师进修学院1年),着力培养学生全科教学能力,全科师范生在校期间的学费、住宿费和生活补助费由市财政承担,毕业后服务期限不少于6年。[③] 另外重庆师范

---

① 杨晓峰.本科层次全科小学教育专业的反思与建议[J].长江师范学院学报,2014(6):113-119.

② 刘宝超.培养本科层次的全科型小学教师的思考——基于广东现实的研究[J].学术瞭望,2012(3):30.

③ 刘志强.重庆为农村小学定向培养全科教师[N].人民日报,2013(5):29.

大学围绕卓越农村小学全科教师的培养目标,构建了 PTR 人才培养模式,即"practice-theory-reflection",即"实践—理论—反思"的全程性、开放性、循环渐进的人才培养模式。具体指从第二学期开始,学生每学年开学前 1~3 周进入联盟基地小学开展实践学习(practice),然后回到学校继续开展理论学习(theory)并反思学习(reflection),每学年循环开展,通过"见习—研习—实习—讲习"螺旋式上升的过程,让学生从"拜师""学师",到成为"准师",直至最后"出师"。基于 PTR 人才培养模式,学校重构小学全科教师课程体系,改革教师教育课程内容。根据教育部《小学教师专业标准(试行)》的培养要求,立足重庆市小学教育实际,重庆师范大学同地方和小学建立起"高校主导、地方协同、小学参与"的课程体系建设新机制,精心设计包括通识课程、学科基础课程、学科专业课程、教师教育课程和教育实践课程在内的小学教育(全科)专业课程体系。广西壮族自治区在 2013 年至 2017 年首先面向高中毕业生定向招收 500 名两年制农村小学全科免费师范生。湖北省 2013 年暑假专门针对偏远农村小学(教学点)举办"全科教师"培训,进行了以体育、音乐、美术课程为主的"全科教师"培训,以音体美 3 科为突破口,依托教材,聘请各学科一线优秀骨干教师当培训专家,培训人数达 237000 人次。

农村小学全科教师的培养具有重大意义,其教师的基本特质有农村情感深厚、专业知识全面、能力素质具有综合性等特点。另外,分析已有省份的培养模式,全科型小学教师培养模式有如下特点:

1. 招生对象与学制的多样化

目前,全科型小学教师招生对象主要有初中毕业生与高中毕业生两种。湖南以招收初中毕业生为主;重庆、广西、广东等以招收高中毕业生为主。对于二者孰优孰劣,一直争论不断。有学者认为,由于初中生可塑性强,有利于技能学习,小学全科教师更适宜于从中考考生中招收;也有学者认为,本科层次的小学教师是历史发展的必然,具有更强的生源竞争力,也能更大程度上满足农村小学教育在能力与学历上的需求。

招生对象的差异导致学制的差异,目前流行的有三种:一是招收初中毕业生,采取"三二"分段的"五年一贯制"专科培养;二是招收初中毕业生,采取"四二"分段的"六年一贯制"本科培养;三是招收高中毕业生,按照普通本科学制培养(主要是免费定向培养)。

2. 强调多主体协同培养

由于知识、能力、情感、实践经验是以不同的方式在不同"场域"形成,众多学者强调全科型小学教师需要多主体协同培养,积极探索"建构师范院校引领、区县政府主导、教研机构助推以及区县小学积极参与的人才培养新机制",如重庆地区构建的"高校"(university)—区县政府(government)—研训机构(institute)—小学(school)"四位一体的"UGIS"人才培养联盟来实现高校和社会的一体化培养。

3. 培养课程的整合性与实践性

目前我国全科型小学教师培养课程主要采用整体性、模块化设计,把课程体系分为通识教育类课程、学科专业类课程、教育类课程、教育实践类课程四个基本课程模块,要求根据小学全科特性,大胆整合、重构,充分凸显课程的综合性、整体性。主要表现在:(1)拓宽通识教育类课程。开设历史、艺术、文化、伦理道德等综合素质教育课,强化语言(普通话、英语)、计算机(教育信息技术)等工具课程。(2)精简学科专业类课程。在不违背学科知识逻辑的前提下,调整和整合学科,重视学科共同要素,构建综合课程。(3)强化教育类课程。凸显教育学、心理学、教学设计等课程在培养全科型小学教师中的作用,加大其课程比例。(4)教育实践类课程系统化。强调"整体设计、多渠道开展、四年一贯不间断形成实践教学体系"。[①]

随着对"全科型"小学教师培养的探索与研究的不断深入,许多专家学者结合已有的小学教师培养模式和农村小学教师需求特点,也提出了自己的观点,如肖其勇研究员提出了免费定向农村小学全科教师"3+1"培养模式,"3"即大学四年在高校完成全科课程学习,"1"即一年时间在地方教师研训机构指导下在基地学校见习、研习,在定向区县农村小学实习。廖军和副教授提出了"1+3"模式。具体来说,"1"是指本科定位,"3"是指定向培养、职前职后连续性教育,以及教师技能养成性教育。[②] 还有一些专家学者从培养目标、课程体系以及全科教师培养的重点方面提出了一些的观点看法,如徐雁教授提出了全科教师的培养目标和培养规格,并对课程体系进行了构想,认为全科型小学教师的素质内核是体现"博雅教育"价值观的"通才"教师。[③] 湖南省周德义等人对初中毕业生进行五年一贯制教育使之成为合格的全科型小学教师的做法进行考察,提出了课程设置的专业化、综合化、均衡性原则;课程结构上加大教育专业课程的比重,适当增加选修课程的比例,扩大自选课程的范围和种类,加强实践性课程的建设;课程内容上包括科学文化课程、教学技能课程、教师教育课程、教育实践课程;课程实施的基本途径和方法方面提出坚持政府主导,利用政策扶植,借助课题带动,实施行动研究,精心设计课程,注重教材建设,完善教学管理,落实课程计划。

本科层次的"全科型"农村小学教师培养,无论从实践探索还是从理论研究角度说,都还是刚刚兴起的事物,它针对当下状况,有利于解决农村基础教育师资匮乏、流动性大且师资素质堪忧的现状问题;也符合儿童认识发展的特性,符合小学教育的特点。培养本科

---

① 颜应应.新课程背景下全科型小学教师培养的思考[J].教育参考,2016(2):107-111.
② 廖军和,金涛."全科型"农村小学教师培养模式探讨[J].教师教育论坛,2016(01):25.
③ 徐雁.全科型本科小学教师培养模式研究[J].湖南第一师范学院学报,2011(8):9-10.

层次农村小学全科教师的新思路将成为我国小学教师队伍建设的应然走势。农村小学全科教师具有划时代价值和现实意义,是改变农村教育现状和实现教育改革的应然之路。[①]

六、"卓越教师"培养模式

美国是目前教师专业标准体系比较完整、成熟的国家,其全国专业教学标准委员会(National Board for Professional Teaching Standards)提出卓越教师专业标准的五个核心观点,包括:教师应该致力于学生发展和学生学习;精通专业知识并懂得如何教授给学生;教师负责学生的管理和监控;教师要系统地反思教学实践并从经验中学习;教师是学习共同体成员。[②] 2012 年 9 月 6 日,教育部、国家发改委和财政部联合出台了《关于深化教师教育改革的意见》,这是为了深入贯彻落实《国家中长期教育改革和发展纲要(2010—2020)》和《国务院关于加强教师队伍建设的意见》(国发〔2012〕41 号)而出台的,旨在深化教师教育改革,推进教师教育内涵式发展,全面提高教师教育质量,培养造就高素质专业化教师队伍,同时标志着国家对于师范教育提出了新的要求。2013 年 3 月,为全面落实全国教师工作会议精神,教育部发布《关于实施教师队伍示范项目的通知》,决定遴选部分地区和高校实施 45 类教师队伍建设示范项目,在西南大学、江苏师范大学等 9 所师范学校实施"卓越教师培养计划示范项目"。2014 年 8 月,教育部下发《关于实施卓越教师培养计划的意见》,把大力提高教师培养质量作为我国教师教育改革发展最核心最紧迫的任务,进一步明确了实施卓越教师培养计划的目标要求,要求高校分类推进卓越教师培养模式改革,推动教育教学改革创新,强化招生就业环节,推动教育教学改革创新,加强卓越教师培养计划的组织保障。

我国政府正式启动"卓越教师计划"相对较晚,但是国内师范院校积极响应国家号召,结合自身学校特色探索适合我国国情的"卓越教师"培养模式,下面介绍几所有代表性的高校培养"卓越教师"的具体做法。

(一)西南大学[③]

西南大学为深化学校卓越教师人才培养模式改革,创立了"师元班",所谓"师者,教之

---

① 朱纯洁,朱成科.农村小学全科教师特质结构及培养路径探析[J].教学与管理:小学版,2015(10):12-14.

② Five Core Propositions[EB/OL].[2015-05-28]http://www.nbpts.org/five-core-propostitons.

③ 西南大学."师元班"人才培养模式改革的探索与思考[A].见:第十二届全国师范大学联席会议交流材料汇编[C].桂林:广西师范大学出版社,2015:31-41.

元","师元"的内涵即是要回归教师教育的本源,追寻教师教育的精髓。"师元班"遵循"基于综合,立于专业,归于个性"卓越教师培养理念,以培养具有"哲学精神、教育情怀、国际视野和教学智慧"的优秀教师和未来教育家为目标,在人才培养模式、课程体系、教学内容与教学方法、评价方式和协同培养新机制等方面做出了积极探索与实践。在人才培养方面,主要做法是:

(1)实施双导师协同培养。为了促进高校师范生教育与基础教育的深度融合,"师元班"实行学业导师和实践导师"双导师"协同培养机制。学业导师由学校教育学部、相关师范专业学院的著名教授担任,负责"师元班"学生的学业指导,同时还选聘高校学科教育研究专家担任"师元班"教学班主任,负责"师元班"个性化培养方案的制定与调整、课程规划与设计、导师选聘、教学管理等工作;实践导师选聘中学一线名师担任实践班主任,负责"师元班"学生实习实践培养方案的规划、执行和考核等工作。学业导师和实践导师、教学班主任与实践班主任每月召开例会,梳理并解决"师元班"培养过程的问题,推动"师元班"教学、研究、实践与教学管理一体化的卓越教师培养新模式。

(2)实行"4+X"双专业培养。"师元班"实施学科专业和教师专业"4+X"双专业培养模式,4年学科专业培养由各师范生培养学院组织实施,主要包括通识教育课程、学科专业发展课程和自主创新课程三个模块,充分保障学科专业学习质量。学科专业课程强调对学科知识和核心技能的理解、掌握和运用,体现一定的广度、深度和学科前沿性。X为开放、多元的教师专业能力培养,主要通过第三学期、暑期夏令营、周末以及网络自主学习,由教师教育学院组织实施。"师元班"的教师专业能力课程体系由"教育情怀养成""教师生涯指导""教育智慧生成""教学能力提升""教师才艺发展""教育研究能力提升"六大计划组成。此六大计划不仅涵盖了教师专业发展的核心领域内容,如教育原理、教师与学生、课程与教学、教育评价、教育管理等,还包括诸如教育见习、教育研习、教学实践、教学技能训练、教育科研等实践性课程,集中体现了学科专业领域与教师专业发展领域的深度整合与融合。

(3)创新"四年一贯制"实践教学。"师元班"的实习实践计划取消现行的师范生一学期集中实习,实施实践教学主辅导师"四年一贯制"实践教学体系,实现"化整为零、四年贯通、全程指导"。即在学校附属中学为每位"师元班"学生配备主要和辅助导师,主辅导师分别由高年级段、低年级段骨干教师担任。"师元班"学生从大一开始就利用课余时间到附属中学跟班见习,通过跟随主辅导师,参与中小学教学实践并贯通四年,由主辅导师负责四年期间教育实践指导。实践教学主辅导师"四年一贯制"实践教学体系的实施,破解了长期困扰教师教育人才培养的高校与中心学校培养与培训分离、师范生教师专业素养养成不足的难题,推动师范生更多体验基础教育的教学实践,提高他们的教育教学研究能力和发现问题、解决问题的能力。

（4）建立动态跟踪淘汰退出制。严格把控考核关，采取阶段性与终结性考核结合的方式，建立卓越教师"竞争、滚动"淘汰退出机制，对"师元班"学生设定阶段考核具体目标：一年级重点考核基本素质，二年级重点考核教师专业素养，三年级重点考核课堂教学技能，四年级重点考核研究能力；年度考核不合格或专业不及格者将退出"师元班"学习。

（二）陕西师范大学[①]

陕西师范大学创新卓越教师培养模式得益于其设有西北地区唯一的"国务院侨办华文教育基地"，因此，利用本校良好的国际交流与合作的条件，先后与国外、境外70多所高校建立了校际友好与合作交流关系，积极学习国外培养卓越教师的双学位制课程，并进一步拓展在国外中学（幼儿园）进行教育实习的规模。一方面重视国际合作；另一方面，陕西师范大学与中小学、教研机构合作实施"三方导师"协作培养。具体来说，就是积极与国内基础教育发达地区的知名中学（幼儿园）建立联盟合作关系，派遣学生赴基础教育发达地区的知名中学（幼儿园）开展教育实习工作；在现有的"双导师制"，即"中学（幼儿园）优秀教师＋大学专业教师"的基础上，探索实行以大学教师为主导的三方协同的"三方导师制"，即联盟学校的优秀中学（幼儿园）教师、学校所在地的教研员与大学专业教师共同担任导师，协同培养卓越中学（幼儿园）教师。

（三）安徽师范大学[②]

安徽师范大学通过优化资源配置，小班化教学，强化师范生实践能力培养，努力探索卓越教师的培养模式。

（1）开展"3＋1＋2"的卓越教师培养体系建设。"3"指本科前三年注重专业知识、学科素质、综合能力的培养，突出厚基础宽口径；"1"指本科最后一年取得推免研究生资格后，在注重教师教育理论、实践学习的同时，开始学习本硕阶段交叉课程和选修课，并在导师指导下，在教学实践中为硕士阶段的选题做准备，完成本硕阶段的有效对接；"2"指按照教育硕士的培养方案，进一步加强学科综合素养、教育教学能力，尤其是教学研究能力的培养。在本硕贯穿一体的人才培养过程中，以卓越教师培养为目标，注重三个阶段课程设置的整体性与层级性，强化教学能力培养的过程化管理，细化各个阶段的不同考核指标，严

① 陕西师范大学.发挥陕西师范大学学科优势　推进卓越教师的培养[A].见：第十二届全国师范大学联席会议交流材料汇编[C].桂林：广西师范大学出版社，2015：24-30.
② 安徽师范大学.以卓越教师培养为契机推进教师教育综合改革[A].见：第十二届全国师范大学联席会议交流材料汇编[C].桂林：广西师范大学出版社，2015：42-46.

格考核,确保人才培养质量。

(2)优化教师教育课程体系。在教师教育类课程设置了教育学基础、心理发展与教育、教师职业规范与专业发展、教师职业技能、教育信息技术、心理健康教育、学科课程与教学论、陶行知教育思想研究、教育实习课程,各课程并不单独设置,而是将各模块纳入相关课程中,同时将学科前沿知识、课程改革和教育研究最新成果、优秀中小学教育教学案例等融入师范专业课程教学内容中,并要求在专业课程的学习中强化从教意识。

(3)完善"见习、研习和实习一体化"实践教学体系。安徽师范大学将相互衔接的专题见习、课题研习和教育实习循序渐进地贯穿于专业学习的全过程,坚持四年不断线。通过"三字一话"演讲、朗诵、课件制作比赛、教师礼仪竞赛等活动,提升学生的综合素质与从教技能。

(4)建立"双导师"联合培养全程化制度。加强校内校外导师的联合沟通,建立"双导师"制,将学科专业素养与教师专业技能培养深度融合,高校教师侧重学科知识及教育教学理论的指导,中学教师侧重教育教学实践指导。加强教育实践的过程化、精细化管理,建立教学指导微信微博群,强化师生之间的合作;定期邀请特级教师作"说课""无生上课""微课"等方面的系列辅导报告;加强校内外导师合作,组成"教研联盟",共同申请课题,要求学生参与,强化教学研究意识。

(四)福建师范大学[①]

福建师范大学立足卓越的培养目标,学校于2012年组建了教师教育学院,并在19个教师教育类专业中试行开展"二次选拔",创办"名师实验班",并于2015年增设教育硕士班,旨在培养有理想信念、有道德情操、有扎实知识、有仁爱之心的未来卓越教师。自2012年以来,累积选拔251名师范生进入名师实验班。"名师实验班"的创办,为探索卓越教师的培养提供了很好的借鉴意义,有意义的经验有:

(1)搭建平台。通过当代名师(在职教师)培养未来名师(在校师范生),积极"请进来",与名师交流,拓宽师范生教育视野;深入教学一线,提高教学实践能力。

(2)教育理论与教育实践相结合,优化教学成果,打造课程实践平台,不断提升学生的教学实践能力;开设教学技能训练平台,全面提高学生的教师素养。

(3)培养多学科视角,促进专业融合。做法是开展跨学科特色活动,强化班级文化建设。

---

① 福建师范大学.以"名师班"为抓手　深化教师教育改革　探索卓越教师培养的新路径[A].见:第十二届全国师范大学联席会议交流材料汇编[C].桂林:广西师范大学出版社,2015:50-57.

(4)深化闽台交流,开拓研究视野。

另外,福建师范大学制定有特色的培养方案,在名师实验班推行"3510"计划,即争取名师班学生在毕业3年内达到骨干教师水平,过5年进入名师行列,再10年走进省级名师队伍。旨在通过名师实验班的培养,使学生在追求卓越的道路上快乐成长,在教师职业生涯中充分享受幸福感、尊严感和成就感。

(五)河北师范大学[①]

2014年,河北师范大学开始实施卓越中学教师培养计划,该学校积极把握国内外教师教育动态,剖析省内教育改革需求及当前教师培养弊病,创新推进师范生免费教育,详细举措如下:

(1)整合教育资源,成立教师教育学院,打牢卓越教师培养的组织基础。

(2)以顶岗实习支教和置换脱产研究为抓手,建立了面向基础教育的、实践导向职前职后一体化的教师培养模式。

(3)以免费师范生为卓越教师培养重点对象,实施本科教育、教育硕士不同层次的优质教师人才培养。

(4)加强实践教学贯通式建设,增强了师范生自身体验与感悟,强化了实践指导的有效性和前瞻性。

(5)完善大学、政府、中学"三位一体"协同培养机制,在京津冀一体化国家战略下,与北京、天津、河北开展深层次广泛合作,拓宽了卓越教师培养实践基地。

(六)华南师范大学[②]

针对现实需求,华南师范大学对卓越教师的培养做了理论和实践等方面的探索,主要举措有:

(1)构建协同化培养主体,丰富优质教育资源。一方面华南师范大学与国内外知名大学如北京师范大学、陕西师范大学、西南大学、美国辛辛那提大学等开展一学期或一学年的交换培养;另一方面成立"华南师大-普通中小学"协同发展联盟,发展遍布粤东西北珠三角地区颇具影响力的160多所中小学加盟,通过个别指导、专题讲座、课题共研等形式与这些名校开展联合培养。

① 河北师范大学.扎实开展卓越教师培养 推动教师教育综合改革[A].见:第十二届全国师范大学联席会议交流材料汇编[C].桂林:广西师范大学出版社,2015:100-104.

② 华南师范大学.卓越教师的培养——华南师范大学的改革与实践[A].见:第十二届全国师范大学联席会议交流材料汇编[C].桂林:广西师范大学出版社,2015:119-125.

（2）设置层次化课程体系，优化学生知识结构。

（3）采取多元培养策略，促进目标有序达成。如实施以赛促练，促进能力提升；推进朋辈教育，促进共同成长；加强队伍建设，提高培养质量。

（4）建设立体化训练平台，提供能力培养条件。

（5）构建多样化实践模式，拓宽教学智慧形成路径。如构建分段式、层次性四年一体的实践模式，为学生实践性知识的增加提供制度保障；构建多元实习模式，满足不同的实习需求。如从实习类型分，有顶岗实习和常规实习；从组队方式分，有单专业的统一编队和多专业的混合编队；从项目运行分，有学校项目、广州项目、深圳项目；从实习时间分，有2个月和4个月的实习及4个月的"2＋2"模式实习。

（七）淮北师范大学[①]

经过一系列的探索，淮北师范大学从2015年开始，教师教育类专业全部实施卓越教师培养模式。主要做法是：

（1）混合编班。把各级教师教育类专业的学生组建成新的实验班。他们的学科背景不尽相同，但是都有从教职业倾向，在语言、书写、演讲等方面综合素质较好，把他们编合在一起，希望通过共同学习、共同活动使他们的知识技能和思维品质等得到交叉融合、互补助长。

（2）叠加课程与学习。实验班采取"专业课程＋卓越教师计划课程"的叠加模式。

（3）双师指导。

（4）特设活动有：举办素质提升讲座，如"我的从教体会""教师礼仪""说课的技巧"；开展职业技能竞赛，如"粉笔字评比""辩论赛""读书交流会"等；组织观摩优质课活动；坚持开展人人读书活动，涵养精神世界等。

取得的成效有：

（1）推动了淮北师范大学本科生导师制的施行。

（2）深入推进了师范生实习基地建设。

（3）实验班学生的学习成绩和教师专业技能过硬。

（4）理论成果丰硕。

---

① 淮北师范大学.改革师范生培养模式　全面提高教师教育质量——淮北师范大学卓越教师培养的探索［A］.见：第十二届全国师范大学联席会议交流材料汇编［C］.桂林：广西师范大学出版社，2015：24-30.

（八）吉林师范大学[①]

吉林师范大学本着"宽口径、厚基础、强能力、广适应"的人才培养思路，借鉴国外先进的办学经验，以我国小学教育对师资的需求为导向，重新构建了"三位一体"的卓师培养机制，并逐步优化卓师培养模式，具体做法如下：

（1）明确协同内容，建立"三位一体"的卓师培养机制。2012 年 6 月吉林师范大学加入了"东北高师院校教师教育联盟"，成为"U-G-S"教师教育模式合作发展共同体成员之一，联合开展教师教育人才培养、科学研究、制度设定和政策实践等领域的合作，促进了资源共享，共同推进了教师的专业化进程，增加了其教师教育协同创新的整体能量和辐射效应。

（2）建立分段式、模块化的课程体系。第一，学校对本科免费教育师范生的培养实行"2.5＋3 个 0.5"的人才培养模式。第二，学校实行模块化的课程设计，以"文化基础课程模块＋专业理论模块＋专业技能课程模块"的体系框架，实施相应的课程教学活动。

（3）推行实践导向的教育教学改革。

（4）整合教师队伍，加强"双师"建设，完善人才培养与引进机制，依托"U-G-S"合作体，建立卓越小学教师师资共同体。

（5）建立满足"卓越计划"要求的教师考核与评价标准。

（九）江苏师范大学[②]

江苏师范大学卓越教师的培养模式为：

（1）构建"三方协同"的新机制。江苏师范大学在长期的实践探索和理论研究中，逐渐形成了以"智慧换服务"为主要特征，以"优势互补、资源共享、联动发展"为主要目标的人才培养"三方协同"创新机制，通过高校、地方政府和中小学（幼儿园）三方深度介入，凝聚各方力量，多维互动，联手打造卓越教师。

（2）创建了"1.5＋2.5＋(2＋X)"的新模式。"1.5＋2.5＋(2＋X)"是指卓越教师人才培养本科前 1.5 年，通过"博雅"教育，培养高尚师德，坚定职业理想信念，强化人文、科学、艺术、信息素质和外语能力的训练；后 2.5 年进行学科专业以及教育科学教育；本科结束

---

① 吉林师范大学.开展"卓越小学教师培养计划"的探索与实践[A].见：第十二届全国师范大学联席会议交流材料汇编[C].桂林：广西师范大学出版社,2015:135-142.
② 江苏师范大学.创新教师教育培养模式　全面提升教师培养质量——江苏师范大学"三方协同"培养卓越教师的探索与实践[A].见：第十二届全国师范大学联席会议交流材料汇编[C].桂林：广西师范大学出版社,2015:143-149.

以后,进入2年的"教育硕士"阶段的学习;"X"指职后各种类型的高层次教师"卓越化提升"教育。"1.5+2.5+(2+X)"分段式模式使新时期"卓越教师培养的职前职后一体化"具有了新的内涵。

(3)建构了卓越教师"ABCD+X"的新规格,也即"五个卓越":A品德卓越,B文化卓越,C学识卓越,D潜力卓越,X指专业卓越。ABCD是指共性,X是各专业人才特色,以有效克服不同专业在卓越教师人才培养上的"同质性"。

(4)创设了卓越教师培养的"特区"制度。江苏师范大学积极探索卓越教师培养的新路径,如实施"引智"工程,引入校外优质教育资源;实施"集聚"工程,整合校内各类教师教育资源;实施"立地"工程,重视中小学实践智慧的辐射渗透;实施"借力"工程,寻求地方政府的政策支持;实施"提升"工程,打造师范生的高尚师德和高雅气质;实施"国际化"工程,拓宽国际视野。

取得的成效有:

(1)教学改革成果丰硕,如该校的"基于协同创新机制的语言能力培养体系的构建与实施""'三方协同'培养卓越教师的探索与实践"分别获得国家级教学成果一、二等奖;"中学卓越教师培养"获批教育部卓越教师计划项目;"教师语言"等3门教师教育课程荣获国家精品资源共享课荣誉称号;"孟子的文化精神"作为文化素质类课程荣获国家精品资源共享课荣誉称号等。

(2)人才培养成绩骄人,如在全国物理、化学、小学教育等学科职业技能大赛中,该校师范生表现突出,屡获大奖,先后共有近400人获奖;获批"国家语委语言文字应用培训基地"和全国唯一一家"经典诵读教育"学科(领域)培训机构;在江苏省教育厅举办的三届师范生技能大赛中获得优异成绩,共获得一等奖17个、二等奖28个、三等奖41个,且连续三年获得优秀组织奖,成绩居全省高校前列。

(十)西华师范大学

为培养卓越教师,西华师范大学于2010年已经开始实施"优秀园丁教育培养计划",即"园丁计划"。该计划坚持精英教育理念,创新教师教育人才培养模式,具体做法是:

(1)创新生源选拔方式,改革人才培养模式。"园丁班"的组建一般在学生进校后第一学年结束时进行,学生自愿报名参加选拔。除音、体、美等艺体专业(仅在本学院相关专业中选拔)外,学生可跨专业申请,其中高考文科考生只能申请文科或文理兼收的相关专业"园丁班",理科考生只能申请理科或者文理兼收的相关专业的"园丁班"。"园丁班"学生按照"3+1""4+2"和"3+3"培养模式:"3+1"即本科四年期间,3年在校学习,1年到中学跟班见习、顶岗支教和教育实习;"4+2"本科和教育硕士"本硕连读",学生在完成4年本科学业的基础上,可自愿选择保研攻读 2 年教育硕士;"3+3"即在完成 3 年本科学习的基础上,择优优秀学生攻读 3 年教育硕士,实现本硕分段设计、贯通培养。

(2)调整教师教育课程模块,强化教育教学技能训练。试点学院单独制定"园丁班"学生培养方案,修订教学计划,实施课程改革。培养采用螺旋式训练方式,旨在促进学生中学学科教学能力的形成。强化师范技能培养,每日必修"三字一画"。实行"三讲""两作""一实践":"三讲"即主题演讲、教学试讲、实事评讲;"两作"指学习网页制作与课件制作;"一实践"是打破传统的大学三年级统一组织实习的时间限制,4 年中不定期组织学生到中小学跟班见习、实习,到省内外名校观摩交流,从教学实践中获得教育教学体验。此外,"园丁班"需修满 6 个创新学分。

(3)多途径培养专业态度,促进教师专业可持续发展。"园丁计划"通过多种途径让学生了解教师角色的素质和能力要求,从职业理想、职业情感、职业追求等方面浸润和熏陶学生。一方面精心组织师资队伍,培养学生人格品质;另一方面发挥榜样效应,坚定从教理想。

(4)构建反思性专业实践模式,促进专业实践能力的发展。"园丁计划"打破传统的教师教育技术性实践模式,强调教师是学习者、研究者、反思性实践者。"园丁计划"重视与地方中小学建立全方位的合作关系,通过观摩、游学、见习、实习等形式为学生创设教育实践情境,让学生直面教学中真实而复杂的问题,以成长记录、游学日志、观摩反思、见习心得、实习总结等形式反思教学活动,及时有效地在理论知识和实践知识之间建立联系,进而促进教师专业实践能力的发展。取得的成效:据统计,首届"园丁班"学生工 118 名,毕业生一次性就业率达 100%,进入省一二级示范高中 10 人,部分毕业生进入杭州市学军小学、成都嘉祥外国语学校、成都外国语学校、成都市石室中学等名校任教。首届"园丁班"毕业生中有 34 人考上硕士研究生,占总人数的 28.81%。[①]

(十一)江西师范大学[②]

江西师范大学卓越教师的培养模式为:

(1)择优选拔,单独组班。每班 30 人,实行小组教学,双导师制等。

(2)"U-G-S 联合,学行并重"。大学和地方教育局和中学联合研制和实施培养计划,校内专业理论学习与校外(协作学校)实践能力培养相结合。

---

① 吴越,李健,冯明义.地方师范大学"卓越教师"的培养路径分析——以西华师范大学"园丁计划"为例[J].中国高教研究,2015(8):92-97.

② 江西师范大学.探索教师教育新途径　培养卓越教师人才[A].见:第十二届全国师范大学联席会议交流材料汇编[C].桂林:广西师范大学出版社,2015:150-161.

（3）"本硕一体，高端引领"。推荐优秀学生直读学科教学专业硕士；优化设计"本硕一体化"课程体系，拓宽教育视野，强化教研能力和专业领导力培养。

在新的政策背景下，许多学校都对卓越教师的培养模式进行了积极的探索，如南京师范大学、天津职业技术师范大学等也都在改革现有的教师教育培养模式，对卓越教师的培养进行部署规划。"卓越人才培养计划，强调高校的教学改革与社会实际的联系、理论与实践的结合、国内教育与国外教育的结合、学校教育与社会教育的结合。"一方面，卓越教师的培养需要教育教学实践中多方面力量配合，特别是要与地方教育行政部门建立合作关系，形成区域农村教育合作联盟，共同推进人才培养模式的改革，让地方高师在当前教师教育转型发展中继续保持师范特色，不断培养优秀的农村教师。另一方面，地方高师也要通过政策的激励，引导教师深入农村学校，关注农村地区教育教学现实问题，为农村教师发展奠定更为扎实的知识基础，通过对农村教育、农村教师的实证研究，为改善农村教育质量、提升农村教师质量提出更为可行的政策建议和解决方案。

七、"教师发展学校"（PDS）培养模式

教师发展学校这些年来在我国开始兴起，它是借鉴美国教师专业发展学校（professional development school，简称 PDS）的模式而发展起来的，主要是由中小学与大学联合形成新的合作共同体。营造高校与中小学教师教育共同体主要指高师院校或综合性大学具有师范性质的学院教师、师范生及有志于今后从事教育事业的学生与中小学教师在教师发展学校这一载体内获得教、学、研共同发展的实体。[①]

在比较研究美国的教师专业发展学校的基础上，首都师范大学于 2001 年 5 月 15 日，与北京市丰台区教育委员会共同创办的"教师发展学校"在丰台教育发展服务区正式启动。首批"教师发展学校"有丰台区太平桥中学、东铁营中学、丰台区第一小学、南宫中心小学 4 所学校。在中小学建设教师发展学校，通过提高教师专业水平培养 21 世纪新型教师，改进教师的教育教学实践，是"科研兴教""科研兴校"的一个有益尝试，是中小学教育发展、教师教育改革的一种新的探索。[②]

之后首都师范大学又与北京市朝阳区和河北省唐山市合作，建设了 5 所教师发展学校，开启了我国教师发展学校实践探索的先河。迄今为止，我国北京、天津、浙江、安徽、河南等多个省份均建立有教师发展学校，致力于 PDS 与中国国情相结合的本土化建设，探

---

① 朱元春.教师发展学校：营造高校与中小学教师教育共同体[J].教师教育研究，2008(11)：24-28.
② 李东斌，胡蓉.我国教师发展学校近十年的探索之路[J].赣南师范学院学报，2010(4)：70.

寻我国教师教育改革的新途径。"教师发展学校"的提出和建设借鉴了国际教师教育发展经验,适应了国际教育发展趋势。其目的是探索研究型教师教育和培养的新模式,提高教师的综合素质,实现教师持续、有效的发展;其特点是师范类高等院校与中小学合作,以学校和教师发展需要为核心,实施"校本培训",教师培训不离岗。

"专业发展学校"概念的提出是为了加强理论与实践在教育活动中相互关联的关系,协作学校的教师可以帮助师范生学习专业;反过来,师范生也可能给协作学校的课堂带来新理念、新观点和新实践。通过专业发展学校的途径,学校和课堂实践以及教师的培养就得以变化和发展。它不仅是供大学教育研究的实验学校,也是培养实习教师尽早熟悉教学业务以及帮助在职教师继续发展的学校。它符合教师教育一体化的发展趋势,是集教师的职前培养、在职提高和学校改革与发展为一体的教师教育新模式。PDS的核心理念是合作与实践,在PDS里,大学教师和中小学教师通力合作,共同承担教师培养、培训的任务。它可以为师范生进行专业准备,给他们一个检验自己在大学所学理论知识的平台,也可以为那些有经验的教师提供持续专业成长的机会,促使他们接触一些比较前沿的理论知识。同时,它还可以为教研机构提供大量的第一手资料,促进教师教育研究的发展。[①]

各地教师发展学校的建设类型是多样化的,从与中小学合作的主体来看,有与大学教育学院合作举办的,如首都师大、天津师大、上海师大等高师院校建立的教师发展学校;有与学术团体或教育研究机构合作举办的,如中国教育学会在各地的教师发展学校。在教师发展学校的建设途径和具体操作上也是因时因地因人而不同。如首都师大在教师发展学校的建设中通过倡导教师借助积极的反思来促进其专业成长。通过反思以往教育事件、反思教学过程、教师的集体反思三种形式增强教师对学科知识体系的系统把握,建构教育、教学、反思合一的专业生活方式。天津师大通过找准切入点,以课题研究的方式来加深双方的合作关系,促进双方教师的反思实践能力与教育研究能力提升。上海市思源中学教师发展学校以集学习、会议、讨论、观摩等多种功能于一体的教师专业发展坊、教师专业发展周、教师专业发展日为主要运作载体,使教师发展学校运作环环相扣,有效促进了该校的成长与发展。华阳中学在心理关怀中建设教师发展学校成为一道"独特风景"。通过聘请专家举办团体心理辅导和个别心理辅导,开展有利于教师情绪释放的活动,有效关注教师们的心理健康问题,使教师在心理相助中寻求发展空间。

经过比较,我们发现无论各教师发展学校具体的建设方式怎样不同,目标怎样差异分层,但都体现了一个根本原则——以建立教学研合一的教师工作方式为核心目标系统,在

---

① 李东斌,胡蓉.我国教师发展学校近十年的探索之路[J].赣南师范学院学报,2010(4):71.

中小学老师中形成教育、教学、研究、学习合一的专业生活方式,以促进教师专业发展,这也体现了教师发展学校建设"和而不同"的工作哲学基础。①

要促进学生发展,不论是师范生还是在职教师都必须研究学生,通过经常性的研究来理解学生,这是教师专业发展的真正起点,也是教师工作价值得以实现的发端。首都师大教科院在建设教师发展学校初期,就提出走进儿童的教育世界的观点。②

纵览我国的教师发展学校,建立教师发展学校,通过教师发展学校促进大学和中小学两种文化的互动,使教师教育过程更加系统化,促进教师专业发展,同时为大学师范生提供实习的机会,使得他们能够在实习过程中认识到真实的教学生活。这种模式具有以下优缺点:③

(一)优点

1. 合作过程中策略多元化

这种合作是建立在双方共同需要的基础上的,双方在合作的过程中不断地调适合作内容,满足各自的需要而达到双赢。中小学对于大学不仅是研究基地,同时也是实习基地,大学师范生深入到中小学和中小学教师一起备课提高实践经验。此外大学教师在学校开设讲座、报告,通过工作坊与中小学教师进行交流对话,组织教师讲述或撰写教学故事,实施教师专业发展计划,撰写反思日记促进教师专业发展。

2. 发挥大学在教师教育中的作用

由于大学可以为教师提供一个多学科的文化环境,通过在教师发展学校中的合作为教师提供了一个职后系统学习教育理论和学科知识的场所,把中小学看作大学的研究机构,为中小学校营造研究氛围;发挥大学研究者的研究职能,促进教师的专业发展;教师发展学校中的研究有助于衔接教师成长,培养现代教师使之不仅成为学习者而且成为研究者;大学研究者增强教师的知识基础并提高教师整体能量;大学研究者能够为中小学教师提供反思教育问题的实践和资源,为教师的教学提供多种视角,促进教师持续不断地研究教学。

(二)缺点

时间协调不一致造成了合作的中断性。在合作过程中师范生参与到合作中来,参与中小学教师备课,但是由于师范生自身的学习任务和时间安排,中小学教师由于工作原因

---

①　李东斌,胡蓉.我国教师发展学校近十年的探索之路[J].赣南师范学院学报,2010(4):73.
②　王长纯.教师发展学校的理念、制度与实践[J].教师发展论坛,2010(12):10.
③　罗丹.课程改革背景下大学和中小学合作的动因与模式[D].东北师范大学硕士学位论文,2006.

等也受到时间限制,这样会产生时间上的冲突。师范生和中小学教师共同备课的时间受到限制,间断性的共同备课可能会出现在教学过程中,造成合作的断层。

教师发展学校为师范生提供了与真实的学生打交道的平台,让他们在学习理论的同时结合实践,从而帮助他们进行角色认同,缩短入职适应期,是一种很有价值的模式。发扬其优点,弥补存在的缺点,从而获得更好的教师教育培养模式。

八、U-G-S 教师教育模式

"U-G-S"教师教育模式中的"U"(university)指高校,"G"(government)指地方政府(地方教育行政部门),"S"(school)指中小学。在 U-G-S 教师教育培养模式中,高师院校与地方政府(地方教育行政部门)、中小学进行深度合作,融职前培养、入职教育和职后培训为一体,融管理文化、管理制度、组织机构、教育资源和课程体系为一体,具有开放、合作、实践三大特点。

(一)U-G-S 教师教育模式的理论探讨

1. U-G-S 教师教育模式强调专业属性

U-G-S 模式强调高校等教师教育专业机构在教育实践中的主动权和话语权。1776年康德在哥尼斯堡大学开设教育学讲座,教师教育开始了专业化的历程。今天,教师教育实践越来越体现出丰富的学术性和教育教学理论的指导性,这些恰恰是大学等教师教育机构的优势所在。以师范大学为代表的教师教育机构,具有丰富的教师教育人力、物力资源,容易利用自己的教育理论优势和学者优势进行专业引领,统领所在地区的教师教育实践,既能提高教师教育实践的理论性,又能提升教师教育理论的针对性和实效性。

2. U-G-S 教师教育模式的运行机制

在决策机制方面,U-G-S 模式的决策主体是高校,地方政府和中小学校共同参与;决策主要由高校提出或组织征集,是高校决策主体思想理念和改革意向的反映;通过多主体参与、集中研商、一致认同等予以确定,集体决策特征较为鲜明。

在资源配置方面,U-G-S 模式的资源配置以大学投入或组织筹集为主,地方政府和中小学校给予相应支持;范围限于合作共同体系统内;其主要目的在于改善教育教学活动的环境和过程,调动教师和学生的积极性,以课程教学改革、师资队伍建设、学生创新创业等为主要配置对象;配置方式具有市场性特征,兼有计划性。

在评估督导方面,U-G-S 模式的督导评估主体以高校主导、其他联盟体协同构成,是非行政属性的社会学术团体,接受高校委托,对场域内的教师教育模式改革给予研究咨询和督导评估,旨在对自我目标达成度的评估与检测;对未完成目标任务者的惩治不具有强制性,更多反映的是基于信用和信誉基础上的自我反思与调整。

3. U-G-S 教师教育模式适用条件

U-G-S 模式更适合于部属高校挂帅的地区。以"东北教育创新实验区"为例,作为教育部直属重点大学,东北师范大学具有其地位与影响力的优势,有利于协同地方教育组织机构,能够较好地对驻地教师教育改革给予指导咨询和统筹建议。教育部启动"国家教师教育创新平台建设计划",对六所部属师大给予数亿元资金支持,用于支持部属师范院校与地方政府开展师范生培养与服务,为 U-G-S 模式注入了巨大的支持和动力。①

U-G-S 模式中的"U"因其处于主导位置,所以,要求这类高校具备足够的学术、人才、设备等资源优势,具备足够的社会认可度和影响力,具有国家赋予、学界认同的教育和学术权利,能够整合较大区域的教师教育力量,开展 U-G-S 模式改革。

(二)U-G-S 教师教育模式实践透视

1. 东北师范大学:东北教育创新实验区

美国著名教育专家古德莱德将大学和中小学之间的关系表述为一种共生关系:"学校若需要进步,就需要更好的老师;大学若想培养出更好的教师,就必须将模范中小学作为实践的场所。"U-G-S 教师教育模式是以高校为主导,整体统筹驻地及邻近地方政府和中小学校,组成新型教师教育共同体,提升教师教育质量。该模式以东北师范大学为主导的"教师教育创新东北实验区"建设为代表。

东北师范大学以"融合的教师教育"理念为指导,以培养造就优秀教师和未来教育家为目标,牵手地方政府及中小学校,将其作为教师教育的重要主体,共同建设集多种功能于一体的综合性教师教育实验区。东北实验区通过明确各主体的责任与义务,有效协调各主体的利益诉求,实现了各主体责任、权利和义务的平衡。目前,东北实验区已经形成涵盖东北三省及内蒙古 22 个县市教育局、110 所中学的实践平台,可以同时容纳 1500 名师范生进行教育实习。实验区的建设强化了地方政府、中小学校培养师范生的主体身份,保证了师范生的教育教学实践质量,突出了教师教育特色,形成了立体式的农村教师培训网络,提高了农村教师专业素养,促进了区域基础教育均衡发展,建构了新型教师教育文化,转变了教师教育者专业发展范式,取得了良好效果和积极社会反响。

---

① 陈帆波.东北师大与东三省 17 个县市创建教师教育实验区[N].中国教育报,2009-02-09.

2. 衡阳师范学院：教师专业发展学校

近年来,衡阳师范学院以"优势互补、资源共享、互利共赢、协同创新"为原则,通过建立教师专业发展学校,与地方政府(教育行政部门)、中小学合作培养师范生,强化师范生专业能力的培养与训练。衡阳师范学院现已和7个地市县教育局及11所基础教育示范学校、优质学校、特色学校签订了合作共建"教师专业发展学校"框架协议,从"合作原则""组织机构""合作机制""合作领域"等方面做了明确规定。框架协议签订后,双方开展了实际合作。

首先,整合校内外教育资源,打通高师院校与地方政府(教育行政部门)、中小学校之间封闭的围墙,在彼此开放的状态中真正融为一体,构建"融职前培养、职后培训于一体"的开放型教师教育人才培养模式,突出培养开放型教师教育人才。

其次,运行好这种人才培养模式,必须设立相关管理机构,衡阳师范学院与地方政府、中小学校联合组建"教师教育发展中心",并通过管理机构建立相关制度,协调三方关系。"教师教育发展中心"作为半官方半民间的管理机构,接受地方政府(教育行政部门)管理,负责制定教师教育一体化的规章制度,统筹区域教师教育资源,研究区域内部教师教育改革与发展,负责区域内部教师教育一体化的检查、考核、评估工作,实现区域内部教师教育培养与培训、教育科学研究与服务基础教育的一体化,优化配置与合理利用区域内部教师教育资源。[①] 此外,由高师院校发起,高师院校、中小学校合作共建教师专业发展学校,建构了以教师专业发展学校为平台的培养主体多元、主体间优势互补的合作型教师教育人才培养模式。教师专业发展学校采用高师院校、中小学共同管理体制,实行双校长制度,即该校校长由高师院校、中小学双方法人代表轮流担任。双方主管教学副校长及教学管理、师资管理、教学质量督导等部门负责人为管理成员。该学校设立联络处,由双方教务处处长负责联络和协商具体事务。教师专业发展学校实行联席会议制度,定期召开工作协调会或业务研讨会。

再次,根据教师职业生涯不同阶段制定相应的合作明细,明确合作领域。合作的领域整体上划分为教师职前教育合作、在职教师培训合作以及教育教学研究合作。教师职前教育合作主要包括课程教学、教学观摩工作和教学实践工作。课程教学以学期为单位,高师院校选派一定科目、一定数量的课程教学论方向的教师到中小学担任教学任务;中小学提供足够数量的班级、课程,提供必要的教学资源与条件,全力支持高师院校课程教学论方向的教师开展教学、教研活动,并选派优秀教师到高师院校承担教师教育类相关课程教学。教学观摩活动是指高师院校选派课程教学论教师、师范专业学生参加中小学组织的教学观摩活动和教师培训活动,中小学选派教师参加高师院校有关教学活动。教学实践

---

① 金素梅.教师教育一体化改革的问题审视与模式建构[J].周口师范学院学报,2013(6):124-126.

工作是指高师院校与中小学共同建设实践基地,实行师范生培养"双导师制",高师院校以中小学为教育实习基地,加强建设,中小学选择优秀教师参与高师院校师范专业学生实习、见习、毕业论文的指导工作。中小学提供足够的实习见习课程、班级和必要的教育资源与条件,保证高师院校实践教学工作正常开展。在职教师培训合作通过顶岗置换,高师院校接受中小学选派的教师参加高师院校组织的教师教育培训活动或高师院校承担的国培、省培项目。教育教学研究合作指的是合作申报和完成教师教育研究项目。高师院校与中小学共同申报各级纵向和横向教育规划、教研教改研究项目,重点开展高等教育与基础教育对接研究。高师院校利用自身图书资源、仪器设备、信息资源,引导、帮助中小学校教师参与研究,提升中小学校教师研究水平;高师院校与中小学双方主动吸纳对方教师参与教研教改项目、教研室活动、教改实验、学术研究活动;高师院校组织专家学者到中小学开展讲学、讲座活动,帮助中小学教师提升教育理论水平,更新教育观念,增强教学的有效性,提高中小学办学质量。中小学校为高师院校专家、学者提供必要的帮助和便利。中小学选派优秀教师,帮助高师院校教师更好地开展高等教育-基础教育对接研究。此外,高师院校与中小学互相支持,共同加强办学特色建设。双方组织专家学者共同研究和总结双方办学经验,培育或强化办学特色,帮助对方诊断发展中存在的问题,并提出有针对性的改进措施。

除此之外,还有校本课程的开发与校本教材的编写合作。课程开发是指地方高师院校与中小学双方发挥各自优势,合作开发基础教育和教师教育校本课程。教材建设是指根据新开发的校本课程,地方高师院校与中小学组织人力和物力编写校本教材。

最后,建构理论与实践相结合、重点提升教师专业能力的实践型人才培养模式。衡阳师范学院借鉴国内外成功的做法和经验,并结合自身实际,在改革和创新教师教育方面进行了积极探索,承担了教育部教师队伍建设改革示范项目"双向渗透式师范生教育实践改革研究与实践"和"基于'国培'目标的地方高师院校教师培训模式创新研究与实践",并取得很好的成效,提高了师范生的职业技能和在职教师的专业发展能力。建立"一对一渗透式培训模式",即一个国培学员在教学上全程指导一个本科生,一个本科生在生活、学习和工作中联系和帮助一个国培学员,两者互相渗透式提升。这一模式的实施,既促进了在职教师的专业发展,又保证师范生的职业技能水平。

九、G-U-S 教师教育协同创新模式

G-U-S 教师教育模式是一种以省级政府为主导,以高校与地方政府(市、县两级政

府)所属中小学校联盟为主线的教师教育培养模式。该模式最早在山东省进行实践,对重建山东市、县级教师教育体系,提高师范生生源质量,优化教师教育课程设置,提高教师培训培养绩效发挥了重要作用。

(一)G-U-S教师教育协同创新模式结构剖析

1.省级政府统筹,宏观把握教师教育改革发展动向

之所以选择由省级政府统筹,得益于省级政府相比中央政府和市(地)、县(区)政府无可替代的优势。"省"是我国地方行政建制的最高一级,是相对独立的区域经济发展的规划单位,省域内教师教育体系相对完整,加强省级教师教育统筹,加强教师教育事业发展的薄弱环节,促进重点领域突破,有利于提升教师队伍建设的质量和水平。同时,省级政府具有较强的经济实力、资源调配能力和教育管理能力,可以解决市(地)、县(区)政府的财政支撑能力不足、教育管理水平有限等问题,能够统筹推进省域内教师教育队伍的总体布局,扬长避短,优化结构,拓展资源,保障财政薄弱市、县的基本教师教育经费需求,促进教师教育队伍均衡、可持续发展。此外,省级统筹更容易进行教师教育的信息沟通,减少信息不对称现象。

省级政府采取了若干措施进行统筹规划,主要表现为以下几个方面:

第一,省级统筹推进教师培养、培训一体化改革。教师培养、培训的一体化涉及多元文化空间、制度条件和实施主体。承担教师专业发展规划任务的主体不仅包括教育系统内部诸如教育行政部门、相关学校和其他教育机构,还涉及教育系统外部尤其是财政、人事与社会保障、发展规划、纪律与检查等众多部门和单位,这些部门和单位都需要省政府统筹引领。2013年的数据表明,山东省共培养了71.6万名中小学教师,培养方式有两种:一是基于远程网络平台,由全省统一组织,同步进行从小学到高中所有学科骨干教师的远程培训;二是在省师资培训中心的统一要求下,由17地市组织开展各自辖区内集中的教师、教干培训。

第二,省级统筹组织教师教育资源配置。面对教师教育资源分散且流失严重的问题,2006年,山东省教育厅出台了《关于调整中等师范学校布局结构的意见》,在2000年调整中等师范学校布局结构的基础上,进一步加大教育资源调整力度,完成由三级师范向二级师范的过渡;2011年,撤销了全省所有中等师范学校的建制,加快了中等师范学校的转制或升级。

第三,省级统筹推进教师教育投入保障体制机制改革,即通过不断加大财政对教育投入的力度,建立健全教育公共财政投入稳定增长机制,按照财政资金保障教师教育投入、公共资源满足优质教师教育资源开发需要的要求,合理划定省、市、县(市、区)预算内教师

教育经费占财政总支出的比例。

第四,省级统筹扩大开放教师教育,构建灵活的教师教育信息公共服务平台。[①] 省级政府积极利用自身优势,整合省域内各地市优质教师教育资源,探索高水平教育信息化基础设施建设途径,探索构建和完善数字化教师教育服务体系,探索健全以信息化为特色的终身教师教育网络。山东省通过省级筹备,加大财政支持力度,推动高校与县级教师教育机构合作,以县(市、区)教师进修学校、教研室、电教馆等教师教育机构为依托,整合区域教师教育资源,形成上挂高等院校下承中小学校的"小实体、多功能、大服务"的现代教师学习和资源中心。中心主要承担县域学前和基础教育教师的培训任务,负责教师继续教育的管理以及师范生实习基地的建立和监管工作,协助上级教育行政部门完成教师资格定期注册工作,并接受省级教师教育基地的业务指导。这种扩大开放、创新与应用紧密结合的教师教育信息技术高地,实现了教师教育信息、课程、教学等资源的共享,避免资源建设的低水平重复。

2. 高校与地方政府所属中小学校建立联盟,中观维护教师教育新模式的运作

高校教师教育学院是区域范围内教师教育的智力中心和高级智库。山东省以教师教育学院建设为切入点,整合校地优质教师教育资源,依托师范院校或高水平大学,在高校内组建相对独立的、教师职前培养与职后培训一体化的教师教育学院,并规定承担教师教育任务的高校均要建立教师教育学院。教师教育学院作为学校直属的独立实体单位设置,院长由高校分管教学的副校长担任,教师主要来自高校内部教育学科相关院系和其他学科师范类专业的课程与教学论教师以及地方教育机构优秀教师。教师教育学院与各专业学院共同承担教师教育专业学生的教育实践活动和毕业论文指导。这种严谨有序的规定保证了教师教育的办学空间与场所,优化和整合了院校人员和信息资源,进一步彰显了教师教育文化。

此外,教师教育学院对区域教师队伍建设还具有较强的支持、推动和引领的作用。县(市、区)是基础教育师资队伍最为集中的区域,山东省以教师教育学院建设为载体,采取校地双方共建、共用、共管的方式,实施了"省级教师教育基地"建设工程。[②] 该基地很大程度上融合了教师培养、培训、资格认证等多种功能,从而校地双方能更好地根据建设当地高素质教师队伍的实际需求和培养培训规模,整体规划教师教育基地办学条件,不断加大投入,着力加强教师教育专业实验室、实训中心、实习基地建设。

---

① 李中国,辛丽春.G-U-S教师教育协同创新模式实践探索——以山东省教师教育改革为例[J].教育研究,2013(12):144-146.

② 黄美玲.论教师教育基地对教师专业发展的促进——以山东省为例[J].忻州师范学院学报,2012(3):81.

3. 回归教师精英化培养,微观提升教师教育培养的绩效水平

高等教育大众化,人才需求多元化,教师供给过剩是造成教师职业吸引力下降的社会因素。"G-U-S"教师教育模式提倡回归精英教育,提升教师教育培养的绩效水准。

首先,采用"2+4"培养模式,提早选拔优质生源。生源质量直接影响毕业生质量,长远上关系到教师队伍建设的整体质量。针对以高中毕业生为起点的师范教育生源不高问题,山东省制定并实施了《山东省初中起点高等师范教育管理办法》,强调以初中毕业生为起点进行幼儿教育和小学教育的培养,使初中毕业生中学业成绩前30%左右的学生进入师范教育体系,这种趋向精英教育的选拔方式,根本解决了师范教育的生源问题。

其次,打破专业壁垒,实施大类招生、二次选拔、分段培养的策略。设有教师教育学院的高校按照二级学科门类招生,学生入学后,先不分专业,在同一的大类培养方案下,接受两年或两年半的通识教育和学科专业教育,在第四和第五学期末由学校组织进行双向选择与分流;分流去向及其数量,取决于全省中小学校各学科教师的需求数量,不同专业之间的招生数量由省级统筹进行相互调整。在学生自愿报名的基础上,各高校根据师范专业招生计划,选拔优秀且具有从教潜质、有较强教师职业意向的学生进入师范类专业进行培养。分流后的师范类专业学生除继续学习专业课程外,开始进行教师教育理论学习和教学技能的训练并完成教育实习任务。对居于"二次选拔"中的领先位次的学生,实施"2+2"培养模式,即学生前两年完成所属二级学院的培养后,在未来的两年时间里,他们将在教师教育学院接受学科专业理论与教师专业技能、大学教师和中学优秀教师双向引导的"双叠加融合式"培养。

此外,重构教师教育课程体系,协同提升实践课程质量。教师教育课程设置的门数、时数以及师资配备,直接影响到教育专业知识的面域、深度和教师综合素养的养成。"G-U-S"教师教育模式加大教师教育类课程比例,实施"通识教育、专业教育、教师教育"课程相互结合,必修课程和选修课程相互补充的教师教育类专业课程体系;调整并完善了教师教育类课程设置方式和内容体系,按不同的学习领域把教师教育类课程分为六个课程模块,每个模块均设有相应的必修课程和实践课程;全部教师教育课程(不包括教育实践)在四年制师范类专业教学计划中不少于25个学分或专业总学时的15%。教育见习包括课堂观摩、学科教学与教育考察等,分散在整个教学过程中,时间累计不少于2周,做到"长流水、不断线";教育实习不低于18周,内容包括教学实习、班主任工作、教育调查、顶岗实习等,学生进入实习学校之前必须完成不少于10个学时的微格教学。实习与见习均在具备合格办学资质、具有承担师范生实践教学经验由高校与地方教育行政部门共同认定的,以中小学校为载体组建的教师专业发展学校中进行。

(二)G-U-S 教师教育协同创新模式的弊端剖析

省级统筹作为我国教育管理体制改革的重要内容,在取得一定成绩的同时也出现以下问题:

首先,省级统筹主体缺位,教师供需难以对接。教师供需关系是影响教师队伍建设质量的基本因素,也是制约教育改革和发展的重要显性因素。教师供需的充分衔接对完善教师队伍补充机制、提高教师队伍建设质量具有基础性根本性作用。我国中小学新任教师供给主要来自承担教师培养任务的高师院校和部分综合型大学,供给数量源于各高校师范类专业招生培养的学生总量。近年来,随着高校办学自主权的不断扩大,高校招生数量除总量需上级主管部门批准外,各专业的招生人数由高校自行确定。现在的问题是,我国高等院校与编制部门之间不具备行政隶属关系,且没有建立起教师工序信息共享网络平台;双方对教师供需信息掌握存在着极大的不对称。省作为地方最高行政区域,领导所属部门和各级人民政府的工作,是能够统筹地方高校和地方政府教育工作的上位主体。但是就目前的状况看,代表上位主体形式统筹职能的组织尚未建立,统筹职能因此缺乏载体,无法产生效力,从而导致高校招生规模和地方教师聘用数量、高校分专业招生数量与地方学科教师需求结构、高校教师培养方案和中小学教学岗位需求的严重脱节,进而激化教师的供需失衡。

其次,省级统筹机制缺乏,教师培养培训一体化难以落实。由于省级统筹的主体地位没有明确,导致省级统筹的机制建设无法落实,尤其是省级统筹主体建设及其运行机制、市县两级教师教育基地建设与运行机制、校地联盟教师培养培训机制、高校教师教育者深入中小学校兼职任教的常态化机制等仍未形成,进而造成教师培养培训的统筹主体、实施平台、教育模式、课程设置、师资队伍、质量评估与经费保障等一体化构成要素难以落实。

此外,省级统筹内容缺失,教师教育者专业发展难以协同。教师教育者是承担教师培养工作的主力军、教师教育知识的生产者、教师专业发展的引领者以及教师教育文化的推动者,是提升教师教育质量的核心力量。[①] 但是由于统筹主体的缺失,目前有关教师教育者参与中小学教学实践的专门化制度尚未建立:一方面使教师教育者深入中小学开展教学活动"无法可依",另一方面因为没有制度约束,使得教师教育者的学习动力不足。最终造成教师教育者深入中小学开展教研活动流于"形式化",难以"常态化",进而导致教师教育者专业素养下降,并直接反映在教师培养质量上,造成新任教师"我会、不会教、教不会、毕业即失业"的局面,教师队伍质量建设难以协同。

---

① 康晓伟.教师教育者:内涵、身份认同及其角色研究[J].教师教育研究,2012(1):15.

十、"一体化"教师教育模式

"一体化"教师教育模式又叫"基础教育教师一体化教育模式",概言之就是将教师职前培养和在职继续教育有机整合在一起的一种创新性教师培养模式。[①] 具体而言,"一体化"教师教育模式内涵集中体现在三个方面:教师职前培养与职后继续教育是其专业成长过程中不可分割的一个整体,具有同等重要的地位与作用,不能只重视其职前学历教育,而忽视其职后的非学历教育,而应该将二者整合统一;"一体化"教师教育模式包含培养目标、教育机构、教育内容、师资队伍建设等多方面的整合一体,从而使基础教育教师培养能够职前与职后相互兼顾,相互联系,以满足基础教育教师专业成长各个不同阶段的诉求;"一体化"教师教育模式涵盖教育理论与实践的密切结合。其核心理念就是强调将基础教育教师专业成长视作一个连续不断的过程,并在此过程中为受教育者提供持续贯通的、切合各阶段专业发展特点的、符合基础教育教师内在身心成长规律的职前职后的整体性教育。[②]

(一)"一体化"教师教育模式的理论基础

"一体化"教师教育模式的理论基础主要包括终身教育思想、教师职业生涯理论和资源优化配置原则三个方面。

1.终身教育思想

联合国教科文组织在《教育——财富蕴藏其中》明确指出:"把终身教育放在社会的中心位置上,重新考虑并沟通教育的各个阶段。""教育的计划必须把各种教学和学习形式看作是互不相关的和几乎重叠的,甚至是相互竞争的;相反,必须努力发挥现代教育环境和阶段的互补性。"

"一体化"教师教育模式应当充分贯彻这一思想,依据目前我国教师教育三个阶段的划分方法,注重师范教育培养时期、新任教师培训时期和教师的继续教育时期的衔接过渡,使教师教育工作成为相对独立而又统一连续的整体。

---

① 肖瑶,陈时见.教师教育发展理论探索与实践创新——教师教育一体化的内涵与实现途径[J].教育研究,2013(8):150-151.

② 武军会.基础教育教师一体化教育模式构建[J].河南师范大学学报(哲学社会科学版),2014(3):177.

2. 教师职业生涯理论

国外对教师职业生命周期的研究表明,教师职业生涯过程包括适应期(1~3 年)、稳定期(4~7 年)、试验期(8~23 年)、平静和保守期(24~31 年)、退出教职(32~39 年)五个阶段。不同的阶段面临不同的职业成长问题和需求,同一个教师群体内部并存着处于不同职业成长期的教师。因此,"一体化"教师教育必须考虑个体差异,为其提供相应的教育机会和条件,设计不同的培训内容和方法,保证一体化教育的针对性和完整性。

3. 资源优化配置原则

掣肘教育发展的一个巨大矛盾在于教育资源的有限性和教育需求的无限性,"穷国办大教育"要求我们必须走内涵发展的道路,合理使用现有的教育资源,提高教育效益。社会主义市场经济体制让市场在资源配置中发挥基础性作用,教育方面的资源配置也受其影响,但是教育与其他行业不同点在于,教育是一种公益事业,有很多方面仅靠市场经济运行规律和市场经济体制来运行和约束是不够的。从市场配置机制中的借鉴过来的很多优点已经取得显著成效,例如高校联合和合并的改革实践重新调整了教师教育资源,但是我国师范教育管理体制条块分割,机构设置重复分散,师资力量失衡,这些系统内部的调整对资源优化配置也至关重要。

(二)"一体化"教师教育模式实践探索

1. 上海教师教育一体化改革

首先,打破管理体制上的条块分割,建立协调统一的领导关系。教师教育一体化改革首先要理顺领导关系。理顺领导关系首先要做到的就是打破传统的计划管理体制,解决系统内部条块分割的管理格局。上海市在师范教育一体化改革试行过程中,国家教委和上海市人民政府提出明确"华东师范大学实行共建后,建制上仍为国家教委所属高校,实行国家教委和上海市共建共管,以上海市为主的体制"的整体布局,把华东师范大学纳入到上海市教育发展的整体规划中,保证统一号令,促进师范教育的区域化。

其次,优化师范教育资源,建立一体化教师教育机构。教师教育机构的一体化并非简单的合并,必须经过内部结构调整和资源的重组,整合为一体,使之能够接受并对有志于从事教师职业的高中毕业生进行培养,同时也对同等学历的其他院校热心教师职业的学生开放。教师教育机构作为教育研究、教育改革实验的中心,还需具有雄厚的教育研究实力,具有学术上的领先性。与此同时,教师教育机构不仅可以培养师范生,还要能够胜任新任教师培训、在职教师继续教育、教育行政干部培训等工作,具有很强的师范专业性。需要注意的是,教师教育机构是培养教师、促进教师专业化的重要机构,但并非唯一场所,

"它是教师教育的主体,但不垄断教师教育"。[①] 教师教育机构要加强与中小学校之间的联系,院校的教师要积极参与学校的革新当中,同时把中小学校中优秀的骨干教师吸纳到师范生的培养以及有关的教育研究开发活动中来。

此外,针对教师个体专业发展的需求,设计一体化的教师教育内容。上海教师教育一体化模式遵循教师职业生涯发展规律,制定和实施了一系列既满足教师各阶段发展需求,又体现终身教育的整体性教师教育培养内容。在职前师范教育阶段,通过对师范生进行定向性素质教育,使之具备当代大学生普遍应该具有的素质水准,如迅速获取和分析知识信息的能力、开拓创新的意识、继续学习的能力、与他人交往和写作的能力等;通过学科专业知识的学习,精通自己将来所要教的知识;通过见习和实习熟悉教学情境;通过微格教学和案例教学等方式熟练掌握教学技能。在新任教师培养阶段,结合师范毕业生初到教学岗位会面临的实际教学情景,重点培养新任教师实际教学能力,例如教学内容的处理能力、运用教学方法和手段的能力、教学组织和管理的能力、语言表达的能力、科学研究的能力、与学生交往的能力以及教育机智等[②],保证新任教师尽快适应岗位,熟练掌握和运用基本的教学技能技巧。在教师的继续教育阶段,通过鼓励攻读教育硕士学位、参加专业学术研讨会、骨干教师进修等培训形式,使教师能够及时获得他们最需要的最热切关注的学科发展的新动态、教育研究与实验的科学方法以及现代化的教育技术等方面的信息,满足教师提高职业水平的要求,发掘教师继续学习和研究的能力。

最后,先整合后分流,建设一体化的教师教育师资队伍。教师教育师资队伍的一体化建设是在机构一体化的基础上,遵循优势互补、保留特色的原则,对不同院校的教师进行合理重组、改造的过程。师范大学(学院)教师的优势在于学术研究和专精于某一门学科,但由于远离中小学教育实际,对师范生的教育教学实践的指导力量较弱;教育学院的教师大多亲临教育第一线,拥有丰富的教育经验和技能,但其学科研究水平不高,研究能力薄弱。两类教师的一体化,可以取长补短,形成整体的教育优势。华东师范大学和教育学院及第二教育学院合并后,通过教师重组、合理分流,提高职后培训队伍的学术水平,同时也加强了师范生的教育实践。

2. 河南省教师教育一体化改革模式

河南省高师院校教师教育改革从管理机构、目标设计、课程体系、教师资源配置、教学方式改革等方面入手,构建职前职后培养一体化的教师教育模式。[③]

---

① 谢安邦.教师教育一体化改革的理论探讨[J].教师教育研究,1997(5):8-11.

② 王邦佐.中学优秀教师的成长与高师教改之探索[M].北京:人民教育出版社,1994:46.

③ 金素梅.教师教育一体化改革的问题审视与模式建构——基于河南省教师教育一体化实验改革的理论与实践[J].周口师范学院学报,2013(11):126

首先，致力管理机构的一体化。长久以来河南省的教师职前培养主要由高等师范院校承担，教师继续教育则由教师进修学校和教育学院负责，高等师范院校的"学术身份"和教师培训机构的"实践身份"之间难以融合。为了解决这个问题，河南省教育行政与财政部门下设"河南省教师教育职前职后培养一体化模式领导小组"，具体负责各高校和地方教育行政部门职前职后一体化模式的规划、领导和决策。同时，政府进一步加大教师教育的资金投入，设立教师教育改革专项基金，相关高校成立"教师教育发展中心"，具体负责教师培养目标、课程体系、资源整合配置、教学整体规划的统筹工作。高校与地方行政部联合成立"教师教育发展中心"，负责统筹校内外教师教育资源，组织教师教育培养和培训，进行教育科学研究及服务基础教育。

其次，保证目标设计的一体化。河南省把教师培养分为职前教育和职后培训两个阶段。职前教育目标定位于"具备合格教师的基本素质"，职前培养从基础教育人才市场对教师素质的需求及教师专业发展的要求出发，考虑学生的职业特点，对教师教育类学生的职业道德、教育教学技能与能力、自我发展意识、教育研究能力等作为培养目标的内容；职后培训目标定位于"高素质的专家型教师"，根据中小学教师的具体情况，提出具体的培训目标，帮助新任教师适应岗位要求，帮助中级教师和高级教师提高教育教学研究能力，进一步提升教师的职业道德、专业技能、教研能力。

再次，做到课程体系和教育方式的一体化。教师职前教育的课程设置秉承"注重应用，适当超前，强化实践"的原则，落实通识教育、专业教育、教师教育、实践教育的课程设计和教学工作，强调职前教师教育理论教学和实践教学的有机统一；注重对实践课程体系的建构，突出实践教学环节，延长实习实践，增加见习内容，确保师范生职业能力的形成；增设选修课程，开阔学生视野，拓展学生知识面。教师职后培训本着"更新知识，适应发展，充实提高"的原则，创设分段设置培训课程：针对入职阶段的教师，课程设置重点关注教师职业岗位能力培养；对于在职教师，课程设置重点关注教育理念提升和教学技能的提高，以满足不同层次中小学教师专业化发展的需求。教学方式一体化要求教师教育过程中合理开发和利用校内外各种教师教育资源，大力开展教育实验、教学改革、教学讨论等多样化的活动。通过教育实验培养教师的问题意识、课程理念、思维方法和研究能力；通过教学改革提高教师的课堂理念、教师观和学生观，将启发式、研讨式、自主学习式等新型教学方法融入课堂，提高教学的有效性；通过教学研究培养教师的专业自主意识、自主学习能力、教学反思能力和科学研究能力。

最后，完善教育资源配置的一体化。教育资源配置包括教师资源配置和网络资源配置两个方面。在教师资源配置方面，河南省教师教育改革创新实验区推行了"双导师"制，通过在各个环节聘任一批国内著名高校的专家学者组织教学，并在省内外品牌中小学选聘一批教学实践方面的一线名师,与校内教师一起共同建构理论与实践相结合的教师教育师资团队,形成"上引下联"的格局,充分发挥"双导师"在教师教育中的主导作用。在网络资源配置方面,充分发挥高校数字图书馆、网络公开课、精品课程、自主学习平台、教学技能训练室、图书馆、心理咨询室等环境资源优势,实现职前教师培养和职后教师培训过程中的教育资源共享,最大限度发挥教育资源在教师教育一体化改革中的作用。

第四章 闽南师范大学 "四有"乡村教师培养新探索

一、坚持面向基础教育,创新人才培养模式

闽南师范大学自创办以来,秉承师范教育传统,始终坚持"面向基础教育,服务基础教育"的教师教育理念,根植闽南,立足福建,面向全国,不断深化教育教学改革,创新教师教育人才培养模式,形成了"传承与创新结合,理论与实践并重,培养与培训衔接,服务与引领并行",实现与中小学互动发展,共同培育基础教育师资的鲜明办学特色。学校已经成为福建省教师教育的重要基地。

(一)继承传统,坚持服务基础教育的发展定位

在 60 年的发展历程中,我校虽几经调整,历尽坎坷,但始终不忘师本,牢记使命,坚持为基础教育培养优秀师资的服务宗旨,不断强化面向基础教育、服务基础教育的办学指导思想,承担起了为福建省特别是闽西南地区培养基础教育培育师资的重任。

在"九五"发展规划中,学校根据全国教育工作会议和师范工作会议精神,确立了"坚持以师为本,以本为本,为全省基础教育、为地方经济文化服务"的办学指导思想,明确提出"稳步发展本科教育,切实提高办学质量,培养全面发展的有一定竞争优势的基础教育师资和各类专门人才","把我校建成一所办学水平和教学质量较高,办学效益较高的合格的本科师范院校"的奋斗目标。

"十五"期间,学校贯彻党的十五届五中全会和全国第三次教育工作会议精神,总结办学经验,提出了"以师为主,以本为本,立足闽南,面向全省,以培养基础教育人才为主,在相当长的时期内,主要是面向农村与山区的中学师资"的办学定位与服务目标。为此,学

校还要求"抓住机遇,构建师范性教学体系,形成一套行之有效的教师教育人才培养模式,培养高素质、有创新能力的基础教育人才,特别是能适应农村、山区基础教育的人才,办出特色,找到自己的发展空间"。

"十一五"期间,学校紧紧抓住福建省建设海峡西岸经济区的历史机遇,审时度势,科学论证,进一步明确了"把我校建设成一所以培养本科层次应用型人才为主,以教师教育为主要特色,多学科协调发展的师范大学"的发展目标,提出了"培养德、智、体、美全面发展,具有创新精神与实践能力的高素质师资"的教师教育人才培养要求。

"十二五"期间,学校全面贯彻党的教育方针,根植闽南,立足福建,面向全国,坚持"育人为本、提升内涵、改革创新、强化特色、协调发展"的办学方针,以本科教育为主体,积极发展研究生教育,致力于为海峡西岸经济区特别是闽南地区经济文化建设服务,培养高素质基础教育师资和各类应用型专门人才,努力建设一所闽南文化和教师教育特色鲜明、多学科协调发展的高水平师范大学。

"十三五"期间,学校始终坚持社会主义办学方向,全面贯彻党的教育方针,秉承"博学、明理、砺志、笃行"校训,始终坚持"面向基础教育,服务基础教育"的教师教育理念,根植闽南,立足福建,面向全国,不断深化教育教学改革,创新人才培养模式,提出了"以生为本,分流培养,面向社会"的育人指导思想,形成了"传承与创新结合,理论与实践并重,培养与培训衔接,服务与引领并行",实现与中小学互动发展,共同培育基础教育师资,"主动服务社会经济发展,承传闽南文化,促进人才培养"的鲜明办学特色。

在既注重传承又不断发展的办学思想指导下,学校始终以培养基础教育师资为己任,以服务基础教育为宗旨,从而形成了牢固的教师教育传统。这一传统经过长期的凝练和积淀,已深深植根于闽南师大人的教育观念之中,成为全体闽南师大人的共同信念和孜孜追求。

(二)一次分流＋相对主辅修制,实施多元人才培养模式

为了主动迎接教师教育开放体系对高师院校的挑战,适应不断发展的经济社会形势和全面推进素质教育的要求,我校以评估为契机,组织开展了多次教育观念大讨论,实现教育观念的转变,树立正确的现代教育理念,以此作为人才培养模式改革的先导。我校上下敏锐地感到,必须大力推进人才培养模式改革与创新,构建多元的、以学生为本的、注重个性发展和社会适应的弹性人才培养机制,带动学校专业设置、课程体系、教学内容、教学方法与手段、教学管理等方面的改革。在多次教育观念大讨论和充分调研酝酿的基础上,形成了"以生为本,分流培养,面向社会"的人才培养模式改革指导思想,拉开了人才培养模式改革的序幕。我们采取先试点、后推广的实施原则,先由中文系、物理系在 2001 级本

科新生中试行新课程计划,并于 2001 年 12 月以"地方高师本科人才培养模式改革的理论与实践研究"为题获批福建省新世纪高等教育教学改革工程重点项目。以此为推动,经一年试点工作取得可喜经验之后,校领导抓住高校改革与发展的良好机遇,大胆决策,决定从 2002 级新生起全面施行人才培养模式改革,采用本科教育"一次分流＋相对主辅修制"的多元人才培养模式,通过课程结构的重新调整和优化设计,突出培养目标的弹性和开放性,实现培养规格的层次性和多样性。

"以生为本",就是要以科学教育发展观为指导,一切从学生的发展需要出发,充分发挥学生的潜能和优势,尽可能地为学生实现全面、协调、可持续地发展提供更为广阔的空间;"分流培养",就是针对学生个性化发展的需要,尊重学生的发展自主权和选择权,充分发挥不同学科专业的资源与优势,为学生创设多样化的发展路径;"面向社会",就是主动适应经济社会发展对人才需求的变化,重新定位与调整人才培养目标,设计与优化人才培养规格,培养多样化、高质量的各类人才,充分体现教育的社会服务功能。"一次分流＋相对主辅修制"的多元人才培养模式的具体做法是:

(1)实行"自选方向,按需分流"。前两年或两年半主要学习基础性、通识性课程,后两年或一年半可根据社会人才需求趋向、学生兴趣、专长及学业成绩自主选择专业发展方向,修读教师教育类、理论基础类、应用实践类等不同类型的专业模块选修课程,为将来在不同专业方向上的发展奠定良好的基础。中文系、物理系 2001 级本科生和 2002 级本科生已自选方向,按需分流。从统计看,选择修读教师教育类、理论基础类、应用实践类的比例大概是 6∶3∶1。2004 年考上研究生人数为 82 人,占应届本科毕业生的 10.8%,其中历史系考取研究生人数达到毕业班人数的 20%,政法系达到 16.8%,多人被清华大学、复旦大学、浙江大学等知名大学录取。上述成果集中反映了我校积极推进人才培养模式改革,注重学生创新精神、实践能力和综合素质培养的成效。2004 年"两赛"参赛人数为 1524 人次,旁听学生数达 3980 人次,约占全校学生总数的一半,可谓"盛况空前"。

(2)实行复合型人才培养方案,推行"相对主辅修制"。学生在学习主修专业的同时,可辅修其他专业;辅修一年后可根据学习情况申请将辅修专业转为主修专业,将师范类专业转为非师范类专业或非师范类专业转为师范类专业;亦可同时修完两个专业,自选其中一个专业毕业并进行国家电子学历注册。如所修两个专业分属不同的一级学科,符合条件者还可授予"双学士学位"。这种制度将使学生更能够适应社会对多样化知识能力的要求,有利于拓宽就业路子,增强社会适应性和竞争力。当年,我校已有 403 名本科生正在进行辅修专业学习,其中 40% 的学生希望通过相对主辅修制转专业,30% 的学生希望通过相对主辅修制拓宽专业面,10% 的学生想通过相对主辅修制获得"双学士学位"。

人才培养方案是人才培养模式改革的纲领。学院针对学生的不同分流选择,重新设计与优化不同专业的人才培养方案,既考虑学生在校期间应获得的知识结构和框架,又充分考虑学生各种能力、素质的培养和个性的发展;既考虑第一课堂的人才培养,又考虑第二课堂的补充作用。学院不断整合教学内容,优化课程体系,开设出公共必修课、专业必修课,专业限选课、专业模块选修课、公共选修课五个课程板块。全校所有专业都根据人才培养模式改革的要求修订出新的专业培养计划,按公共必修课、专业必修课、专业限选课、专业模块选修课、公共选修课五大板块整体设计课程结构,其中公共必修课占 25% 左右,专业必修课占 45% 左右,专业限选课占 10% 左右,专业模块选修课占 14% 左右,公共选修课占 6% 左右。新课程计划的改革重点在于模块选修课和公共选修课的开设。每个专业都至少开出三个专业方向的系列模块选修课,每个模块设置了 10～15 门课程供学生选修。实行多种形式的选修制度,允许并鼓励学生跨系、跨专业、跨年级选修或辅修。以数学专业为例,2002 级学生中约有 20% 选修了基础数学模块课程,25% 的学生选修计算机与应用数学模块课程,55% 的学生选修数学教育模块课程。公共选修课程强调文理交叉和渗透,注重综合性、前沿性、广泛性和应用性。据当年统计,全校性公共选修课达 134 门,有 239 个教学班,按每门课程一学期开设两次计,可供 18630 人次选修,内容包含文史哲系列、政经法系列、自然科学系列、教育科学系列、艺术体育系列等,满足了学生多方面的兴趣、爱好和知识追求。

因此,这种人才培养模式改革在目标定位、路径选择、个性化培养与自主教育、教学计划的柔性与教学管理上均实现了新的突破。

人才培养模式的改革对学校的生存与发展至关重要,本项改革是整体性改革,是一项全校性、全面性、全局性、全程性、全员性的重中之重的工作。全院上下统一思想,达成共识。为了配合人才培养模式改革的实行,我校从 2001 年开始推行学分制教学管理制度,陆续出台了一系列相关文件。与此同时,还制定《漳州师范学院教学质量评估实施方案》,初步建立了由学校、教师、学生共同参与的质量评估体系。为了保障人才培养模式改革的顺利开展,我们积极推进了以学分制、弹性学制、选课制、主辅修制等为主要特征的现代学校管理制度,建立起富有弹性的、开放灵活的教师教育人才培养机制,还制订并实施了《漳州师范学院教书育人、服务育人工作暂行条例》,营造了一切服务于教学,一切为了培养人才的一体化服务氛围,为学生提供良好的学习、生活条件。

与此同时,我校有计划地组织教师进行教育科研活动,认真开展教育理论研讨和教育科研实践,取得了丰硕的教学科研成果,其中"地方高师本科人才培养模式改革的理论与实践研究"获得 2005 年福建省高等教育教学成果一等奖。良好的研究风气,丰硕的理论成果,为我校教师教育人才培养模式改革提供了有力的理论支撑。

为了巩固我校人才培养模式改革的成果,把教师教育人才培养模式改革进一步引向深入,我们又推出了一批教师教育改革与研究创新项目,其中,2007 年获批的福建省立项的"教师教育本科人才培养模式创新实验区"项目的开展旨在探索当前基础教育新课程改革背景下高师人才培养的新模式、新经验,以及学生管理、人事管理等方面的配套改革问题,尝试建立师范专业"双向选择",高校与中小学共同培育师资,面向农村支教实习等新型培养模式。

(三)创新人才培养模式改革的基本成果

这一阶段人才培养模式改革,提出了"以生为本、分流培养"的育人构想和"一次分流＋双专业"的培养模式,在一定范围内打破了师范类与非师范类专业之间的严格界限,适应了开放的非定向性教师教育发展的新趋势。在本科专业教学计划中增设多向系列模块选修课,有利于分流培养从事教师教育、基础理论研究以及侧重于应用型的专业人才,有利于满足学生就业方向选择中的不同需要。实行"相对主辅修制",使学生有了拓宽专业面、第二次选择专业的机会,有助于改变长期以来专业限制过窄过死的局面。实践证明,这一轮改革是成功的,实现了预期的改革目标。

一是积极探索了地方高师人才培养模式的基本框架。结合学校办学实际提出了"以生为本、分流培养、面向社会"的指导思想,采用本科教育"一次分流＋双专业"即"相对主辅修制"的多元复合模式,为学生的学习和发展提供了多样化的选择,有利于加强学生学习与发展的自主性。

二是全面修订了各专业教学计划,优化了课程结构体系。从整体设计、整体优化出发,构建了由公共必修课、专业必修课、专业限选课、专业模块选修课、公共选修课五大板块组成的比例结构较为合理的新的专业课程体系。

三是建立了现代学分制教学管理制度,使人才培养模式改革有了重要的制度保障,教学管理工作更具开放性和弹性。

四是建立了较为完善的教学质量评估体系。通过开展教师教学质量评估、学生学业质量测评、教学管理工作质量评估等,形成了充分调动师生教学主动性和积极性的教学运行机制和教学质量保障机制。

五是完成了相关教改论文 35 篇,自编论文集 1 本,自编教材 6 本,自制模块选修课系列教学课件 5 套。

二、建立教师教育创新实验区,协同实施"三位一体"改革

早在 1992 年,我校在全国较早开展师范生顶岗实习工作,率先提出建立教育主管部

门、高等院校和中小学校"三位一体"实习领导机构,为之后积极推进地方政府统筹下,教育主管部门、高校和中小学校"三位一体"的教师教育创新实验区建设奠定了基础。

发展农村义务教育,办好农村学校,关键在教师。为探索农村教师教育新机制,闽南师范大学、赣南师范学院、长春师范大学和肇庆学院以推动教师专业化为引领,以培养农村骨干教师为抓手,以协同创新机制为动力,以完善培训体系为保障,依托县域教师教育创新实验区,共同推进"地方政府统筹下的'三位一体'教师教育改革",在实践中探索出一条教师教育主动适应农村骨干教师发展、具有区域特色的创新发展之路。为破解城乡义务教育师资均衡发展问题提供了理论模型和参照范式,对地方高校深化教师教育改革具有普遍指导意义。

(一)地方政府统筹下"三位一体"人才培养模式的构建

义务教育均衡发展是实现教育公平的基础。《国家中长期教育改革和发展规划纲要(2010—2020)》《国务院关于加强教师队伍建设的意见》和教育部等五部委《关于大力推进农村义务教育教师队伍建设的意见》等旨在推进农村教师队伍建设,加大对师范院校支持力度的政策引导,要求高师院校与地方政府协同创新,共同推进区域内义务教育均衡发展,特别是师资均衡配置。

1. 教师教育改革目标的确立

所谓"三位一体",即在培育义务教育师资队伍过程中,由地方政府统筹,高等院校、地方教育行政部门、中小学校三位合作,以县级教师进修学校为基地,建立教师教育创新实验区,辐射全县中小学和幼儿园,实施师范生"实习支教"与在职教师"置换培训"和"校际交流"同步改革,构建教师职前培养、入职教育与职后培训"一体化"体系。其目标是:确立"协同创新、引领服务、实践育人、彰显特色"的教师教育新理念,实现高校、政府和中小学互动合作的教师教育管理一体化,教师职前培养与职后培训有机衔接的教育过程一体化,大学教师、中小学教师与师范生合作学习的专业发展一体化,建立政府、社会与学校共同培育高素质师资的长效机制(如图4-1)。

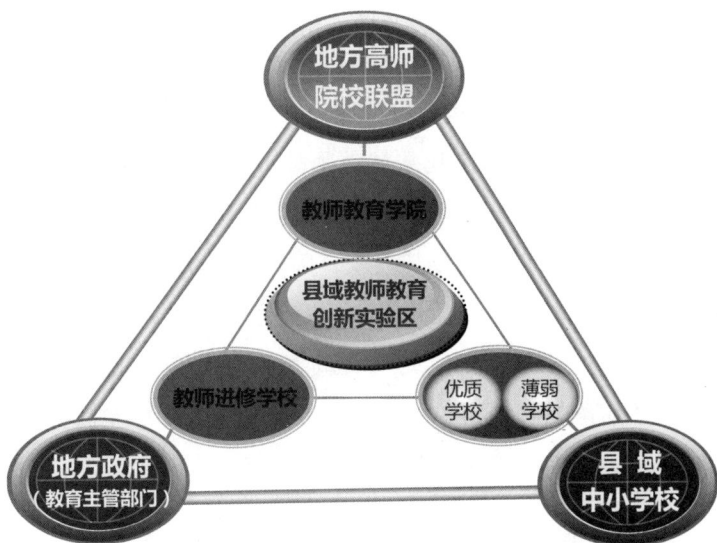

图 4-1 院校联盟、协同创新"三位一体"教师教育模式

2. 教师教育创新实验区创立

在地方政府统筹下,学校以培养农村骨干教师为抓手,与县级教育主管部门签订培养高素质、专业化义务教育师资协议,建立以县教师进修学校为基地的教师教育创新实验区,构建师范生"实习支教"与在职教师"校际交流""置换培训"同步改革方案,将合作培养和培训教师工作辐射整个县域内城乡中小学校、幼儿园,解决实习支教学生的指导力量薄弱、在职教师进修工学矛盾、留守儿童教育引导不足、城乡学科教师配置不均等问题。截至 2013 年,协同高校共建立 17 个县级实验区,取得了一批卓有成效的实验成果,为大面积解决义务教育师资均衡发展问题提供了可资借鉴的样本。

3. 教师教育联盟框架的创建

闽粤赣三省区域高师院校有长期合作的传统。2007 年来,围绕本科教育质量工程建设,三省高师院校每年举办一届本科教学工作联席会和教育科学研讨会。闽南师范大学"地方高师本科人才养模式改革理论与实践研究"(2001 年);"教师教育人才培养模式创新实验区建设的理论与实践"(2007 年);赣南师范学院"地方高师人才培养模式创新研究"(2005 年);"区域性优秀教师成长规律与高师教师教育改革的互动研究"(2007 年);肇庆学院"地方院校探索师范生实践能力培养新模式"(2010)等教改项目协同研究,相互借鉴,积淀了丰富的理论研究和实践基础。长春师范大学作为东北地区始终坚持面向农村和老少边穷地区基础教育培养师资的省(部)属高师院校,也在长期的探索中进行了"农村基础教育改革与发展的理论和实践研究""高师教师教育培养模式的改革与创新""提高农村教师素质的研究"等课题的深入研究,取得了积极成果。2011 年全国教师教育学会地方院校协作会上,三所高校为共同推进教师教育人才培养模式改革,与长春师范大学正式启动"以培育农村骨干教师、提高师范生实践能力为共同责任"的教师教育联盟工作。

四校联盟在地方政府统筹下,依托县域教师教育创新实验区,建立以高师院校为主体,其他教育机构共同参与,多渠道、多形式的农村教师培养和培训体系;建立教师教育创新团队和教师专业发展中心,以及区域基础教育师资培育中心,打造具有地方特色、高水平的教师教育成果,提升高校学科专业建设水平;建立一支以高校学科带头人为引领、中小学教师参与互动的高水平教师队伍,协同提高区域教师培养和培训质量;保持各校特色,整合区域高校、中小学校优质资源,协同创新教师专业人才培养机制,全方位引领服务区域基础教育改革,推动义务教育师资均衡发展。

(二)协同创新"三位一体"人才培养模式的机制运行

协同创新"三位一体"教师教育联盟正式启动后,各高校相互协作,并积极与地方政府携手共建教师教育创新实验区(如图 4-2)。

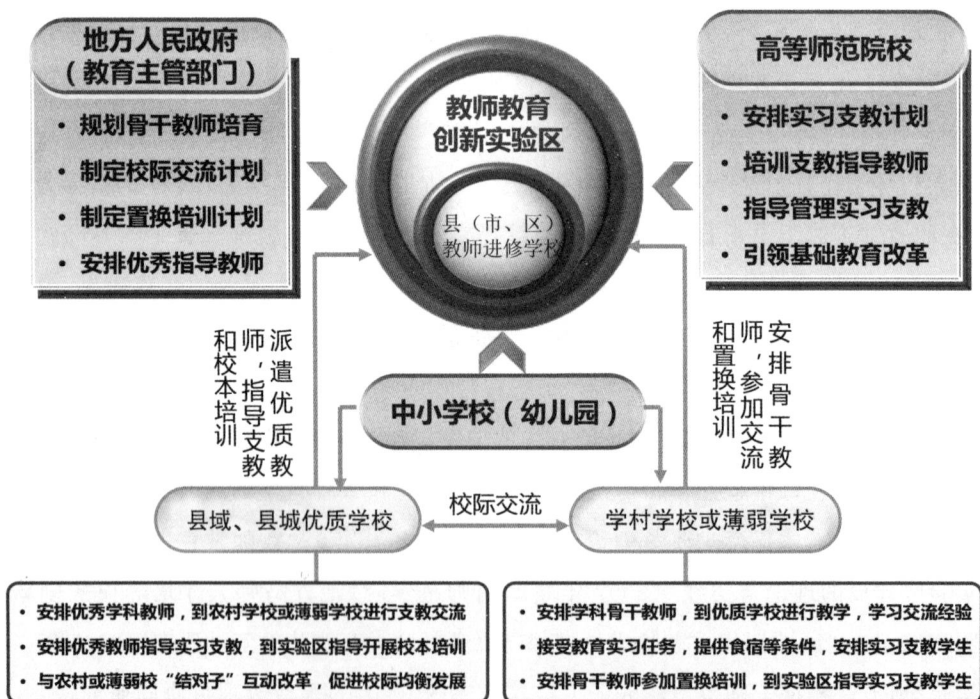

图 4-2 地方政府统筹下的"三位一体"教师教育创新实验区运行机制

1. 健全以培育县域义务教育师资为共同责任的互动保障机制

根据实验区共建框架,四校和地方政府成立齐抓共管的领导小组,下设工作小组和实验区办公室。高校领导小组组长由分管教学副校长担任;地方领导小组以分管副县长为组长,由教育局、财政局、进修学校等负责人组成。四校与地方政府、教育行政部门签订"教育合作协议",先后出台创新实验区"实施意见"和"管理办法"等。在经费投入方面,地方财政划出专项,改善实习基地办学条件,补贴校际交流教师和师范生的生活、交通补助;高校在提高生均实习经费的同时,还规定对置换培训考取教育硕士的在职教师给予学费减免等,切实保障了实验区建设的规范化、规模化发展,以承担服务县域义务教育师资均衡发展的培育重任。

2. 实施县域内中小学师资均衡发展的"四个计划"同步改革

(1)地方教育部门制定**"骨干教师培养计划"**,列入高校实习指导教师培养计划,双方建立培养农村骨干师资责任共同体。(2)制定教师**"置换培训计划"**,为师范生腾出实践岗位,解决教师培训工学矛盾,并为师范生提供学习和交流平台。(3)制定教师**"校际交流计划"**,实行县域优质学校与农村或薄弱校"结对子"帮扶,优秀教师进行"支教交流"的同时兼顾指导师范生实践,承担校本培训任务。(4)高校安排实施**"实习支教计划"**,以农村或薄弱学校为主。实习生跟班接受优质教师指导,为薄弱学校(教学点、班)承担一定顶岗支教和留守儿童教育引导任务;建立学科教育培训专家组,定期开展以高校为基地的"院校培训",并与实验区基地校本培训相结合。"四个计划"同步实施,强化了高等院校、地方教育主管部门、中小学校的责任,从顶层设计上确保了服务县域义务教育师资均衡发展的落实。

3. 完善教师职前培养与职后培训衔接的一体化学习共同体

按照协同共建要求,联盟高校通过"国培计划"和"中小学校长(教师)研修计划"等平台,开展中小学校长、教师培训,促进在职教师专业发展。地方教育行政部门通过"置换培训计划",安排优质教师开设片段教学观摩,举办教学设计、说课等各类比赛,为实习生提供教学比武平台,提升实习支教质量。为了提高实验区骨干教师学历层次,四校结合实习支教、置换培训和校际交流,联合招收在职教师攻读教育硕士,配备高校导师与实验区副导师共同培养,建立由大学教师、师范生和在职中小学教师组成的学习共同体,促进教师专业成长与发展,为县域义务教育教师素质的持续发展开辟了一条新的路径。

4. 深化教师人才培养质量提高的高校内部相关配套改革

一是深化教育类课程体系改革。四校根据《全国教师教育课程标准(试行)》,适应师范生个性化需求和在职教师发展,初步构建了学历教育与非学历教育沟通的教师教育"一体两翼"课程体系,在地方高师践行教育类课程改革做出有益尝试。二是强化教师职业技能训练。四校投入专项资金(闽南师范大学 450 万元、赣南师范学院 400 万元、长春师范大学 300 万元、肇庆学院 350 万元)建设教师职业技能实训中心,构筑"课堂教学-课外活动-社会实践"对接平台,实施师范生实习支教后教学能力考评和技能测试制度。三是推进本科人才培养模式改革。四校试行"大类招生、分流培养",即在当年师范专业招生指标内,各专业大类攻读师范学生数由高校自主决定培养指标。1 或 1.5 学年后开展"双向选择",实施分流培养。同时,闽南师范大学、赣南师范学院还开展"2+2+3"的"卓越教师"培养改革试点,实施师范本科与教育硕士衔接方案,提高师范生培养质量。

(三)协同实施"三位一体"人才培养模式改革的主要成效

1. 教师教育专业发展一体化

通过实习支教全面提升了师范生的教师技能和职业品格。四校先后选派师范生到实验区进行一学期实习支教(闽南师范大学八批次 4500 多名,赣南师范学院五批次 3000 多名,长春师范大学五批次 2800 多名,肇庆学院四批次 1500 多名),实验区建设覆盖面、受益面广泛。2012 年,闽南师范大学永安市教师教育创新实验区被评为全国"大学生校外实践创新基地"。实习支教全面提升了师范生教师职业技能和乐教、适教品格,培养了一批"下得去、留得住、干得好"的义务教育师资。参加实习支教的学生在各地教师招考中广受用人单位欢迎。

同时,通过置换培训全面提高了农村教师的专业发展水平。四校依托"国培计划"和省(市)级中小学校长(教师)培训基地,通过师范生不同程度的顶岗教学,优化了当地教师置换培训。其中,中小学校长培训 1600 余人次、教师转岗培训 2800 余人次、学科带头人培训 3200 余人次、骨干教师示范性集中培训 1800 余人次。四校建立以更新教育理念为主的通识培训、以跟从教育硕士导师学习为主的教育研究、以体验优质教学经验为主的课堂观摩等"院本培训",与县教师进修学校为基地的校本培训有机结合,全面提高了农村教师的教学能力和专业水平。

2. 县域内义务教育均衡发展

四校创新实验区以县域内优质学校为龙头,联合周边农村学校和薄弱学校形成若干片区,通过政策指导、岗位竞聘、校际协作、自愿申请等交流形式,重点引导优秀校长、骨干教师向薄弱学校、农村学校流动,超编学校教师向缺编学校流动。2011 年来,各县"教师支教"比例超过规定的 10%,交流教师的知识更新和专业发展也纳入当地教师队伍建设范畴,有效缓解教师置换培训工学矛盾,改善当地城乡教师队伍配置,促进义务教育均衡发展。

3. 高校科研、教学和服务三项工作良性互动

四校通过协同创新,在特色专业、精品课程、人才培养创新实验区、教学团队等"本科教学工程"建设上取得了重大突破,教学与科研成果成绩喜人。其中,特色专业国家级 1 个,省级 11 个;国家级精品课程 1 门,省级 9 门;国家级视频公开课和教师教育国家级精品资源共享课 3 门;省级人才培养创新实验区 2 个;国家级教学团队 1 个,省级教学团队 7 个;省级实验教学示范中心 7 个。获国家自然科学基金项目 11 项,国家社会科学基金项目 2 项,全国教育科学规划项目 1 项,教育部人文社科规划项目 7 项。出版专著(教材) 37 部,发表论文 400 余篇。

四校建立的教师教育创新实验区中,实习支教学生不同程度地顶岗教学,中小学优秀教师的教学示范和高校学科专家的专业引领,建构了大学教师-中小学教师-师范生"学习共同体"。"政府统筹,三位一体,院校联盟,协同创新"的实践模式,丰富了教育公平与效率关系、高等教育的质量观、高等教育的内外部关系规律、教师教育一体化和教师专业化发展等理论,为进一步创新教师培养机制提供决策咨询和理论指导。具体表现在以下方面:

(1)率先创建了跨省域合作的地方高校教师教育联盟。四校树立"实践智慧"的教师专业发展观,以"培养农村骨干教师为抓手,同时这批教师又是师范生实践指导教师"的思想为指导,围绕服务各省县域义务教育均衡发展的目标,主动沟通交流,率先创建了地方高校联盟,改变地方高校以往只涉及本地区开展教师教育研究与实践的做法,突显了多所高校跨地区联盟,协同创新教师教育实践中教师和学生发展的多样性、生成性和开放性。

(2)积极构建了"三位一体"教师教育协同培养机制。四校建构了崭新的高校-地方政府-中小学校"三位一体"协同创新教师教育的责任共同体,突出了县级政府在教师教育改革中的统筹职能,在更大范围内实现农村义务教育优质师资的"三位一体"协同培养,在推进城乡中小学教师校际交流和师资均衡配置中取得实质性突破,契合地方高校开门办学和城乡义务教育均衡发展实际,也迎合县级教育行政部门、中小学校乃至当地学生和家长的需要。

(3)全面创建了师范生培养与在职教师培训同步推进模式。四校突破了以往高校仅从"顶岗实习"的单一模式来强化教育实践的做法,提高师范生从业技能的做法,创建了"实习支教—骨干教师培养—置换培训—校际交流"同步推进的教育模式,拓展和强化县级进修学校办学功能,推进教师职前教育与职后教育衔接,在国内教师教育改革中尚属首例。同时,通过本科教育与教育硕士衔接培养,将农村教师"十百千工程"计划列入教育硕士培养,有效地促进义务教育教师队伍的建设。

4. 实施成效引起政府和社会强烈反响

"三位一体"教师教育改革增强了高校办学定位的科学性、人才培养的针对性和服务社会的适应性,开辟了一条校地共建、资源共享、互助多赢的新途径。

(1)改革实践在全国地方院校引起积极响应。四校联盟改革模式先后得到江苏师范大学、重庆师范大学、泉州师范学院、韩山师范学院、湛江师范学院、嘉应学院等高校借鉴和实践。闽南师范大学先后应邀参加全国第五、六、七届地方院校校长协作会论坛并作专题发言,在地方高校教师教育改革中产生积极反响。2012 年,闽南师范大学举办"教师专业人才培养改革研讨会",教育部教师工作司领导、海峡两岸大学的专家学者齐聚交流,第九届全国师范大学联席会议的代表也专程前往考察。

(2)改革成果得到地方各级政府的高度肯定。实验区地方人民政府认为,实验区建设提供了有力的人才保证和智力支持,促进了中小学教师"十百千工程"建设,带动了农村科技、文化等精神文明建设。教育部相关司局领导等要求四校联盟进一步探索实践,总结经验,争取推广。福建省副省长曾批示,教师教育创新实验区开辟了基础教育教师校际交流和置换培训,推进义务教育均衡发展的新思路。2013 年教育部批准立项的"教师队伍建设示范项目"中,闽南师范大学"高校、地方政府、中小学'三位一体'教师教育人才培养模式改革"列入"创新教师培养模式类"示范项目,赣南师范学院"协同创建'三位一体'教师教育模式,着力打造区域基础教育'三个中心'"列入"高校内部教师教育资源整合类"示范项目,长春师范大学"校地协同,构建实践取向的基础教育师资培养的理论研究与实践探索"列入"教师队伍建设改革类"示范项目。

(3)改革经验得到各类主流媒体的高度关注。《人民日报(内参)》(2011 年第 1274 期)以"漳州师院依托'三位一体'培训农村师资"为题,《教育部简报》(〔2011〕第 159 期)和教育部《中小学教师队伍建设工作简报》(〔2011〕第 14 期)以"漳州师范学院立足服务地方基础教育,推进教师教育改革创新"为题,福建省教育工委《教育工作简报》(2012 年第 27 期)以"打造特色培养模式,服务地方基础教育"为题,以及《光明日报》《中国教育报》《福建日报》《南方日报》,中国教育电视台、四省教育电视台,人民网、光明网、新浪网等主流媒体先后对"政府统筹、三位一体、院校联盟、协同创新"的教师教育改革新思路、取得的新成效进行宣传报道。

(4)改革成效得到组织和同行专家的高度评价。著名高等教育家潘懋元先生认为,该项目根据义务教育均衡发展政策,创造性地运用了高等教育内外部关系规律,结合教师专业发展理论,以培育农村骨干教师、提高师范生实践能力、服务县域义务教育师资均衡发展为共同责任,通过"政府统筹""三位一体""协同创新"在教师教育的职前人才培养和职后教师培训等方面进行创新探索,既体现了问题解决的针对性,又体现了理论运用的普适性,尤其是"政府统筹""三位一体""四校联盟"的模式对全国地方高校教师教育改革和发展具有借鉴意义和推广价值,在国内同类高校教师教育改革实践中处于领先水平。

福建省教育厅专家组鉴定意见认为,本项目改革以培育农村骨干教师、提高师范生实践能力为共同责任,以提高本科教育人才培养质量为目标,创造性地构建师范生实习支教与在职教师校际交流、置换培训同步改革方案,并与高校内招生制度、课程体系、技能训练与考评、教育硕士培养等改革配套实施,项目研究和实践针对性强、力度大,措施得力,受益面和覆盖面广,成效显著,是一项高水平的教学改革成果。该成果对全国地方高师院校具有重要的借鉴意义和推广价值。在国内教师教育改革实践中处于领先水平。

全国教师教育学会地方校长协作会评价认为:以闽南师范大学为主体,联合赣南师范学院、长春师范大学、肇庆学院三所高校,形成"四校联盟",协同创新"地方政府统筹下的'三位一体'教师教育改革"研究,是一项创新性强的教学改革研究。研究成果不仅有利于义务教育师资的培养、培训以及城乡教师均衡配置,还促进教师教育改革的整体性推进,改革力度大,措施强而有力,受益面和覆盖面广,成效显著,是一项富有前瞻性的、高水平的教学改革成果,为其他地方高校教师教育改革与发展树立了典范。在国内同类高校教师教育改革实践中处于领先水平。

三、基于"协同支教＋留守儿童关爱教育"的乡村教师培养模式

闽南师范大学认真落实国务院《乡村教师支持计划(2015—2020 年)》和《关于加强农村留守儿童关爱保护工作的意见》,主动服务国家战略需求,深化教师教育培养模式改革,实施"四项计划",推进大学生核心价值观教育、师范生实习支教与乡村留守儿童关爱教育三项工作有机衔接,形成合力,协同推进乡村教师培养模式创新,旨在实现留守儿童关爱教育的专业化、开放性、长效性、可持续性,培养一批有理想信念、有道德情操、有扎实学识、有仁爱之心,素质优良、甘于奉献、扎根乡村的乡村教师。

(一)乡村教师培养模式创新的基本背景

教育公平是社会公平的重要基础,乡村教育是决定教育整体水平的重要标志,而加强乡村教师队伍建设是关键。当前,我国乡村教育面临两大难题:一是如何拓展乡村教师补充渠道,提高乡村教师能力素质,培养一大批"下得去、留得住、教得好"的乡村教师,是教育扶贫攻坚的关键。2015 年国务院通过的《乡村教师支持计划(2015—2020 年)》明确指出,必须把乡村教师队伍建设摆在优先发展的战略地位。广大乡村教师承担着教书育人

的职责,承担着传播先进文化和现代文明、培育和践行社会主义核心价值观的使命。如何制定切实可行的政策措施,鼓励有志青年到农村、边远地区为国家教育事业建功立业,成为我国高等教育人才培养模式改革的重要课题。二是建立健全农村留守儿童关爱保护体系,确保留守儿童在内的全体儿童都能接受公平优质的教育,这是阻断贫困代际传递的根本。2016年国务院出台的《关于加强农村留守儿童关爱保护工作的意见》明确指出,"农村留守儿童和其他儿童一样是祖国的未来和希望,需要全社会的共同关心"。进一步加强农村留守儿童关爱保护工作,为广大农村留守儿童健康成长创造更好的环境,是一项重要而紧迫的任务。师范生是乡村教师的重要补充渠道。教育部印发的《关于加强师范生教育实践的意见》要求创新师范生教育实践的内容和形式,加强师范生实习支教管理工作,进一步增强师范生的社会责任感、基层意识和实践能力,全面提升教师人才培养的质量。作为地方高师院校,主动服务国家战略需求,发挥区位优势和办学特色,积极探索乡村教师人才培养模式,服务农村基础教育,这既是地方院校必须要承担的社会责任,也是突破瓶颈、实现特色发展的重大机遇。

闽南师范大学于2009年起创建"地方政府统筹下的'三位一体'教师教育创新实验区",以培育乡村中小学高素质师资为目标,全面推行师范生一学期实习支教工作,同步实施师范生"实习支教"与在职教师"置换培训"和"校际交流"三项改革,构建教师职前培养与职后培训一体化,促进了县域内城乡中小学师资均衡配置。国内其他高校也积极探索"三位一体"框架下的教师教育人才培养模式改革,实习支教与置换培训相结合的乡村教师人才培养模式已基本形成。然而,该模式既未结合"农村留守儿童关爱教育"这一影响乡村教师发展的重点和难点问题,也未能充分挖掘留守儿童关爱教育在培养乡村教师的基层意识、实践能力和师德素养的重要意义,使得实习支教存在目标不够清晰、内容不够丰富、形式相对单一、实习实训效果欠佳等问题。从2014年起,根据乡村教育的实际情况,闽南师范大学不断拓展实习支教功能,创新师范生教育实践形式,将农村留守儿童关爱教育工作纳入师范生班主任实习内容进行改革试点,借此培养乡村教师的基层意识、社会责任感和师德素养。

1. 乡村教师培养模式改革的历史背景

作为地方高师院校,如何主动适应国家战略需求,发挥区位优势和办学特色,积极探索乡村教师人才培养模式创新,服务农村基础教育,既是地方院校必须要承担的社会责任,也是突破瓶颈、实现特色发展的重大机遇。

闽南师范大学(前身为漳州师范学院)的实习支教工作最早可追溯到25年前的顶岗实习。早在1992年,闽南师大就率先在泉州、漳州等地推行师范专业一学期"顶岗实习",这在全国尚不多见。2001年学校立足地方教育发展,探索本科教育"一次分流+相对主辅修"的多元人才培养机制。2007年学校实施省级教改质量工程"教师教育本科人才培养模式改革创新实验区"项目,正式启动地方政府统筹下的高等院校、地方教育部门、中小学校"三位一体"合作培育高素质基础教育师资的教师教育改革模式和运行机制。2009年起创建"地方政府统筹下的'三位一体'教师教育创新实验区",以培育乡村中小学高素质师资为目标,全面推行师范生一学期实习支教工作,同步实施师范生"实习支教"与在职教师"置换培训"和"校际交流"三项改革,构建教师职前培养与职后培训一体化,促进县域内城乡中小学师资均衡配置。2011年学校选送的"高校、政府、中小学'三位一体'教师教育改革试点计划"列入"福建省高校创新人才培养改革试点工作方案",成为福建省"综合推进人才培养改革"十大试点项目之一。

如何创新师范生教育实践形式,成为深化"三位一体"教师教育改革必须研究的课题。2014年3月党的群众路线教育实践活动之际,闽南师范大学校长亲自带领学校相关单位负责人,深入创新实验区的几十所实习支教学校,就如何拓展师范生实习支教功能,引导师范生关注农村留守儿童生存境遇,强化师范生师德养成和基层意识等问题进行深入调研。随后,把农村留守儿童关爱教育工作纳入师范生班主任实习内容,开展"实习支教+留守儿童关爱教育"改革试点。在此基础上,以支持乡村教师发展、关爱乡村儿童成长为目标的"区域农村教师发展协同创新中心"获批为福建省"2011计划"项目,学校申报的"基于'实习支教+留守儿童关爱教育'的乡村教师培养模式创新"改革项目获批2016年福建省高校本科人才培养模式改革重大攻关项目,乡村教师人才培养模式改革进入快车道。

2. 乡村教师培养模式改革的现实背景

当前,扶贫开发工作已纳入"四个全面"战略布局,成为实现第一个百年奋斗目标的重点工作。习近平总书记强调指出:"到2020年全面建成小康社会,最艰巨的任务在贫困地区,我们必须补上这个短板。扶贫必扶智。让贫困地区的孩子们接受良好教育,是扶贫开发的重要任务,也是阻断贫困代际传递的重要途径。"

乡村教育是决定教育整体水平的重要标志,而加强乡村教师队伍建设则是发展乡村教育的根本。当前,我国乡村教育面临两大难题:一是如何拓展乡村教师补充渠道,提高乡村教师能力素质,培养一大批"下得去、留得住、教得好"的乡村教师,是教育扶贫攻坚的关键。二是建立健全农村留守儿童关爱保护体系,确保留守儿童在内的全体儿童都能接受公平优质的教育,这是阻断贫困代际传递的根本。2015年国务院通过的《乡村教师支持计划(2015—2020年)》明确指出:"发展乡村教育,教师是关键,必须把乡村教师队伍建设摆在优先发展的战略地位。"广大乡村教师承担着教书育人的职责,承担着传播先进文化和现代文明、培育和践行社会主义核心价值观的使命。加强乡村教师队伍建设,切实提高乡村教育水平,不仅有利于把沉重的人口压力转化为人力资源优势,让每个孩子都平等享有接受良好教育的机会,还可以帮助贫困家庭拔掉穷根,努力增进千万乡村家庭的福祉。

实施教育扶贫工程,必须要加强留守儿童关爱工作。据《中国2010年第六次人口普查资料》样本数据推算,全国有农村留守儿童6102.55万,占农村儿童37.7%,占全国儿童21.88%。由于缺乏监管和陪伴,留守儿童在安全保障、学习成绩、行为习惯、情绪情感等方面存在一定的困难。2015年10月,党的十八届五中全会强调指出:"实施脱贫攻坚工程,实施精准扶贫、精准脱贫,分类扶持贫困家庭,探索对贫困人口实行资产收益扶持制度,建立健全农村留守儿童和妇女、老人关爱服务体系。"2016年2月,国务院出台了《关于加强农村留守儿童关爱保护工作的意见》,明确指出"进一步加强农村留守儿童关爱保护工作,为广大农村留守儿童健康成长创造更好的环境,是一项重要而紧迫的任务",并强调"农村留守儿童和其他儿童一样是祖国的未来和希望,需要全社会的共同关心。做好农村留守儿童关爱保护工作,关系到未成年人健康成长,关系到家庭幸福与社会和谐,关系到全面建成小康社会大局"。

办好教师教育,是尊师重教的重要标志,是教育事业持续健康发展的重要保证。师范生是乡村教师的重要补充渠道。为增强师范生的社会责任感、创新精神和实践能力,全面提升教师培养质量,教育部印发了《关于加强师范生教育实践的意见》。该意见进一步强调"各地、各举办教师教育的院校要认真贯彻落实本意见精神,并结合实际,研究制定具体实施方案,切实把师范生教育实践工作落到实处"。师范生实习支教,作为专门针对提高师范生教学实践能力、缓解农村师资紧张矛盾、促进中小学教师置换培训等问题而推出的富有中国特色的新型教师教育改革模式,在机制体制方面又进一步得到了巩固、加强和完善。

《乡村教师支持计划(2015—2020年)》《关于加强农村留守儿童关爱保护工作的意见》和《教育部关于加强师范生教育实践的意见》三份文件的相继出台,为新时期将理想信念和核心价值观教育、师范生实习支教与乡村留守儿童关爱教育三项工作有机衔接、形成合力,协调推进乡村教师人才培养提供了强有力的政策依据。一方面,通过一学期实习支教这一教育实践形式,造就一大批爱乡土、知乡音、近乡情,具有社会责任感、创新精神和实践能力的优秀师范毕业生,为实现教育精准扶贫、支持乡村教育输送稳定的补充师资。另一方面,实施实习支教兼顾留守儿童关爱教育,既可以发挥大学生与留守儿童间的时空相近、心理相亲、情感相融的优势,实现爱心接力、关爱传承,还可以探索建立由地方政府、高校、中小学校三方协同联动,实习支教志愿者、支教学校班主任和家庭协调配合的留守儿童关爱教育体系,促进师范生实习支教与留守儿童关爱教育之间良性互动,从而协同推进乡村教师人才培养模式创新。

3. 乡村教师培养模式改革的理念背景

按照理论先导和问题导向的设计思路,遵循统筹规划、稳步推进、试点先行、跟踪评估的实施原则,系统总结"三位一体"教师教育人才培养模式的理论探索与实践经验,建构在地方政府统筹下,高校、地方政府(教育行政部门)、中小学校"三位"协同联动,职前培养、入职教育与职后培训"一体化"体系的"责任共同体";构建高师院校专业指导教师、城镇优质化学校实践指导教师、乡村薄弱学校实习指导教师"三师"相互学习、共同成长的"学习共同体";形成由家庭教育、学校教育和社会教育"三方"协调合作的乡村儿童成长的"育人共同体"。

通过打造高师院校、地方教育行政部门以及乡村中小学校三者之间的"责任共同体""育人共同体"和"学习共同体",实现高等院校、地方政府和基层学校互动合作的机构管理一体化,中小学教师职前培养与职后培训有机衔接的教育过程一体化及大学教师、中小学教师与师范专业学生合作学习的专业发展一体化,从而更好地服务基础教育,促进地方经济社会健康发展,推动基于"实习支教＋留守儿童关爱教育"的乡村教师人才培养模式改革的不断深入,取得预期的改革效果。

(二)乡村教师人才培养模式改革的内容与举措

以培养甘于奉献、扎根乡村的"四有"教师为己任,基于"传承乡村文化、培育乡村情感、关爱乡村儿童、服务乡村教育"的乡村教师培养的实践理念,着眼于解决新时期"支持乡村教师发展"和"加强留守儿童关爱保护"这个乡村教育领域的两大难题,实施教师教育人才培养模式改革的"四项计划",促进大学生核心价值观教育、师范生实习支教与乡村留守儿童关爱教育三项工作有机衔接、形成合力,推动乡村教师人才培养模式创新。

1. 乡村教师培养模式改革的基本内容

这项改革的主要内容涵盖协同育人培养目标和方案、协同育人平台建设以及改革的运行模式和机制等方面。

(1)实践取向的乡村教师人才培养方案

①乡村教师人才培养目标改革。

②适应乡村教育的教师教育课程体系改革。

③师范生教育实践模式改革。

④实习支教准入、培训与考核评价方式改革。

⑤乡村教师人才培养质量保障体系改革。

（2）协同支教关爱留守儿童平台与资源建设

①实习支教关爱留守儿童信息管理平台建设。

②师范生与留守儿童成长动态监测数据库建设。

③实习支教关爱留守儿童教育资源建设。

④基于实习支教的留守儿童关爱教育模式探索。

⑤协同支教关爱留守儿童项目评估与应用研究。

（3）乡村教师人才培养模式改革运行机制

①"三位一体"框架下乡村教师人才培养模式。

②师范生实习支教管理模式与运行机制。

③师范生核心价值观教育与人才培养模式改革。

④留守儿童关爱教育与师范生人才培养模式改革。

⑤实习支教关爱留守儿童实验基地建设与管理模式改革。

2. 乡村教师培养模式改革的具体举措

（1）实施协同支教计划。开发建立协同支教留守儿童关爱教育信息平台——"童享阳光网"，面向全国各类举办教师教育的地方高校、农村中小学校、幼儿园开放。各高校可自愿申请为协同单位，协同单位在校师范生及持有教师资格证的毕业生可申请注册成为实习支教志愿者。农村留守儿童相对集中的广大农村中小学校、幼儿园均可志愿申请注册成为支教学校（教育扶贫单位）。支教学校和支教志愿者在该平台发布需求信息，实行支教学校与支教志愿者间的双向选择，实现支教资源和教育扶贫需求的精准对接。截至目前，"童享阳光网"已累计注册协同高校9所，支教学校（教育扶贫单位）63所，实习支教志愿者824名。

（2）实施乡村教师培养专项计划。实习支教前，二年级师范生志愿报名，并经遴选后列入乡村教师培养专项计划，成立乡村教师人才培养试点班，单独组班，制定专修方案。开设专修课程，加强乡村教育、乡土文化、理想信念、核心价值观、留守儿童关爱教育等系列特色教育；建立党支部，加强思想政治教育，推进大学生理想信念和核心价值观教育，鼓励有志青年学生响应党的号召，到乡村、边远地区从事基础教育工作，为国家教育事业建功立业。安排优质化的研修见习，实行学科教学法教师和中小学优秀教师的双导师制；实习支教中，获得资格后需到支教学校参加实习支教与关爱留守儿童教育工作，支教志愿者在支教学校指导教师和校际交流教师的双导师指导下，完成课堂教学和班主任实习任务，协助班主任做好留守儿童日常关爱教育和家校沟通工作；实习支教后，对实习支教志愿者进行教师职业技能和核心素养测评，提高支教志愿者的专业素养，为农村中小学培养一支素质优良、甘于奉献、扎根乡村教师队伍的后备人才队伍。

（3）实施留守儿童精准帮扶计划。一是动态监测。借助"农村学生发展与教育研究所"的专兼职研究团队，开发留守儿童发展评估工具，建立留守儿童信息台账，实现留守儿童"一人一档"，对留守儿童身心发展状况进行摸底调查、动态监测及高危儿童的早期预警。二是精准帮扶。实习支教志愿者选择 3～5 位具有相应需求的留守儿童结对帮扶，志愿者与留守儿童同吃同住，有针对性地开展留守儿童和情感抚慰、习惯养成、学习辅导、行为矫正、潜质开发等关爱教育活动，建立留守儿童成长档案和关爱教育日志。留守儿童的成长档案和关爱教育日志设立专用密码，一届承接一届传递给爱心接力的志愿者。三是专家指导。组建专门从事农村学生发展与教育研究的专家团队和留守儿童关爱教育讲习团队，对实习支教全程进行跟踪研究和现场指导，确保实习支教兼顾留守儿童关爱教育的专业性和长效性。

（4）实施留守儿童关爱教育资源共建计划。一是共筹资金。学校前期投入专项资金开发建设"童享阳光网"信息平台，各协同高校发动各方校友力量捐资，筹建留守儿童关爱教育基金。二是共建资源。组织协同高校相关专家和中小学一线骨干教师加入留守儿童关爱教育专家团队，联合国内出版机构进行关爱教育系列教材、课程资源及个性化关爱教育方案的研发，开展留守儿童关爱教育专业化培训。三是共享数据。参与该平台建设的地方院校、中小学幼儿园和实习支教志愿者均可免费使用该信息平台，实现资源共建、数据共享。

3. 乡村教师培养模式改革的支持保障

目前，乡村教师人才培养模式改革已纳入学校综合改革的总体框架，对组织人事、资金投入、人员配置、研究团队、实践实验基地、学科平台等提供充分保障。

（1）建成一批教学改革实验基地

已经建成福建永安、泉州罗江，漳州平和县、云霄县和长泰县等区县的教师教育改革创新实验区，目前实验区各项工作运行良好，管理模式比较成熟，累计 16 个县（市、区）的 70 个乡镇 120 所中小学、幼儿园可以接纳实习支教学生，随着改革的推进，新的协同支教农村中小学校会持续增加。

（2）形成了一个相对稳定的专兼职教改研究团队

形成了由研究生和青年教师组成的实习支教＋留守儿童关爱研究学术团队，培养了包括本科生和研究生在内的近 10 名专门从事农村留守儿童关爱教育研究与实践的新生力量；培育了一批参与教育部"国培计划"的农村留守儿童关爱教育专题培训的讲习团，开展农村留守儿童关爱教育能力提升培训近千人次。

（3）建设了一批项目支撑平台

目前，学校成立了省级 2011 计划的区域农村教师发展协同创新中心及其相关的专门研究所,创建基于"互联网＋"教育的"童享阳光网"。另外,应用认知与人格省级重点实验室、校级创新平台应用心理研究所、教师教育实习实训中心、大学生创业孵化基地、闽南师范大学青年志愿者中心等科研、教学和社会服务机构,可以为本项目的顺利运行提供充分的专业支撑。

（4）形成了比较完善的财务管理制度

学校具有比较完备的专项项目经费管理办法和财物制度,能够保证经费的合理使用,发挥最大的改革成效。

（三）教育改革成果丰硕,赢得社会广泛赞誉

面向农村基础教育的创新实践,不仅在科学研究、特色专业、精品课程、教学团队等建设方面取得重要突破,有效促进了高校教学质量提升,也赢得了广泛的社会赞誉。

1. 上级领导高度重视和充分肯定

2016 年,教育部原部长袁贵仁批示认为,我校在师范生实习支教与留守儿童关爱相结合,培养乡村教师方面做了不少开创性工作,取得了很好的效果,其做法和经验值得推广。同年 9 月,福建省人民政府办公厅主办的《今日要讯》报道了我校推动实习支教与关爱留守儿童同步并举工作方面的探索与实践。11 月在天津召开的全国师范大学校长联席会议上,教育部教师工作司司长王定华在大会主旨报告中对我校在深入推进一学期实习支教、关爱留守儿童、促进乡村教师培养模式创新等方面做出的贡献给予了充分肯定。此前,福建省人大常委会副主任陈桦（原福建省委常委）、福建省副省长李红、福建省政协副主席陈绍军、教育部教师工作司原司长许涛、教育厅原厅长鞠维强、教育厅厅长黄红武等均对实验区同步改革的经验做出批示和积极评价。

2. 业内同行和社会媒体强烈影响

2011—2016 年,学校领导班子先后受邀在第5～9届全国地方院校校长协作会、第9～13 届全国师范大学校长联席会作主题报告或专题发言,在全国高师院校中产生了良好的反响。2016 年 11 月,李进金校长在第 13 届全国师范大学校长联席会代表我校作题为"实施'四项计划',推进乡村教师人才培养模式创新"的大会发言,介绍了我校通过实施"四个计划"计划,深入推进教师人才培养模式改革的经验,得到了与会代表的赞赏。《教育部简报》（〔2016〕第 45 期）以"闽南师范大学协同推进实习支教与留守儿童关爱教育"为题,专刊报道我校根据区域乡村教育需求,把培养乡村教师和加强留守儿童关爱教育结合起来,为留守儿童提供更好更有效的关爱教育的开创性工作。学校先后举办海峡两岸高等院校教师专业人才培养改革工作研讨会、师范生实习支教与留守儿童关爱教育研讨会、教育精准扶贫与乡村教师队伍建设研讨会和省级本科高校教育教学重大改革项目开题论

证汇报会等学术会议,在同类高校中产生了积极的示范效应。改革创新实践被《光明日报》《中国教育报》《福建日报》、中国教育电视台、福建教育电视台、人民网、光明网、新华网、中国新闻网等主流媒体广泛宣传报道。

3. 基层教育和家长的良好评价

我校扎根乡村、服务乡村的人才培养传统提升了毕业生的职业发展前景,他们成就于乡村教育,成为我校教师教育特色的活名片。在漳州地区的历届毕业生中,入选全国先进个人9人、省级特级教师12人,担任中小学校领导250名,4名校友入选2016年福建省人力资源和社会保障厅首次确认的晋升中小学正高级职称名单。2010年以来,无论是资格考试还是说课面试,我校参与实习支教的师范生在教师招聘考试中录取率居省内高校第一。2013—2015年,我校师范专业毕业生从事教育行业的比例在70%左右,其中超过50%的毕业生在县级及以下地区从教。福建龙岩籍师范毕业生788名中回乡服务老区377名,占47.8%,其中82.8%在农村中小学第一线。为福建省基础教育特别是农村地区培养了一批高素质的师资,涌现出全国优秀教师、省"五一劳动奖章"、省特级教师吴超男、林福茂,获国务院政府特殊津贴、国家"百千万人才工程"人选林福坤,首批"支援西部"志愿者郑玉兰,瞒父母志愿支教、患重症心系他人的李丹等优秀典型。2015年,《小草的守望》纪录片在福建教育电视台播出,优秀校友奉献乡村教育的感人事迹获得广泛好评。

附录

协同支教
留守儿童关爱教育信息平台简介

一、项目背景

农村基础教育和农村留守儿童关爱教育是事关社会稳定、教育与经济发展的国家战略问题,因此,党中央、国务院高度重视,先后出台《乡村教师支持计划(2015—2020年)》和《关于加强农村留守儿童关爱保护工作的意见》等重要政策,如何培养一大批农村骨干教师,切实解决留守儿童问题,成为教育扶贫攻坚的重点和难点。一方面,目前全国有农村留守儿童6100多万,留守儿童关爱教育的需求非常庞大;另一方面,高师院校将师范生的专业实习环节与农村学校的支教工作相结合,即实习支教和置换培训这一教师教育创新模式,已在全国高师院校广泛开展,一大批师范生深入薄弱学校和农村中小学实习支教,置换培训一大批农村教师,既提高农村教师的整体水平,缓解农村教师紧缺,又增强师范生的社会责任感和使命感。目前,结合专业实习兼做留守儿童关爱教育尚未在贫困地区留守儿童集中的中小学校展开,实习支教志愿者这股重要补充力量的作用没有得到充分发挥。经过多年的理论研究和实践探索,闽南师范大学作为高师院校,主动承担社会责任,发挥自身优势,将师范生的培养与农村留守儿童关爱教育相结合,牵头发起"协同支教留守儿童关爱教育"信息平台建设,以"互联网+"教育理念搭起连接师范院校、支教志愿者、支教学校和留守儿童之间的桥梁,推进教师教育模式创新,旨在培养一批"下得去、留得住、教得好"的农村骨干教师,并促进留守儿童关爱教育更具专业性、开放性、协同性、长效性。

二、项目目标

通过该平台建设与实施,将留守儿童关爱工作从服务、保护上升到教育引导层面,切实推动实习支教志愿者参与留守儿童的日常关爱教育,建立留守儿童信息台账,实现一人一档、动态管理和精准帮扶,引导并促进留守儿童阳光成长、成才。同时,为实习支教志愿者提供更多的研修、指导和实践机会,进一步增强基层意识、职业爱心和社会责任感,为培养农村骨干教师奠定基础。

三、项目内容

(1)开放平台,协同支教。该信息平台向全国高师院校及其实习支教志愿者、农村中小学校、幼儿园开放,高师院校可自愿申请为协同单位,协同单位在校生及持有教师资格证的毕业生可申请注册成为志愿者,留守儿童相对集中的中小学校、幼儿园可申请注册成为支教学校,并实行双向选择和精准适配,建立留守儿童关爱教育信息数据库。

(2)优质研修,专业提升。通过招募选拔高年级师范生成为实习支教志愿者,按学期分批进行实习支教。实习支教前,开设留守儿童关爱教育系列课程,安排优质化的研修见习和岗前培训,实行学科教学法教师和中小学优秀教师的双导师制;实习支教中,实习支教志愿者在支教学校指导教师和校际交流教师的双导师指导下,完成课堂教学和班主任实习任务,并协助班主任做好留守儿童日常教育和家校沟通工作。实习支教后,对实习支教志愿者进行教师职业技能和核心素养测评,提高师范生志愿者的专业素养,为农村中小学骨干教师培养后备人才。

(3)动态监测,精准帮扶。通过该信息平台,建立留守儿童信息台账,实现留守儿童一人一档,对留守儿童发展状况进行动态监测和高危儿童的早期预警。实习支教志愿者选择3~5位有特殊需求的留守儿童结对帮扶,培养独立自立能力,矫正不良习惯,增进亲情联络,为每一位留守儿童建立成长档案和工作日志,并设立专用密码,由支教学校负责保管并移交给爱心接力的志愿者,做到关爱教育的常态化和长效性。

(4)资源共建,数据共享。各协同高校通过本信息平台发动校友捐资建立留守儿童关爱教育基金,由各协同高校自行管理和使用,用于实习支教过程中发生的相关费用,以持续推动该信息平台的各项建设和完善。组织协同高校相关专家和中小学校一线骨干教师加入留守儿童关爱教育专家团队,进行关爱教育系列教材、课程资源及个性化关爱教育方案的研发,开展留守儿童关爱教育专业培训,参与该平台建设的师范院校、中小学校、幼儿园和实习支教志愿者均可免费使用该信息平台,实现资源共建、数据共享。

四、项目优势

通过搭建高师院校、师范生志愿者和农村中小学校、幼儿园之间的协同支教信息平台,实现留守儿童关爱教育的专业性、开放性、协同性和长效性。

专业性:参与实习支教志愿者均接受过教育学、心理学等教师教育相关课程,同时接受留守儿童关爱教育主题的系列课程学习、专业研修和贯穿实习支教全程的双导师制指导,保障关爱教育符合儿童心理发展特点和教育规律。闽南师大汇集专门从事农村儿童青少年发展的专家团队,为项目的专业性提供保障,实现从留守儿童关爱服务、保护到教育引导的提升。

开放性:适应教师教育开放体系的需要,在地方政府统筹下,邀请地方教育主管部门、高师院校、农村中小学校和幼儿园共同参与,尤其是吸引更多有志于从事教育工作的高校大学生加入进来。

协同性:实习支教志愿者和支教中小学校、幼儿园可通过信息平台查询需求信息,实现双向选择和精准对接。同时,将实习支教志愿者能力提升和置换培训、实习支教、留守儿童关爱教育同步实施,各协同高校和农村中小学校签订协议,以协同支教留守儿童关爱教育的模式整体推进;协同高校与中小学校、幼儿园协同建设,实现资源共建、数据共享。

长效性:各协同单位以书面协议的形式落实实施留守儿童关爱教育方案。实习支教志愿者与留守儿童同吃同住、结对帮扶,在情感抚慰、习惯养成、学习辅导、行为矫正和潜质开发等方面开展关爱教育。实习支教志愿者对接留守儿童关爱教育,实施爱心接力、关爱传承,实现关爱教育的长效性。

持续性:通过稳定的协同单位、中小学校和支教志愿者的爱心接力,保证留守儿童关爱教育的持续开展,可以克服短期行为;通过协同单位的专家智库和科学研究支撑,不断更新教育理念,创新教育实践,使这项工作始终服务于不断变化的现实需求,实现关爱教育的可持续性。

参考文献

一、著作

1. 艾伦.教师在职培训:一项温和建议[M].北京:人民教育出版社,1991.

2. 蔡勇强,黄清,李建辉.基础教育学[M].厦门:厦门大学出版社,2010.

3. 洪早清,吴伦敦.教师职业素养导论——师范生读本[M].武汉:华中师范大学出版社,2011.

4. 胡重庆.反思性实践者范式下教师专业发展研究[M].成都:巴蜀书社,2013.

5. 教育部师范教育司.教师专业化的理论与实践[M].北京:人民教育出版社,2003.

6. 靳希斌.教师教育模式研究[M].北京:北京师范大学出版社,2009.

7. 林樟杰.教师教育体制机制问题研究[M].北京:中国人民大学出版社,2009.

8. 罗蓉,李瑜.教师专业发展:理论与实践[M].北京:北京师范大学出版社,2012.

9. 饶见维.教师专业发展:理论与实务[M].台湾:五南图书出版公司,1996.

10. 唐松林.中国农村教师发展研究[M].杭州:浙江大学出版社,2005.

11. 王邦佐.中学优秀教师的成长与高师教改之探索[M].北京:人民教育出版社,1994.

12. 王嘉怡,吕国光.西北少数民族基础教育发展现状与对策研究[M].北京:民族出版社,2006.

13. 王嘉毅.多维视觉中的农村教师[M].北京:北京师范大学出版社,2011.

14. 邬志辉,秦玉友.中国农村教育发展报告 2012[M].北京:北京师范大学出版社,2014.

15. 杨天平,申屠江平.教师专业发展概论[M].重庆:重庆大学出版社,2012.

16. 张豪锋,张水潮.教育信息化与教师专业发展[M].北京:科学出版社,2008.

17. 钟祖荣.现代教学导论——教师专业发展指导[M].北京:中央广播电视大学出版社,2001.

18. 周跃良.信息化环境中的教师专业发展[M].北京:科学出版社,2008.

二、期刊

1. 北京师范大学教务处.创新教师教育模式,构建中国特色教师教育体系[J].教师教育研究,2005(03).

2. 方建华.嬗越与创新:中国百年师范教育传统及其现代意蕴——基于江苏百年师范发展史[J].教育发展研究,2014(6).

3. 冯奕竞.教师教育模式改革与探索——以南京师范大学教师教育改革为例[J].教育理论与实践,2012(01).

4. 郭少英,朱成科."教师素养"与"教师专业素养"诸概念辩[J].河北师范大学学报(教育科学版),2013(10).

5. 郝文武.师范教育向教师教育转变的必然性和科学性[J].教育研究,2014(3).

6. 何小忠,韩念佟.乡村教师培训需求的特点分析及其启示[J].教师教育论坛,2007(1).

7. 康晓伟.教师教育者:内涵、身份认同及其角色研究[J].教师教育研究,2012(1).

8. 李铁绳,党怀兴,赵彬.师范院校教师教育人才培养模式改革的探索与实践——以陕西师范大学为例[J].当代教师教育,2012(02).

9. 李长娟.偏远乡村地区教师培训的实践探微与路径突破[J].教学与管理,2015(12).

10. 李中国,辛丽春.G-U-S教师教育协同创新模式实践探索——以山东省教师教育改革为例[J].教育研究,2013(12).

11. 廖军和,金涛."全科型"农村小学教师培养模式探讨[J].教师教育论坛,2016(01).

12. 刘明东.教师教育模式改革新方向——"整合连贯型"教师教育模式改革的探索[J].教师教育研究,2010(6).

13. 陆艳清,林翠英.师专师范教育专业课程体系的研究[J],中国成人教育 2010(16).

14. 马宁,余胜泉.信息时代精神专业素养的新发展[J].中国电化教育,2008(5).

15. 孙颖.基于内部异质化的乡村教师队伍建设研究[J].中国教育学刊,2016(9).

16. 铁生兰.教师教育全程培养模式研究——以青海师范大学为例[J].福建论坛(社科教育版),2009(04).

17. 吴越,李健,冯明义.地方师范大学"卓越教师"的培养路径分析——以西华师范大学"园丁计划"为例[J].中国高教研究,2015(08).

18. 武军会.基础教育教师一体化教育模式构建[J].河南师范大学学报(哲学社会科

学版),2014(3).

19. 肖瑶,陈时见.教师教育发展理论探索与实践创新——教师教育一体化的内涵与实现途径[J].教育研究,2013(8).

20. 谢安邦.教师教育一体化改革的理论探讨[J].教师教育研究,1997(5).

21. 姚念章.教师专业素质结构与高师课程改革[J].河北师范大学学报,2000(3).

22. 叶澜.新世纪教师专业素养初探[J].教育研究与实验,1998(1).

23. 张鳗鳗,魏春梅.乡村教师培训存在的问题分析及对策思考[J].教师教育研究,2016(5).

24. 钟启泉,王艳玲.从"师范教育"走向"教师教育"[J].全球教育期刊,2012(6).

25. 周芬芬,卫建国.高等师范教育改革:理论与实践的对话[J].高等教育研究,2011(10).

26. 周华青.农村教师幸福感及其获得策略[J].教育发展研究,2015(6).

27. 朱元春.教师发展学校:营造高校与中小学教师教育共同体[J]教师教育研究,2008(11).

三、学位论文

1. 姜黎黎.中学语文教师的专业素养研究[D].延安大学,2014.

2. 刘德敏.我国高师院校教师教育模式创新研究[D].四川师范大学,2012.

3. 刘阳.新课改背景下农村中小学教师专业发展问题与对策研究[D].东北师范大学,2008.

4. 刘云.面向教育信息化的农村教师专业素养及其评价指标体系研究[D].山东师范大学,2016.

5. 乔刚.面向西部农村教育的地方本科院校教师教育模式研究[D].延安大学,2010.

6. 田学超.高等师范院校人才培养模式的现状与改革设想[D].山东师范大学,2010.

7. 王慧.农村中小学教师素质的现状、问题及对策研究[D].西北师范大学硕士学位论文,2008.

8. 张晓亮.我国西南地区乡村教师专业发展的现状调查与对策研究[D].西南大学硕士学位论文,2015.

9. 赵明仁.课堂教学评价研究——在一所西北藏民小学中的探索[D].西北师范大学硕士论文,2002.

四、其他

1. 安徽师范大学.以卓越教师培养为契机推进教师教育综合改革[A].见:第十二届

全国师范大学联席会议交流材料汇编[C].桂林:广西师范大学出版社,2015.

2. 陈帆波.东北师大与东三省17个县市创建教师教育实验区[N].中国教育报,2009-02-09.

3. 福建师范大学.以"名师班"为抓手　深化教师教育改革　探索卓越教师培养的新路径[A].见:第十二届全国师范大学联席会议交流材料汇编[C].桂林:广西师范大学出版社,2015.

4. 河北师范大学.扎实开展卓越教师培养　推动教师教育综合改革[A].见:第十二届全国师范大学联席会议交流材料汇编[C].桂林:广西师范大学出版社,2015.

5. 华南师范大学.卓越教师的培养——华南师范大学的改革与实践[A].见:第十二届全国师范大学联席会议交流材料汇编[C].桂林:广西师范大学出版社,2015.

6. 淮北师范大学.改革师范生培养模式　全面提高教师教育质量——淮北师范大学卓越教师培养的探索[A].见:第十二届全国师范大学联席会议交流材料汇编[C].桂林:广西师范大学出版社,2015.

7. 吉林师范大学.开展"卓越小学教师培养计划"的探索与实践[A].见:第十二届全国师范大学联席会议交流材料汇编[C].桂林:广西师范大学出版社,2015.

8. 江苏师范大学.创新教师教育培养模式　全面提升教师培养质量——江苏师范大学"三方协同"培养卓越教师的探索与实践[A].见:第十二届全国师范大学联席会议交流材料汇编[C].桂林:广西师范大学出版社,2015.

9. 江西师范大学.探索教师教育新途径　培养卓越教师人才[A].见:第十二届全国师范大学联席会议交流材料汇编[C].桂林:广西师范大学出版社,2015.

10. 赖红英.公认的难题可以成为历史——解读广东解决代课教师和教师工资福利待遇问题工作方案[N].中国教育报,2008-09-14.

11. 陕西师范大学.发挥陕西师范大学学科优势　推进卓越教师的培养[A].见:第十二届全国师范大学联席会议交流材料汇编[C].桂林:广西师范大学出版社,2015.

12. 西南大学."师元班"人才培养模式改革的探索与思考[A].第十二届全国师范大学联席会议交流材料汇编[C].桂林:广西师范大学出版社,2015.

13. 周小璐.庞丽娟代表:提高农村教师待遇加强农村教师队伍建设[N].中国青年网,2015-03-13.

14. 曾毅,石晓峰.东北师大为中学培养"4＋2"教育硕士研究生[N].光明日报,2006-02-07.

15. 中央编办,教育部,财政部.关于制定中小学教职工编制标准意见(国发〔2001〕21号文件)[Z],2001-10-08.